帕帕吉傳
一切從未結束

大衛・高德曼 編

顧象 智原 譯

紅鼎文化
UnderTable Press

Nothing Ever Happened vol. 3

Nothing Ever Happened © 1998 by Avadhuta Foundation
© Complex Chinese Edition Published by UnderTable Press
117 Dazhi Street, 5 F, 104 Taipie, Taiwan
undertablepress.com

本書編者與帕帕吉的合影

國家圖書館出版品預行編目(CIP)資料

帕帕吉傳：一切從未結束 / 大衛.高德曼(David Godman)編；
顧象, 智原譯. -- 初版. -- 臺北市 : 紅桌文化, 左守創作有限公司, 2025.06
424面；14.8*21公分
譯自 : Nothing ever happened, vol. 3
ISBN 978-626-97941-5-7(平裝)

1.CST: 彭嘉(Poonja, Hariwansh Lal) 2.CST: 傳記 3.CST: 印度教

783.718　　　　　　　　　　114005265

帕帕吉傳：一切從未結束 Nothing Ever Happened vol. 3

譯者	顧象、智原
編者	大衛・高德曼（David Godman）
總編輯	劉粹倫
發行人	劉子超
出版者	紅桌文化／左守創作有限公司
	臺北市中山區大直街117號5樓
	undertablepress.com
印刷	約書亞創藝有限公司
經銷	高寶書版集團
	臺北市內湖區洲子街88號3樓
	02-2799-2788
書號	ZE0161
ISBN	978-626-97941-5-7
初版	2025/6
新台幣	600元
法律顧問	詹亢戎律師事務所
台灣印製	本作品受著作權法保護

目 錄

再次出國 1
相逢............................ 111
日記............................ 209
上師和弟子 333
譯後記.......................... 417

再次出國

　　帕帕吉出訪委內瑞拉的計畫，因為政府官僚手續拖拉被延遲了數月。在1975年底寫給拉維·巴克茲（Ravi Bakre）的信中，帕帕吉抱怨道：「印度政府機構以『緊急狀態』[a]為幌子，找了我不少麻煩。通常半天就能辦好的一件小事花了他們七個月。」

　　1975年十一月，當帕帕吉還在等旅行手續辦下來的時候，他委內瑞拉之行的資助者之一D先生，寫了以下這封信給文卡特什·拉哲·普拉布（Venkatesh Raj Prabhu），D先生就是那年二月在普拉布孟買的家中開悟的。

> 1975年11月6日
> 加拉加斯[b]
>
> 我親愛的文卡特什：
> 由於出了一個特殊狀況，所以我遲遲未給你寫信。從七月以來，我一直想著「上師這周就會來了。等他到後我再寫

---

[a] 1975年六月，印度高等法院判決當時的總理英迪拉·甘地夫人在大選中舞弊。甘地夫人於是宣告國家進入緊急狀態，凍結憲法，解散國會。直到1977年，緊急狀態才告終止。
[b] 加拉加斯（Caracas），委內瑞拉首都。

信吧,這樣我就會有些新消息」。但是一周又一周過去了。你可能已經知道,上師一直拿不到新德里外事局核發的護照。問題就出在這裡。最近我想到個對策,請我的大學給德里的委內瑞拉大使館寫了一封信,向印度政府當局說情。我昨天把這封信寄了出去。

自從我離開孟買的這幾個月以來,逐漸有種體認,是在覺醒之家(Jagruti House,普拉布在孟買的家)瞬間發生的深刻轉變後的一種領會。的確,自我消融了。這是一種推斷或猜測,因為消融是如此徹底,以至於自我無跡可尋,就好像它從未存在過。一切都顯示著人們通常有個自我,它似乎是所有痛苦的根源。所以我猜我也有一個,而它消失了。加持帶來覺悟,火燒盡疑惑,因為加持,產生了火,這種發生的方式不是可以理解的。它不是一個過程,並不是一個「有意之舉」。

生活在繼續。一切看起來如常,卻發生了巨變:不再有折磨、痛苦,不再有懷疑。這一切都是依靠上師的加持。我知道別人是怎麼命名這些狀態的:第一個狀態,在最初幾天或幾周內,被稱為無分別三摩地(nirvikalpa samadhi)或開悟[a],而我現在似乎正處於「本然狀態」(the natural state)。行動還是繼續進行,但是沒有任何參與。一切都是任運自發的。我過日子的方式截然不同,但現在是怎樣的,卻無法描述,因為我給你的任何描述都將是和舊日狀態做比較。我沒法這麼做,因為那個麻煩的根源已被徹底拔除了,現在沒剩下什麼可比較的對象。如今,我甚至要說,從來就沒有過什麼自我,從來沒有過一絲痛苦,從來沒有過一點疑問。如果某個東西是虛構的,那它就從來沒有存在過。它從來都不是真的。

---

a Satori為日語禪宗用語「開悟」的發音轉寫。

我寫給你的這些話，是寫給普拉布吉、瑪塔吉和毗納亞克〔拉哲的父親、母親和弟弟〕的。但是我也要警告一下。當你讀到這些，似乎會有某種領悟，但這只是頭腦自認為懂了。我所說的，必須要切實經歷過才能被理解。二手的描述是不行的。而且，我還要說，每個人類都有能力去體驗那個。我們隨身都帶著火藥，如果剛好暴露在火花中，就會爆炸。不要害怕火花。現在就尋找解脫吧，在這一生中。如果你十分渴望，如果你願意不惜一切來達到覺悟，它就會發生。

　　不過，要小心你的動機。如果你是為了感覺良好或入三摩地而要得解脫，那就是自我想要一個自我的體驗。自我是不會得到解脫的，因為自我必須死掉才會產生解脫，但自我並不想自己死掉。這件事情很難，又陷阱重重。難怪上師如此強大。在他教授或者解釋的時候，他毫不讓步。他必須要非常嚴厲，不是對弟子的真實自性嚴厲，而是對弟子的自我嚴厲。你還記得我被斥責的那個晚上嗎？那真的非常有效。

　　把你自己完全地交到上師手上。跟他說出你的疑惑。不要相信他所說的，除非你自己真的體會到了，把這些告訴他。否則你就是在保護自我。如果回避疑惑的話，疑惑會一直延續。如果把它們暴露給上師，他會讓它們消失，用一個解釋，或以一記棒喝。他會給你恰當的指示。你們都非常愛他。但不要讓自我把愛當做一道屏障。自我甚至會用愛和謙恭來當盾牌。

　　對大家獻上我的愛：對你、普拉布吉、瑪塔吉、毗納亞克和他太太以及蘇達；還有對其他朋友們。或許不久我就能看到你們所有人了。我想要再次拜訪印度。

　　一切讚頌都歸於他。向上師獻上愛。

帕帕吉終於在1975年12月13日抵達了委內瑞拉。他向弟子拉哲‧普拉布宣布他已抵達，D先生上面的那封信就是寫給拉哲的。

加拉加斯
委內瑞拉

我摯愛的兒子：
我抵達加拉加斯後，在機場再次見到了他〔D先生〕，以及他的朋友。他們都來迎接我。他們開車載我去了他寬敞的鄉村住所，地點就在高山上，遠離了在我看來非常喧囂的城市中心。

你在覺醒之家遇到的這個人確實是個證悟者，是我今生遇到的為數不多的證悟者之一。

他在數月前給你寫了一封信，你轉寄了一份影本給我。這〔即本章開頭的那封信〕是一封美妙的信，但當我問到這封信時，他卻想不起來自己寫了些什麼。一個不知道自己寫了什麼的寫信人。這是極少人能理解的事。他愛你。我附上的是他寫給你的另外一封信，你可以複印幾份，寄一份給你父親。我不知道還有誰能理解他的語言。自從在你孟買的家中證悟之後，他就開始這麼說話了。現在，他正當著許多人說話。

請告訴大家我已安全抵達。我現在沒有寫信的心情。除了你之外，我不想給印度其他人寫信。

幾個星期之後，帕帕吉寫信給拉哲的父親，更詳細地描述了D先生家：

帕帕吉和D先生,加拉加斯,攝於1976年上半年。

> 1976年1月20日
>
> 我親愛的普拉布吉:
> 他〔D先生〕有一幢非常大的房子,帶花園和游泳池,位於海拔三千英尺。我們離城市和主要市場大概三十公里遠。
>
> 我們在他家住得很舒服。有些在1974年瑞士見過我的人也來了,他們碰巧發現我在這裡,就帶著朋友每天來見我。

帕帕吉寫信給拉哲時提到他附上一封D先生的信。以下就是D先生寫的這封信:

加拉加斯
委內瑞拉
1975年12月18日

上師來了！隨他而來的，是更深的寂靜。我希望蜜拉很快也會來。今晚我們會試著用電話聯繫她。她人還在葡萄牙。

我收到了你那封很棒的信，我想要對此說幾句。你要我經常寫信給你，這樣你就可以和你所謂的我的「覺悟的自己」保持聯繫。這不對，我親愛的兄弟。這裡有兩個誤解。首先，認為還存在沒有覺悟的自己，這個誤解是所有痛苦的根源。我在你的說法中發現的第二個問題是，這個誤解把你的注意力從真正重要的**真我**，即你自己的真我中轉移開了。正是同一個真我現在正在讀這封信、看著這些字。這就是你必須認出的你正相連的**那個**。這正是你，除此沒別的。現在它正在你的眼前，以一張寫滿了字的紙的樣子出現。認出它來！

我也可以用以下方式來表達：不管你多麼努力，不管你多麼奮鬥，你永遠都無法與真我失聯。這是你永遠無法做到的事。甚至「連結」這個詞也是誤導，因為並沒有兩個不同的東西需要彼此相連。

現在有個獨一無二的東西，那個東西就是你。這不是需要找到的東西。它已經在這裡了，**在這裡！這裡！**一直都在這裡和你在一起。從未離開你。它以不可思議的明晰，展現為記憶、情緒、感受、文字、空間等等。它形成身體、世界、你所有的念頭，它是使這一切匯聚的能量。這些連結和匯聚力並不有別於你。

把你自己放到能被上師尊、世尊推動的位置上。仔細

檢視你現在的立場。看看你現在正發生著什麼，不管多麼瑣碎。不要抓著這些瑣碎的事，別管它是變成了另一件瑣碎之事，還是成了一個深刻的事實。平等檢視它，試著現在就找出來。

這就是**那個**。不管你感覺到的感受、境相、聲音、念頭、痛苦和愛是什麼，你一直是**那個**……而當你讀著這封信的時候，當你看向窗外時，當你聽到了身邊的聲音時，你的見地依然是這個。全都是**那個**，而**那個**就是**現在**。

上師訂好計畫後，我會告訴你的。熱情擁抱你，普拉布吉、瑪塔吉、毗納亞克和他的妻子阿努拉妲（Anuradha），以及其他我總是記掛在心裡的朋友們。獻上愛與祝福。

頌揚他。

D先生在信的開頭提到他希望蜜拉能很快來委內瑞拉相會。他提出幫她購買一張來回機票，因為在孟買時期當帕帕吉不在時，蜜拉鼓勵他留下來，他對此心懷感激。帕帕吉在一封寫給拉維·巴克惹的信中提到了此事，巴克惹的一些經歷在〈羅摩寺〉一章中有描述。

1976年元旦
卡拉卡斯

親愛的拉維：

……〔D先生〕已安排好了蜜拉的回程，花了他一萬兩千盧比。他說自己欠她甚多，因為他來印度住在毗納亞克·普拉布在孟買的公寓裡時，我並不在。我當時去了哈德瓦，參加唵·普拉喀什·西亞勒的婚禮。〔D先生〕看到

> 弟子們在毗納亞克和德塞吉家裡進行各種儀軌修習。他對這類儀式毫不關心。不管對誰，他都問：「這是你們上師的教導嗎？」
>
> 蜜拉對他說：「這不是上師的教導。但上師不阻止人去做他或她想做的事。」
>
> 是蜜拉勸他留下來等我的。如果她沒這麼做的話，他早就回到委內瑞拉了，一面都見不到我。
>
> 〔D先生〕是個數學天才，他是教授，也擔任系主任。每個月賺一萬五千盧比，住在寬敞的大宅院裡。我期待你能加入這個有蜜拉、〔D先生〕和穆克蒂的美妙家庭。對我的這個說法，不要心生疑慮。
>
> 在委內瑞拉辦完事後，我會去蜜拉的母親〔德嘎〕在葡萄牙的家。德嘎在那裡為我準備了一所房子，將它命名為 Moinho do Rama，意思是「羅摩寺」。我會從葡萄牙去法國的一些城市，那裡的人等我等得很焦急。

Moinho do Rama 在葡萄牙語中指「羅摩的磨坊」。

我請D先生提供更多他與帕帕吉相處的細節，他剛開始很有興致，說樂意協助。但在我給他看了這本書的一些章節之後，他改變了主意。以下是從他最近寫給我的信中摘選出來的一部分：

> 讀了你的稿子之後，我清楚自己沒什麼重要的東西能補充了。我只是個求道者，數千人中的一個，在與彭嘉吉的會面中覺醒了。在我的例子中，我第二天就離開了印度，不再有理由繼續逗留。這不是不知感激，而是我的先入之見。覺悟，對我來說，就意味著不再留有未了結的因緣。但讓我驚訝的是，彭嘉吉接受了來自第三方的邀請造訪委內瑞拉。我立刻提出可以幫忙，並做好所有必要的安排，讓他成為我的貴客。他造訪過我們兩次，前後間隔

幾個禮拜。

從彭嘉吉剛到委內瑞拉那一刻起，他就提到要傳給我一種才能或能力，能在求道者身上引發覺悟。這與我之前對解脫的追求大相徑庭。我對他的這一建議覺得不太自在，我沒要求過，也並不想要。

有一天，它真的開始起作用了。這個特殊的能力我現在還有，它是一種主觀的覺受，因此我不能完全確定別人得到的各種體驗是否因它而起。我與求道者見面，振動（沒有別的更好的詞來描述）開始閃耀，之後則部分取決於求道者的狀態，部分取決於我是否能有意地加強它，它會強化到某個點，來觸發體驗。這是怎麼做到的？為什麼、何時、何地會發生？似乎都沒有定法。無論何時我要有，它就立刻閃耀。（我到這裡的時候測試了一下，它在。）我沒法保證這個傳送之力會一直伴隨我。我對此從未期盼過，某天它就來了；很有可能它會同樣悄然消失，不管我想不想。

蜜拉在1975年的耶誕節那天與帕帕吉和D先生會合。我與她談到了她對此次旅行的記憶：

蜜拉：穆克蒂和我與帕帕吉住在〔D先生〕家裡。我們受到了非常熱情的招待。很多人來拜訪帕帕吉，大多數人在靈性話題上見多識廣。他們大多從事學術工作，頭腦靈活而警覺。從他們談話的方式來看，我猜大半讀過克里希那穆提的書。〔D先生〕房子很大，有足夠場地來接待訪客，和所有人交談。就像是個大家族的聚會，但同時又是非常嚴肅的薩特桑。沒有正式的課表或日程，隨時都有人出現，和帕帕吉討論。來訪者中有很多人相當富有。我們接到了很多人的邀請，也經常有人帶我們去短途旅行，遊覽國內各地。有一次我們被帶到附近外海的一座私人島嶼上，在那裡住了幾天。

摩里斯・狄加斯（Maurice Degias），提議要為帕帕吉買下島嶼的黎巴嫩商人，與帕帕吉和D先生在一起，攝於委內瑞拉。

大衛：帕帕吉有幾次提到他在委內瑞拉時，有人提出要為他買下一個島嶼，是不是就是你們走訪過的這個地方？

蜜拉：是的。一個黎巴嫩富商提出要買下給他。帕帕吉在人們身上的影響就是這麼巨大。不管我們去哪裡，總有人想要為他買房子或者道場，這樣他們就能永遠與他相伴。他從沒接受過這類禮物，雖然偶爾他會假裝對此感興趣個幾天。

帕帕吉喜歡這個島，因為這讓他想起了印度的某些地方。島上的熱帶風光未被破壞，是個很適合小住幾天的地方。

大衛：你還記得來看他的人嗎？

蜜拉：〔D先生的〕一些大學同事來了。有位名叫利卡巴拉（Ricabarra）的教授。他是最早〔向D先生〕提到帕帕吉的人。一

位叫米薩‧庫特拉（Misha Cotlar）的數學家也來了，他也是個相當不錯的音樂家。我還記得有個男子叫艾利歐（Elio）。帕帕吉似乎很高興和這些人在一起。他們熱情歡迎他，而他則以非常棒的薩特桑作為回報。

大衛：有多少人參加了他的薩特桑？

蜜拉：人多的時候，大概有四十或五十個吧。但也有人少的時候，就只有幾個。〔D先生〕向他提了很多問題，他非常堅持不懈，也知道怎樣激起帕帕吉給出精彩的回答。對我們大家來說，那是段美妙的日子。

大衛：你覺得來的人理解帕帕吉想要告訴他們的東西嗎？

蜜拉：我見過帕帕吉在世界各地舉行薩特桑。不論何在地，面對他的教導，人們都有同一個問題：當他說「不要做任何努力」的時候，沒人真的相信他。

人們總希望他來告訴自己該做些什麼來覺悟。當他說「你無須做什麼」的時候，只有極少數人理解他。

在委內瑞拉，有很多人似乎已經準備好了聽受帕帕吉的教導，接受他直接的心傳。有幾個人對寂靜有了一瞥；有些人甚至走到他面前宣布自己是解脫的。我不知道他們是否真的和說的一樣，但看到這麼多人向他們的同事、朋友和親戚當眾宣稱他們已解脫，這總是一件好事。

　　二月初，蜜拉的委內瑞拉簽證即將過期，她飛到葡萄牙，幫助她母親為迎接帕帕吉做準備。帕帕吉在委內瑞拉繼續待了幾周，因為D先生想留他到十八號，這是他在孟買開悟的一周年紀念。

帕帕吉向印度的弟子們寄去了幾封信，講述了他在南美的活動。

> 1976年1月16日
> 委內瑞拉
>
> 親愛的拉維：
> 我和委內瑞拉幾所大學的教授有了很不錯的會面。這裡好幾個靈修中心的求道者們前來看我。有很多年輕人是非常認真為了徹底解脫而努力著。他們都覺得我的「無路」（No Way）之法很獨特，之前沒有其他上師這麼教導過。
>
> 蜜拉已經到了。二月我們會去探望她的母親。她向我提到了她在葡萄牙遇到的一個禪師。這人在不同國家有很多中心。他已經請蜜拉邀請我，去他的中心向他的弟子談談我的修行之道。我不知道會在歐洲逗留多久。我還收到了來自法國和德國的邀請。

> 1976年1月22日
>
> 我親愛的毗納亞克吉：
> 從「覺醒之家」回來後，〔D先生〕人就變了。他的教授同事們都熱切盼望見到我。他們知道〔D先生〕是個強悍、頑固的人，他是那個領域的天才。他們都想看看在他身上帶來如此巨大轉變的那個人是誰。
>
> 我在這裡很忙碌。很多人來看我，來自各行各業。當地瑜伽中心的一些教師也來了。他們似乎都很喜歡我的「無路、無法」（No way, no method）的手法。我讓他們所有人都去追求自發的覺悟，而不是在種種戒律和儀軌上耗費數年。

〔D先生〕想要我一直待到三月底。之後他想辭掉在大學的工作,跟我回印度。在時機成熟之前,我不鼓勵他採取這一步。

1976年元旦
卡拉卡斯

親愛的拉維:

這個國家和歐洲相距之遠,就如同歐洲和印度兩地之遙,得花點時間才能收到信件。委內瑞拉是個有山、有河、有海灘的舒適國度,氣候宜人。

在我逗留在這個國家期間內,〔D先生〕向學校請了假。他現在正在安排與委內瑞拉知識界精英的高規格會議。

你上一封信和你之前的信非常不一樣。不知怎麼,你已經被推入了永恆的信心與喜悅的密室之內。信中你所說的生命,是一個自然的永恆之流。

現在你已經明白了。我從來沒想要在你身上施加教導,所以我允許你照顧自己的健康與飲食,我告訴你一切都會自然出現的。今天,我非常為你高興,我親愛的兒子。

保持你給我寫信時候的這個狀態。下次我們在你家見面之時,將會多麼美妙。回印度時,我會飛到孟買,然後去看你。

現在,不要回頭看了。結束了。你就是。

對新的一年1976,給你我的愛,和〔D先生〕的美好祝願。

給你更多的愛。你的父親

帕帕吉回憶在委內瑞拉的日子時，他總會說起這個故事：

有一天，我的門牙劇痛。是因為牙齒頂端開裂，門牙似乎也有點鬆動。聽到自己的說話聲時，我可以感到齒洞讓我口齒不清。那段時間，我每天晚上都要對眾開示，所以我知道如果想繼續講法的話，得採取點措施。我請〔D先生〕他推薦附近的好牙醫。他把我帶去一個骯髒的小房間，說這就是當地的牙醫診所。街上有個標誌，顯示有牙醫在此行業，但見到屋內的樣子，我可不是那麼放心。那裡又髒又亂。我看到牆上有一張證書，證明他從紐約的一家牙醫學校畢業，所以，就算工作環境這麼不衛生，我也假定他知道自己在幹什麼。和牙醫打過招呼後，他請我坐下等上個幾分鐘，讓他進行必要的準備。

他在一個堆滿了骯髒儀器的水槽周圍翻來翻去，最後翻出一個他說能解決我問題的東西。真的是因為牙太疼了，所以我才沒一走了之。再過幾個小時後，我就得演講了，希望牙齒別再作祟。我決定不去在意這髒玩意兒，聽他擺佈。

他處理好了我的牙，相當專業。事後我問他要收多少錢。

「我從來不收病人的錢，」他說：「這只是我給需要治療的人提供的服務。我做事不是為了錢。」

「那你怎麼養家呢？」我問：「如果從不收錢的話，你靠什麼養家糊口？」

「我偷車，」他說：「這是我的主要職業。每個月我偷上兩三輛車，把車賣到附近的車庫，那裡會改動引擎和底盤的號碼。洗乾淨、修理好後就把車重新賣掉。這麼做賺的錢足夠養活我和家人了。我開這間診所，是為了向員警和稅務官顯示我有一個合法的生意。」

然後他指著在隔壁房間站著的一個婦女：「那個女人是我老婆。我把偷車賺來的錢帶回家後，她就把錢花光。但當我被抓住送到監獄時，她看都不來看我。犯罪得來的錢，她是要的，可是

當我被捕後,她從來不在我身邊幫我。」

我謝過他,然後離開去參加晚上的演講。

1976年2月29日帕帕吉離開委內瑞拉,飛往葡萄牙,蜜拉和她的母親德嘎前去迎接。他們一起住在里斯本附近的一個小鎮瓦爾澤阿德辛特拉(Varzea de Sintra)。我問蜜拉對這次拜訪有什麼記憶:

蜜拉:我們從機場直接到我母親那裡。帕帕吉已經給這地方取名叫「羅摩的磨坊」。我們在那裡住了大概三個月。

大衛:你們都在那裡做什麼呢?

蜜拉:離我們住的地方大概二十公里有個禪宗中心。是一個叫做喬治(George)的人負責的,我記不得他姓什麼了。之前帕帕吉在南美時,喬治邀請他來這個中心舉辦薩特桑,帕帕吉接受了。他在那裡給很多人舉行了薩特桑。那個地方有一股濃濃的禪宗氛圍,但帕帕吉的教導和那個環境非常契合。那裡不僅是禪宗中心,也教各種日本武術。

大衛:你們每天都去那邊薩特桑嗎?

蜜拉:不是每天,但我們確實去了很多次。不去的時候,帕帕吉就會在我媽家的花園裡安靜地坐著。禪宗中心的人向他介紹了一些大乘佛教的經典,比如《金剛經》和《心經》。帕帕吉很愛這些經文。每天早上我們和他坐在花園裡,他會出聲念上一段經文,做出一些評論。他很愛這些經文的用語,特別是佛教的空性概念。他的評論如此美妙,我們都覺得自己好像飛在空中。

我想,這些閱讀對他的開示用詞產生了重大影響。接觸這些

之前，他會大談**上帝**（God），用這個詞來表示究竟（Absolute）。讀到這些之後，他的用語產生了變化。在薩特桑上，他開始越來越喜歡談論空性。他一直在尋找能表達他想要說的意思的正確用詞。空性這個詞對他很有吸引力，因為不容易跟任何概念或觀念產生關聯。

他真的非常愛這些經文，以至於幾個月後他把我母親的住所改名為「金剛塔道場」（Diamond Stupa Ashram）。

大衛：在這次旅行中他還去了摩洛哥幾天。你和他一起去的嗎？

蜜拉：不，我陪著我母親，沒去。在摩洛哥有另外一個禪宗中心，由一個法國醫生主持。這個醫生邀請帕帕吉去那裡幾天。我想他大概去了十天。他回來的時候看起來非常高興。他說中心的人已經夠成熟能接受他的教法，他在那裡有很多次很好的薩特桑。回來之後，我們繼續簡單的生活方式：在金剛塔道場的花園裡講經，時不時去禪宗中心舉行公開的薩特桑。

這次旅行中，帕帕吉受邀去見弟子丸[a]，一個同樣受邀到中心教學的禪宗老師。帕帕吉描述了此次會面：

弟子丸的房子外有一座很漂亮的日式花園。我和在那裡工作的一個信眾聊了聊天，他告訴我所有的建築材料和植物都是特別從日本進口的，他們試圖再創傳統的禪宗寺廟氛圍。

我參觀了他的房子和花園後，走進中心去看他怎麼教學。首

---

[a] 弟子丸泰仙（Taisen Deshimaru, 1914-1982）是日本曹洞宗的僧侶，在巴黎創辦了國際禪宗協會（Association Zen Internationale）。二戰中他被派到印尼的島嶼上當兵，因看不慣日軍的暴行而抗議日軍軍官，被當做叛亂分子投入監獄，後獲搭救。1967年他來到巴黎，開始在歐洲弘法。1970年代，他的傳法事業有了很大的進展。他也被日本曹洞宗確認為曹洞禪歐洲的座主。

先，我旁聽了一節劍道課。這個地方教授各種日本活動，並不僅僅是禪修中心。劍道課結束後，所有的學生面對牆壁而坐。臨濟宗的傳統方法就是學生們面對牆壁禪修，睜著雙眼。弟子丸在弟子們背後走來走去。偶爾，如果他不喜歡某個人打坐的樣子，就會用一根大棒子打這人的背。這也是禪宗的傳統。

到了午飯時間，他們邀請我和大家去附近一家餐廳吃飯。弟子丸請我坐在他身邊。開始用餐前，他點了一大瓶威士忌，給自己倒了一大杯。他也給弟子們倒了些酒，輪到他給我倒酒時，我禮貌地拒絕了。

「我從不飲酒。」我說。

弟子丸笑道：「飲時，我就飲！」這是一則禪宗公案。然後他一飲而盡，表示這一意思。

我馬上回答：「那麼，不飲時，我就不飲。」

弟子丸覺得這非常好笑。

他轉向他的一個弟子，說：「彭嘉先生創造了一個新公案！『不飲時，我不飲！』」

他放聲大笑，他的很多弟子也笑起來。酒宴繼續，直到整瓶酒喝完。弟子們喝了一些，但是弟子丸自己喝了大概半瓶。

午飯後，弟子丸幾乎沒法站起身。他的四個弟子不得不去扶他。他想要走路，但沒法一步接一步往前走，總是絆倒。後來大家明白不去攙扶他的話，他是走不動的，所以就把他攙起來，塞進了等候已久的車裡。

我後來聽說弟子丸是個玩弄女性的老手，他總是和自己的女弟子上床。對他這種行為，他自己有另一個公案來表示：「與女人上床時，我就與女人上床。」

幾周後，我從弟子丸那裡收到了另一份邀請，請我到他在巴黎的中心見他。我沒去。第一次會面，我就已經看夠了。

我向蜜拉問到這個故事，她確認了帕帕吉上面提到的這些

情節。

然後她還補充說：「我們看到別人扶著他走開，以為他會不清醒上好幾個小時。可是不到一個小時，他就蹣跚著走進了安排給我住的房間，想要和我上床。我不得不把他推出門外。」

這一次葡萄牙之行中，帕帕吉也在里斯本一家瑜伽中心舉行薩特桑和禪修課。從他說起這個地方的幾件事來看，那裡的人並不全都是嚴肅的求道者。以下是他寫給在澳洲的拉曼的信：

羅摩的磨坊
瓦爾澤亞德辛特拉（Varzea de Sintra）
葡萄牙
1976年4月4日

……在里斯本，我連一個關注靈性的人都沒遇到，雖然我去了一個禪宗中心，主管是個瑞士人，曾經在日本待過十年。他只是在中心教一些身體體操，美其名曰靈性修持。

我沒看到有誰是在道上、想要圓滿證悟的，連一個人都沒遇上。所有人都在心裡盤算著物質利益，想要利用證悟來獲得個人利益，或讓他人得到好處。

以下是帕帕吉對在里斯本的薩特桑的回憶：

我受邀去了里斯本一個瑜伽中心。這算不上是真正的道場，更像是社區中心，裡面有各種活動。第一次去時，我看到一群老年人在喝酒、打牌，玩接拋球，看上去像是個給老年人在下午聚會消磨時光的場所。有幾天時間，他們留了一個空間給我辦講座，我也帶了一堂禪修課。

有一天下午，我收到一個女孩的電話。

「我聽說在瑜伽中心有一個印度人在教課。我能來看他嗎？我從來沒有見過印度人的臉。我想要看看印度人長什麼樣子。」

我笑了，告訴她在五點和六點之間，隨時歡迎她來。「六點開始上課，」我補充說：「別遲到。」

她卻直到七點三十分才出現。

「你為什麼來得這麼晚？」我問。我想，或許她只是想看看我的印度臉就會走。

她對我講了一個很長的故事。

「我的家人都是羅馬天主教徒。我們住在一個離岸的小島上。我整個人生都在那裡度過，直到最近。因為島上的醫療機構非常落後，我家人決定把我送到大陸上，接收培訓成為助產士。等培訓結束後，我會回到島上幫助那裡的婦女。島上至今都沒有受過訓練的醫生和護士。

「今天下午，我在來這裡的路上遇到了一個男孩，他說自己是醫科學生。他邀請我去他的房間。

「『現在不行，』我說：『我要去參加禪修課，必須在六點前到。』

「他堅持不放，所以最後我也不再跟他爭執，就去了他房間。到了房間後，他想要和我做愛，所以我就不得不做了。」

我沒法相信聽到的話。「你說『我就不得不做了』，這是什麼意思？這個男孩是誰？是你的丈夫嗎？」

「不，」她回答說：「在今天之前，我從來沒有見過他。但是，我的家人和我的神父總是教導我，慷慨、慈愛是好的。如果我有東西，別人想要，那麼他們開口索要，我就應該給。這是我在家裡接受的教育。我並不是真的想要和他一起走，可是他真的想要，我就只能聽從他。」

「面對這種情況，天主教或許是要這樣處理，」我告訴她：「但建議你最好學學印度人的方式。當一個你從沒見過的男孩接近你，提出這樣的建議，脫下你的涼鞋，狠狠敲他腦袋，讓他滾。」

她依然有點懷疑。「我會寫信給我爸媽告訴他們發生了什麼，我要問問他們是否我下次該聽你的建議。」

我邀請她留下來吃晚飯，晚飯後我們好好談了一番。

談話結束後，她評論說：「我之前從來沒見過印度人。你看上去是個非常快樂的人，似乎總是對所有人都充滿關愛。不知為何，我覺得和你在一起時，我就是你的女兒，哪怕我們之前從未見過。自從我到大陸後，我遇到的所有人都想從我身上得到些什麼，尤其是男人。你是我目前遇到的唯一一個什麼都不向我要的人。」

我在里斯本主持薩特桑時，有個看上去像是巫婆的女人來找我，她穿著黑上衣、黑裙子，戴一頂插著鷹毛的黑帽子。她用一種非常奇怪的方式繞著房屋走，偶爾停下來盯著人或者物品看。最後，她坐在我正前方，開始在一張紙上畫奇怪的圖。

我問她想要做什麼、為什麼來這裡。她不像是對禪修有興趣的樣子。

「我是通靈人，」她回答說：「我通靈得到了你的名字和這個地址。所以我來看你。我的靈告訴我你是世界上的第一管道。排名第二的那人住在紐約的格林威治村。我的靈也給了我那個地址。我見到你之後，就會去見見他。」

我研究了她幾秒鐘，發現她的意識是嚴重扭曲的。我不想讓她留下，因為感覺到她會擾亂薩特桑。

「現在你已經見到我了，」我說：「那就去見紐約的那個人吧。如果你願意，我可以給你叫一輛計程車，送你到機場。」

她同意了。我在外面街上叫了計程車，送她上車後，對司機說帶她去機場。我再也沒有見過她。

在歐洲旅行中，我之前遇到過兩個像她那樣的人，一個在慕尼黑，一個在馬德里。這三個人都說自己是無形的靈的靈媒，三個人在我看來都精神失常。我後來還見過許多自稱的通靈人，他們給我的印象都像是有點瘋了。

在馬德里的那個女人很有名，因為她說自己通靈的是聖母瑪利亞。她的客戶群很龐大，找她治病或處理私人問題。1974年我在馬德里時，她每天都來我的禪修課。有一天她病了，我就向照顧我的菲利克斯提議說我們應該去拜訪她，看看她怎麼樣了。

她的房子漆成了黑色。牆是黑的，天花板是黑的，牆壁上畫著動物的骷髏。唯一的照明是一盞紅色的燈，放在聖母瑪利亞的大畫像旁邊。我們發現她在地上翻滾、呻吟著。

「我太痛了，全身痛得不得了。請幫幫我，幫幫我。」

「你為什麼不通靈找個好醫生呢？」我問：「在天堂裡一定有很多好醫生閒著沒事幹。那邊沒人生病，所以他們也不用出診。如果你不認識天堂裡的良醫，為什麼不讓聖母瑪利亞推薦一位呢？」

她靠告訴別人怎麼治好他們的疾病賺了很多錢，但是當她自己得病的時候，她就不知道該怎麼辦了。

這個女人也有點精神錯亂。在我的經驗中，精神失常的人會被通靈吸引。他們聽到一些聲音，講的是普通人不會說的話，他們就將之解釋為自己在和無形的靈交談。向他們尋求建議的，通常也是失常的人。我從未遇到過人是靠通靈或者聽取通靈人的建議而在靈性上有進步的。

在這段時間，帕帕吉對一些佛教經文做出了評釋，蜜拉的母親德嘎決定收集記錄不同人與他的一些對話。她最原始的資源來自蜜拉，因為帕帕吉在歐洲和南美主持的薩特桑上，蜜拉做了記錄。以下的對話出自她的回憶。我將對話從一到十三編號，因為沒有記錄日期。所有這些對話都是在1976年或者之前發生的。這些選摘以帕帕吉談論上師的力量時說做的三句話開始：

對上師的愛能摧毀一切執著。

上師是來打碎幻夢的。

上師摧毀了所有與真我的分裂。

一

提問者：我在努力證悟真我。

帕帕吉：如果你在努力，那麼必然在你頭腦中有個東西是你想要達到的。那個頭腦中的目標不是真我，而只是你心中一個念頭。如果沒有努力的目標，那麼努力何用？當沒有努力了，沒有了有個東西必須完成的念頭，剩下的是什麼呢？只有真實。

提問者：如何穩定在這個狀態之中？躍入真我可能發生，但如何保證住在那裡，不再跳出來？

帕帕吉：「穩定」這個念頭只可能在你體驗真我之前才會產生。覺悟真我總是一秒不到就發生了，並不是一個漫長、持續很久的過程。
　　「穩定」這個想法從你的心而生，從你在儲存在記憶中的念頭而生。但是告訴我，現在你的心在那裡？

提問者：我找不到任何心。

帕帕吉：如果你切斷了所有和自己回憶的聯繫，會怎麼樣？

提問者：〔經過長時間的停頓後〕就是這個！只是當下。

帕帕吉：是的，你和當下相連。這最接近真正的你，比你的心或者情緒更近。甚至比你自己的存在還要近，因為自己的存在是一個後來的念頭，甚至你的出生都要在這之後。

提問者：我並不知道我原本的狀態。

帕帕吉：如果你說的是知道，那麼已經走上歧途。「我」和「原本狀態」之間，有什麼區別？

提問者：〔沒有回答〕

帕帕吉：你能看到「我」嗎？

提問者：不能。

帕帕吉：兩者是一樣的，你無法看到它們是什麼。如果你覺察到了什麼東西，只可能是因為「在」和「不在」交替而已。對境在時，你知道它們；對境不在時，就不知道。你知道「我」嗎？

提問者：不知道。

帕帕吉：那是因為「我」是主體，是你自己。它不像是被覺知的對象那樣，不會有「在」與「不在」交替。
　　告訴我，當你思考時，誰思考？

提問者：我不確定。

帕帕吉：這是你的原本狀態，你的源頭，但是你對此渾然不覺，因為你相信有一顆心在為你做所有的思考。當你放棄了所有關於你是誰、你該完成什麼的概念和想法，留下的就是本源。在沒有概念時，你知道這就是你的真我。
　　一直安住在你的真我中。不要生起一個念頭。外在行動時，內在保持是空的。不要讓心中穿過任何感受。不要有任何造作，

不管是身體、思維還是心靈上的。你是這個自然的「無」。你是觸碰不到的。堅信「你就是這個」。跳吧，但不要落在任何一處。不要停滯為對境，也不要停滯為主體。

如果你渴望自由，就必須下定決心。決定：「我要在這一生、這一天、這一分、這一秒、這一剎那就得到自由。」遲疑不決時，你不會發生什麼事。只要一剎那有這個堅定的決心就足夠了，就在此時此地。這是當下證悟的唯一條件。

二

提問者：什麼是弟子需要理解的？

帕帕吉：我給你的解釋或許被頭腦理解了，但這不是真正的理解。真正的理解並不能被聽聞或被理解，甚至不能放在心裡。

提問者：所以真正的理解不是去理解話語，而是去理解話語所指的？

帕帕吉：對。現在就做！

提問者：由於您臨在的加持，我們現在處於寂靜中。您離開後，我們又會怎麼樣？

帕帕吉：因為你看到我到來，就設想我某天會離開。我從無來去。

提問者：但您很快就要走了。您不在的時候，我該怎麼辦呢？

帕帕吉：如果你能從臨在創造分離，為何不在分離中創造臨在呢？如果你不允許頭腦創造距離，又是誰離開？又能去那裡？

提問者：我們需要完全把自己交給內在的臨在嗎？

帕帕吉：如果你這麼相信，你就是認為自己在外面，而裡面有個高於你的。放下所有這些想法。你不在外也不在內。你所想到的想法，比如「我必須體驗這個內在臨在」，會給你一個內在臨在的體驗，但只是因為你相信有個能被體驗到的內在臨在，才引發了這個心靈體驗而已。放棄所有這樣的想法，保持安靜。

提問者：當今世上哪些人是真正的上師？您能說出幾位嗎？

帕帕吉：只有一個真正的上師，他不為所知。他沒有名字，沒有形象，沒有住所。

提問者：您自己的上師是誰？

帕帕吉：就是這個不為所知。

提問者：您讓我們「隨它去」，但這很難。

帕帕吉：那是因為你有個觀念，認為「隨它去」是你不得不做的事情。如果路途遙遠艱辛，那麼從一個地方到另一個地方就很難。但如果你根本無須移動，又怎麼能說很難呢？只要放下你必須要做什麼事情，放下要到什麼地方的觀念。所要做的不過如此。

提問者：但如果您說「這不難」，那又為什麼需要上師呢？如果這是輕而易舉的事，為什麼您又一直堅持說我們需要上師呢？

帕帕吉：你已經被限制住了，相信繩子是蛇，就需要上師來說服你繩子其實是繩子。他只是告訴你什麼是真實的，因為你固執地

相信不真實的東西。一旦你發現了自己的本然真性，就不再需要某位上師了。

提問者： 如果求道者離開，去找別的靈性上師，您會怎麼做？

帕帕吉： 他能去哪裡？無論他去哪裡，我都在。

提問者： 對我來說，拉瑪那尊者是完美的智形象。只是坐著，什麼都不做。

帕帕吉： 那是因為你站著，所以你看到他坐著。

提問者： 上師能告訴我在師徒傳心時，發生了什麼嗎？因為很矛盾的是，似乎什麼都沒發生。

帕帕吉： 上師說出了真理，弟子聽到。當不想著結果或未來時，本然狀態就向弟子展露出來了，弟子即任運而動。這只是自然自發的。

三

提問者： 我是科學家，我們的各項發現讓世界前進。您怎樣證明上帝呢？

帕帕吉： 如果我給你一個證明，你會跑掉的。

提問者： 不，我不會跑掉。

帕帕吉： 是的，確實如此。「我」不會跑掉。上帝顯現的時候，

跑掉的是「你」。

提問者：一顆活躍的西方人的心，怎樣才能安靜下來？

帕帕吉：把這顆西方人的心拿出來給我看。放在我面前，我就告訴你該怎麼做。如果你做不到的話，拿一顆東方人的心出來也行。

提問者：那是拿不出來的。

帕帕吉：你看，它們有一個相同點，都沒法被展示出來。它們之間的不同點是什麼？

提問者：今天我很焦慮。在禪修時我尋找這個焦慮的原因，但是找不到。

帕帕吉：把這個焦慮拿給我看。

提問者：我不能。

帕帕吉：焦慮並不在當下，而在你的回憶裡。在禪修中它並不在，否則你就會找到原因了。所以，忘了吧。

提問者：我並不平靜。

帕帕吉：你必須保持覺照。覺照並不只是觀察有念無念。徹底的忘記是覺照。當你已經忘記了一切，就有了覺照。如果你相信自己還未平靜，這是從自己的記憶中攪動起念頭。只需要忘記一切。保持安靜。

德嘎(左),帕帕吉和蜜拉,攝於1976年,葡萄牙。

四

提問者:要相信死後有來世,這不難;然而如果其實根本就沒有來世,那要怎麼辦?

帕帕吉:不管哪種情況,都是一種相信。

提問者:轉世再來又怎麼說呢?

帕帕吉:轉世只存於醒位。心和身體的所有活動都止息時,我們寂靜不動,我們稱之為「沉睡位」。當所有活動重回其對境時,我們就在醒位。

睡眠的寂靜是種不動的寂靜,活動從中生起。但是真實的狀

態，存在於醒、夢和沉睡的背後，是一個動態的寂靜。在它之中沒有東西生起。在這個真正的寂靜中，沒有來去。

提問者：人們追隨不同的道路。為何追求同一個真理的人，不能承認其他人的道路也可能是正確的？

帕帕吉：兩個個體是絕不可能互相認同的。只有看透了頭腦到底是怎麼回事時，他們才會有同樣的理解。

提問者：為什麼成千上萬的畫面浮現在我面前，在內外都顯現？我怎樣才能去除？

帕帕吉：是你對事物的興趣引來了這些畫面。你不覺照時，就有了畫面。而你覺照時，什麼都沒有。

提問者：在覺照的狀態中，事物會消失嗎？

帕帕吉：當沒有欲望時，事物的實有性消失了。不管怎樣，為什麼不直接就說事物僅僅是顯現而已呢？你有疑問時，這疑問從不在「現在」。疑問總是針對過去或者未來的。覺照是活在當下。

提問者：就在現在，我在當下。我在這裡，現在……

帕帕吉：對境在時間中存在，由於時間而存在。對它們的覺知是無明。最究竟的真實不是一個思維的對境。覺知對境時，你在無明中，你在時間中。心是時間。過去和現作為覺知的對境在對你展現。「現在」是不能展示出來的。它無法被覺知到，和時間與心無關。

提問者：您說世界是心一個投射，我沉睡時，它就消失了。然而我沉睡時世界繼續存在啊。

帕帕吉：你深深相信世界是以一個真實、獨立的實體存在。晚上你帶著這個概念入睡。到了早上，同一個概念把你喚醒。

五

提問者：當上師說：「看著心」，他想要傳遞的到底是什麼意思？

帕帕吉：「看著心」的意思是「不要看著外在或者內在的對境」。

提問者：這就是您說的「了知心」的意思嗎？

帕帕吉：了知心依然暗示著心在動。

提問者：當一個人看著心，心消失了。它去了哪裡？

帕帕吉：心從未出現也未消失。當你如理去看時，會發現它根本從來都不在。

提問者：有時候我感到「我是一切」。這還是心嗎？

帕帕吉：每次你在自己的心上刻下一個印象，你就餵養了它。不管你想的是「我什麼都不是」還是「我是一切」，這都只是念頭。放下所有的念頭、所有的想法，看看還剩下什麼。放下一切的時候，你就徹底孤獨了。是上師給了你這個孤獨。

〔沉默了一段時間〕

「這裡」是令風起浪湧的基底。在「這裡」你體驗到了「我是

誰？」在「這裡」，有另一個力量會照顧你，寂靜會越來越深。

六

提問者：住於空性中，這讓我害怕。而且讓我覺得好像我在浪費自己的時間。

帕帕吉：真正的空性並不可怕。如果你體會到了恐懼或者驚惶，那就不是在空性狀態中。你還沒讓自己體驗過離一切對境的空性。別去管所有一切可知的印象，別去管所有從你的記憶所熟悉的世界中借來的圖像。

提問者：您能說一說佛陀提到的空性（sunya）嗎？

帕帕吉：空性是空了客體，不是空了主體。

提問者：有時候我的心停在一個沒有正面，也沒有負面的地方。不快樂也不悲傷，但是我仍然感到非常專注又興奮。這是無心嗎？上師您能解釋一下這個嗎？

帕帕吉：認為有個無心，這依然是在想。有想、無想，都是心的正常運作，但是在你的本然存在中是沒有念頭的。

提問者：您是說「無想」也是一個念頭？

帕帕吉：我剛才告訴你了，「有想無想都是心的正常運作」。一顆不想著念頭，也離於無想這個概念的心，能被稱為自由的心。有想無想都依待對方存在，都是心的特性。

無心是另一回事。它不與任何東西相連。當心如此赤裸，甚

至離於無想時，心一無所剩。在無想的心靈狀態時，依然有一處可讓對境立足；但是當拋棄無想，只有無心時，對境再也無法立足。實際上，在那個狀態，根本就沒有對境。

七

提問者：什麼是本然狀態？

帕帕吉：分別之心消失時，留下的就是本然狀態。有人稱為「般若」（prajna）或者證悟。

提問者：這片海洋那麼美！讓我沉浸在一種寬闊感之中。

帕帕吉：保持覺照。你的心已經把海洋的寬闊和你之前見過的湖水的狹小做了比較。不要讓你的心這樣停駐在任何一個視覺對境上。一千滴水和一滴水的區別是什麼？如果你看最深處，你只是看到水。這是看的方法。如果你看到了一個「你」，它總是與一個「小我」相對的。沉入一切所見的基底中去。

有個古老的印度故事能說明這點。某天一個老師將自己兩個弟子送進森林，方位不同，但讓每人都帶上一隻鴿子。

他對兩人說：「找一個誰都不看著你的地方，偷偷把鴿子弄死。然後把屍體帶回來給我，證明你做了這件事。」

弟子前往不同的方向。第一個弟子找到一個隱秘的地點，弄死了鴿子，把屍體帶回給自己的老師。師徒兩人在一起等了很久，第二個弟子一直沒有現身。最後他們不得不去找他，卻發現他在一棵樹下，手中握著的鴿子還活著。

上師問他為什麼沒有聽從指令，弟子回答說：「我沒辦法。您讓我去找一個沒有誰看著我的地方，但不管我去到哪裡，這隻鴿子一直在盯著我看。」

「哎，」上師說：「如果你看著牠，牠就看著你。但是如果你去到了基底，你就一無所見，也沒有誰能夠看到你。」

八

提問者：如何禪修？

帕帕吉：當「我在禪修」的念頭生起的時候，你就把自己和真我分離開來了。真正的禪修不是你能夠練習的東西。你練習禪修時，就對自己想要達成什麼目標有了某種想法。可能是要見證，或是觀想，或是寧靜，或者別的什麼。如果你足夠努力，那麼先前預設的想法最終會展現為一個微細的心靈狀態，你會把它當成一種體驗來享受。然而這不是真正的禪修。這是營造出的心靈體驗，源於你最初的欲望。

真正的禪修不通向任何地方，也不是努力而成，只是自然發生。

提問者：但是您能否就如何對付心和心的劣習給一些實用性的建議嗎？

帕帕吉：你得把善惡的概念從你的心中去掉。當不再有善惡概念時，你就在禪修的狀態中了。

如果你堅信你必須得做點什麼，那就只要看著念頭是怎麼生起的，如何留存、如何消散。當你徹底地把自己和念頭分離開來，你就是你自己，如你本然。這就是自由。

提問者：當我不再看到善惡之別時，我又怎麼處世應對呢？

帕帕吉：處世應對會自發進行。但如果你去問這是怎麼發生的，就把新的分別念帶入了心中，也就不再自發了。

　　了無罣礙的心是自言自說的。當我跟你說話時，看上去好像是有個「我」在說話。但是我沒有在說。是**那個**在說。當這樣說話的時候，沒有什麼被儲存在記憶中。

提問者：禪修能有助於去掉頭腦中的畫面和概念嗎？

帕帕吉：如果頭腦中有畫面和概念，那定然是有一些努力製造、保持了它們。大多數禪修的方法是讓主體有意識地看著所有頭腦中的畫面，運用多的努力。但是如果主體消失了，客體也會隨之消失。去掉觀看者、去掉禪修者，你就不用什麼幫助來去除畫面和概念了。

提問者：您說進行任何修持、任何禪修都會讓我們遠離真實，這點我完全聽不懂。

帕帕吉：禪修是不可知的，它不是什麼你能做或者能修持的東西。

提問者：我禪修時，我深深沉入了內在，但是禪修結束後，我感覺還是一樣，充滿了外馳的習氣和焦慮。該怎麼辦？

帕帕吉：當「我在禪修」這個念頭生起時，不要禪修。

提問者：我仍然需要禪修。您能建議某種技巧嗎？

帕帕吉：不要投射出在禪修的那個人。重要的是不要開始一個在稍後某個時間點會結束的東西。取而代之，去看在禪修的想法出現之前，你是誰。看看想要開始禪修的這個人是誰。他是誰？他從哪裡來？

提問者：我不明白。

帕帕吉：當我說出「猴子」這個詞的時候，你的心念去了哪裡？

提問者：有一個猴子的畫面。

帕帕吉：會去到你心中一個你稱為「猴子」的對境、念頭。這個猴子不是真的，只是在你心裡作為對境浮現的一個念頭。當我讓你去看你來自何處，我是讓你去看這個不真實的所謂的「我」，看它是怎麼在你之內生起的，又給你惹了多少麻煩。如果你找到這個「我」的概念是從哪裡產生的，它就不再困擾你了。

有一個真正的「我」，你的真我，不被知也不可被知。如果你追溯這個不真實的「我」到它最初生起的地方，就能將你引到那個不被知的。

提問者：不禪修的話，我會錯過些什麼？

帕帕吉：不管你禪修與否，你即你是。當你移動了一段距離，不管是多小一段，你體驗到什麼東西，這東西從來不可能是你自己。體驗永遠是對客體的體驗。沒有客體時，就沒有了體驗。當你偏離你自己、偏離你的源頭，你創造了種種分別和距離。你甚至創造了生與死。與你自己認同，保持為你自己，不要偏離你自己。

提問者：有計畫的禪修和自發的禪修之間有什麼區別？上師能否在這點上啟示一下？我稱之為「自發的禪修」，因為沒有更準確的詞了，這是一個永恆的融入，我沉浸其中，而那裡頭腦的習氣沒有立足之地。

帕帕吉：有計畫的禪修是一種練習，一個人在努力控制、停止、

觀照或者操控念頭。自發的禪修沒有目的。沒有與之對立的東西，需要被觀照或者控制。它本身就是真實。

提問者：有些禪修流派談到要找到內在的光。

帕帕吉：光依然是客體，就像它的反面黑暗一樣。這兩者都是心所見的對境。找到是誰在看著光。找到看著光的主體是誰。

提問者：我應該如何選擇環境條件，最利於內在用功？

帕帕吉：不要選擇。深深沉入自己的人，是不需要環境條件的。斷開。沉進去！跳吧！

在你已經這樣斷開後，或許還有對正在發生事情的印象，但是你會知道它們屬於身體和其命運，而不屬於你。讓身體反應。你並不牽涉其中。

提問者：對於想要開始走這條靈性道路的人，您會有什麼建議嗎？

帕帕吉：只有當你有一個想要達到的目標時，你才會開始。要開始一個旅程，你必須知道你的目的地在哪裡。你想要達到的地點是什麼？

提問者：真我。

帕帕吉：在這個情況下，目的地就是出發地。為什麼你必須要移動或者做點什麼才能抵達呢？

頭腦傾向於把真我當做一個對境，想要在某個發生在時間內的階段之後，碰觸或者達到它。真我超越時間，超越空間。沒有什麼時間和空間的旅程可以帶你到那裡。

提問者：如何得到真我，常住真我的覺悟？

帕帕吉：不要讓概念抓住你。

提問者：您每天清晨都這樣坐著打坐嗎？

帕帕吉：我們在這裡學的是不要坐在什麼東西之上。

提問者：如何才能這樣？

帕帕吉：如果我告訴你了，我就開始坐在上面了。

九

提問者：我聽說某些聲音可以非常有益。那麼，比如說一個咒的聲音能帶求道者到何處呢？

帕帕吉：當沒有聲音的時候，求道者就能找到「無處」的寂靜之地。

提問者：或許是這樣，然而有時候，我聽音樂時，就進入一種寂靜的狀態，留在那裡。

帕帕吉：被你稱為寂靜的，只是以另一種形式展現的念頭之流。在這個情況中，你聽到的音樂就是這個形式。這不是寂靜。我說的寂靜超越了念頭和覺知。它不依賴因緣環境。寂靜並不是一個事件，不是像一個體驗那樣是有來去的東西。你說的寂靜有開始和結束。你提到的聲音只是將你帶向另一種心靈體驗。

提問者：您說的「體驗」是什麼意思？不是有些體驗比另一些好嗎？

帕帕吉：所有的**體驗**都是無常的，是你能入能出的狀態。這類暫時的體驗沒有真正的價值。

提問者：有**體驗**是進步的標誌嗎？

帕帕吉：假設你夢到一隻老虎。醒來時，老虎在哪裡？你是否必須取得進步來逃開老虎，或者只是在醒來的那一刻，就單純因為老虎不是真實的你就放下了？

提問者：所以您是說，有某種體驗，或者覺知到某個客體的狀態都是沒有價值的？如果我聽到小鳥的歌聲，就已經把小鳥當作客體來認知了，那麼這麼做的時候，我就沒有領會小鳥和牠的歌聲都是主體。

帕帕吉：是的。真正的看，真正的聽發生時，不會在某處還有個客體的。真正的看是一個新的境界，是對真實、實相的新感受。

提問者：讓我看看自己是否正確理解了您的話。您的意思是說一個人是不該看到一朵花，然後領悟「它就是**那個**，並只是**那個**」。根本就不應該覺知到客體。

帕帕吉：是的，是這樣。如果你先看到花，然後領悟到它就是**那個**，那麼你已經將「**那個**」個體化了。首先你把自己和花區分開，才能見到它是一個客體，然後你又朝它投射了「**那個**」的概念。所有這些活動都屬於頭腦。你領悟的「花就是那個」或許正確，但這是你的想法，不是你的體驗。不要涉入把想法投射到客體上的過程。純粹地看，就有全然的領悟。在那個純粹的看中，沒有誰在看，也沒有被覺察到的客體。

十

提問者:「我是誰?」這個問題我找不到答案。

帕帕吉:「我是誰?」這個問題,不是以你能覺察到的對境為答案的。「我」並沒有一個你搜索就能找到的形狀或者身體。你在心中搜索,想要找一個對境,因為這是你慣用找到答案的方式。而「我是誰?」這個問題應該讓你認識到一個地方,是搜尋答案者出現的地方。

提問者:您有時候說上帝不是一個可以被描繪的,因為祂是在進行描繪的那個。我有時覺得自己體會到了和這個「描述者」合一。我是否應該忘掉這個而繼續深入?

帕帕吉:這仍然是頭腦的作用。你說的是一個過程,其中有之前還有之後。認為如果自己現在做些什麼,之後就會發生好事,這個想法在你心中製造了束縛。它不是知也不是不知,也不是知與不知之間的什麼。它是一個不能被知的東西。

提問者:為什麼我不能證得?

帕帕吉:因為你在努力去得到某個客體。你能夠努力得到客體,但是,如果要覺知到主體,就必須放下所有的努力。如果你放下所有努力,**那個**就會抓住你。

十一

提問者:我想我知道被稱為「一體」或「一」的,然而同時我卻不覺得自己從分別中解脫出來了。為什麼會這樣?

帕帕吉：你執著這個想法，因為你心裡相信「無差異」是事物的真實本質，而那個想法是表達這條信念的最佳措辭。然而它不過如此，只是你相信而已，只是一個你想要達到的概念，不過你並沒有真正的體驗。

提問者：是的，我明白不二論的主要論點。我覺得很有道理，也衷心相信它們是真實的。然而在日常生活，我仍然不能由不二的狀態來處世應對。

帕帕吉：諸如「一體」和「不二」這樣的詞語已經成為了你的概念。你沒有把它們作為事實來體驗，反而作為概念來相信。概念是不能讓你自由的，反而會障蔽你的自由。

當你在心裡儲存了有關自由的概念時，就自然設計出種種理論，以期達到這一自由。你沒有「就是梵」，卻反而讓頭腦欺騙自己去相信你必須努力才能成為梵。你沒有去當家做主，卻反而用種種對境填塞了心靈，然後努力去體驗。

十二

提問者：我如何能與世上的智者與各宗教的創立者交融？如何能夠成為其中一員？

帕帕吉：拋掉所有你聽過的有關這些人的故事。故事對你沒用。會出現又消失的人，他們的故事不能幫助你。想著這些人教導的理念，這也不能幫助你。拋掉你所有的概念，包括已有的關於聖者、化身、先知等等的概念。如果你想要與所有這些人同在，那麼你自己就要自由。如果你能安住在無概念的狀態中，就會認清自己與所有曾活過的偉大聖者是一樣的。

提問者：但我怎麼才能自由？我怎麼才能放掉自己？

帕帕吉：不要走上任何道路。

提問者：如果我這麼做，又怎麼知道我是不是自由了？

帕帕吉：當不再出現這類疑問的時候，你就自由了。你有體悟後，就不會繼續問是或不是的問題了。

提問者：我怎麼才能每時每刻都這樣生活？

帕帕吉：在每一個瞬間，你都不受限制，是自由的。

十三

提問者：您說明白開悟的概念常被誤當作開悟本身，這個說法是什麼意思？

帕帕吉：開悟就在此時此地，永遠在。如果你沒有概念，就直接並毫無疑惑地明白這個。然而，如果你執著於概念，你就沒有明白。在這個無明的狀態中，你認為自己必須要達到開悟，因為你不明白你已經是解脫的，你一直是解脫的。所以你為自己設立了一個目標，將之稱為開悟，然後辛勤努力地要證得它。如果你用這樣的方式來追求覺悟，必然會有一些概念，覺得它會是怎樣的。頭腦非常聰明而狡猾。如果你投入巨大的精力要達成並體驗這一目標，頭腦會為你創造出你想要的這個體驗，讓你能享受它。然而，這不會是覺悟的體驗，而是在體驗你對於覺悟是什麼的概念。此時，你會自認開悟了，因為你的體驗完全符合你預設的開悟的想法。這些頭腦引發的體驗並不是恆常本然的狀態。它們是短暫

的心理感受，隨著時間有來有去。

提問者：有些求道者已經有了大狂喜的瞬間。他們禪修時，就想要重新進入這樣的狂喜狀態。這樣是錯的嗎？如果狂喜從真我來，是頭腦已經止息的標誌，那麼，把狂喜作為一個修行目標來追求，這樣真的不好嗎？

帕帕吉：在這些情況下，狂喜成了一個概念。這是一個你想要達到或者體驗的概念。狂喜是努力是可以達到的，可它依然是一個心理狀態。你把狂喜當做追求的對象，你的頭腦給予了你想要的情緒感受來搞勞你。覺悟和情緒體驗完全沒有關係。它不是體驗到一個你已經放在頭腦中的對境。覺悟永遠不是一個對境（non-objective）。

提問者：什麼是涅槃？

帕帕吉：如果你問「什麼是涅槃？」這只是因為你認為自己在輪迴中。如果你不知道現在你在哪裡，又怎麼能問相對於別的地方你所在的位置呢？先找到你在哪裡。

提問者：禪宗大師們用公案[a]來使人開悟。這是怎麼做到的？

帕帕吉：頭腦以一種非常有序邏輯的方式處理資訊。一句話要是以這種方式被頭腦處理了，就永遠也不可能讓你超越頭腦。而會只是增加你的知識儲備而已。公案摧毀了頭腦的邏輯運作，將你帶到用不上邏輯的地方。當禪宗大師拋給你一個公案時，他想要觸發的，和所知毫無關聯。公案的目的在於切斷你與記憶及想像

---

[a] 原文為koan，即日語「公案」的轉寫。

間的所有關聯。當這個奏效時,公案就能讓本然狀態顯露出來。

提問者:惠能說「本來無一物」是什麼意思?

帕帕吉:去到一切開端的源頭,自己找出來。在那個地方沒有頭腦,沒有時間。在那裡,無物可容,也無物可拒,無有出生,也無有死亡。

提問者:這是一個不退轉之地嗎?這和《薄伽梵歌》第十五章提到的那個地方一樣嗎?「人們到達那裡,就再也不返回。那是我的至高居處。」[b]

帕帕吉:不返還是指沒有來也沒有去。人們沒有去到那裡、留在那裡。來去都是頭腦的概念。在至高居處,不會產生這樣的概念。這個居處不是一個對境,不是一個人們能到達的地方。更準確地說,它是無住。偈頌之後說日月照耀不到那裡,意思是說,那個狀態是自明閃耀的,並不需要外在的照耀。

　　從1976年二月底開始,帕帕吉在葡萄牙一直待到六月。這段日子結束前,他和蜜拉一起去了法國南部,想在那裡待上幾周。但是,他上一次法國之行遇到的弟子紛紛發送邀請,結果他在法國逗留了將近六個月。

　　最初幾周是在莫里斯·瑞(Maurice Rey)的家「勒馬澤爾(Le Mazel)」度過。1974年帕帕吉法國南部之行時就住過此過,在

---

b 《薄伽梵歌》第十五章以「吉祥薄伽梵說:人們說永恆的畢鉢樹,根在上,枝在下,葉子是頌詩,知道它,便是通曉吠陀者」開篇,以此畢鉢樹來比喻世界,繼而說道:「用鋒利的無執著之斧,砍斷這棵堅固的畢鉢樹。人們就能找到一條路徑,通向再也不返回的地方,說道:『我到達原初的原人,以往的一切活動源自這裡。』……那是我的至高居處,日月火光照臨不到,阿周那啊!人們到達那裡,就再也不返回。」(《薄伽梵歌》黃寶生譯本)

阿爾代什省（Ardeche）。

據蜜拉說，在法國這幾個月是很安靜、平和的日子：

生活非常簡單。我們過的日子就和在瑞詩凱詩一樣：簡單的飯菜，常常長時間散步，偶爾有弟子來訪，舉行了很多薩特桑。我們遇到一些老朋友，比如勒博耶（Dr Leboyer）醫生，但大多數時候沒有其他人，我們就安靜度日，享受大自然。

帕帕吉對第二次法國之行的回憶開始於從葡萄牙抵達法國的那天：

我們從馬賽機場開車去我朋友莫里斯在阿爾代什的住處，途中經過一條河，看起來那會是值得一看的地方，所以第二天我向莫里斯建議去那裡游泳，不過莫里斯並不怎麼贊同。

「那條河看起來不錯，」他說：「但其實水並不乾淨。上游有家化工廠，朝河裡排放有毒廢水。」

「沒關係，」我說：「我們還是能去那裡看看到底怎麼樣。」

第二天我們就和一群來自尼斯、坎城以及聖拉斐爾[a]的人一起去了那裡。我還是很想在河裡游泳，所以就對那些男孩說，這水看上去還算乾淨，可以游泳。他們不相信我，因為他們看到附近有塊牌子寫著河川污染，不該在河中游泳。

於是我們決定坐下來禪修一會兒。那天是炎熱的六月。跟我一起來的男孩女孩都脫掉了衣服，嚇了我一跳。他們在河邊圍著坐下，一絲不掛。他們似乎毫不在意全身赤裸，所以我也就沒加以評論。幾分鐘後，我就成了唯一還穿著泳衣的人。

我們這個奇怪的群體很快就吸引了附近沙地上玩耍的孩子

---

[a] 尼斯、坎城和聖拉斐爾（Saint Raphael）都是位於法國東南部普羅旺斯－阿爾卑斯－藍色海岸一帶的濱海城市。

們。他們走過來看我們在做什麼。他們不看那些光著的身子，反而只盯著我一個人。

我問朋友們：「為什麼他們都看著我？我有什麼看頭？」

他們大笑說：「他們是過來看看你有什麼毛病。他們不明白為什麼你在河灘上還要穿衣服。」

我笑了，跳入河中，遊了很久。看到我還真的下水了，大家都嚇壞了。我一上岸，他們都想把我帶回家好好洗一洗。他們交代我全身都要好好搓洗乾淨，我向大家保證污水都被我洗掉了之後，他們在我全身上下塗上某種乳霜。

從尼斯和坎城來的那群弟子邀請帕帕吉一起在南部海灘上

蜜拉、穆克蒂、帕帕吉，坐在法國南部的某個河岸。

共度時光。帕帕吉同意了,去尼斯住了幾天。他在那裡的時候,邂逅了一位法國紅衣主教,這是段頗為有趣的經歷。帕帕吉對此敘述道:

在法國南部海岸某個地方,不是尼斯就是坎城,我記不清了,我那時正在看電視。我和幾個曾經在印度陪過我很長時間的弟子在一起。我們一起看電視,因為借宿的那戶人家告訴我們會播出一場辯論,是國際黑天意識會[a]的創辦人巴克提・吠檀多尊者[b]和一個法國紅衣主教辯論。多年前我就在印度見過巴克提・吠檀多尊者,我想看看在電視節目上他是怎麼對付那位法國紅衣主教的。

辯論中,他們一度爭論到了世界的起源。紅衣主教說光比聲音先有,因為神說:「要有光」,然後才說了「要有聲音」。巴克提・吠檀多尊者並不同意,他反駁說,是先有聲音。他對紅衣主教說,印度教徒認為宇宙是從原初「唵」音顯現的,在這之前,無有一物。他們各執一詞。

電視節目結束後,我隨口評論說巴克提・吠檀多尊者說的對。

我的一個弟子說:「那位紅衣主教住得不遠。如果您想要去見他,跟他解釋您的觀點,我們很容易就可以給您安排會面。」

我接受了,就訂在之後一周的某天。

我們見面之後,又開始了電視上已出現過的同樣爭論。我向他解釋唵的概念,他拒絕接受,說當上帝說「要有光」時,宇宙中是沒有聲音的。

我們相執不下,所以最後我說:「當上帝說『要有光』的時候,他是出聲說的。所以,當他講出這些話,就一定是已經有了聲音,

---

a 國際黑天意識會 (International Society for Krishna Consciousness, ISKCON) 由巴克提・吠檀多尊者在1966年創立於紐約,繼承的是商坦亞大尊者 (Chaitanya Mahaprabhu, 1486-1534) 所提倡的黑天虔信瑜伽,亦被稱為「訶利黑天」(Hare Krishna) 運動。

b 巴克提・吠檀多尊者 (Prabhupada Bhakti Vedanta, 1896-1977),1959年捨妻棄子出家為毗濕奴派僧人,廣弘商壇亞毗濕奴派教理,並通過國際黑天意識會將黑天虔信瑜伽推廣到西方。

法國南部時期的薩特桑合影：左邊前排是悉塔，來自巴黎的教師，她曾前去印度找尋她的不可見的上師。在後排，位於帕帕吉和蜜拉之間的男子是莫里斯·瑞，他把自己的住址提供出來給帕帕吉舉行薩特桑。

否則他不可能說出這個句子來。所以，聲音一定比光先有。」

在此之前，我們都是用英語交談，我這麼說了之後，紅衣主教看著他一名助手，笑著用法語說：「這個印度人非常聰明。」

有些人的想法和信念被特定的經典束縛住，這時候你就必須跟他們用這種邏輯論述。

後來我在巴黎遇到一群僧侶和修士，和他們有了同樣的辯論。他們也試圖說服我，光比聲音先有。和基督徒談論創世很困難，因為他們有一個不可動搖的觀念，認為世界是真實的，是由上帝一塊接一塊建造起來的。

我說創世從聲音而來，並不是說那是耳朵能聽到的粗大之聲。聲音有精微粗重之別，有耳朵能聽到的聲音，有在心中聽到的聲。有一種聲音如此精微，它融入呼吸。而超越它的，是一種聲音，來自於本初、原始的寂靜。真正的創世之字，超越一切，比任何

能被感官所認知的東西更早存在。

這次行程他留在法國南部時，帕帕吉遇到了很多捨棄傳統西方生活和價值的年輕人，他們過著更為原始的簡單生活。他在寫給毗納亞克·普拉布的信中提到了這一新潮流。

> 聖保羅·德旺斯（Saint Paul-de-Vence），法國
> 1976年6月22日
>
> ……歐洲正在受苦，亞洲各國正瘋狂地追隨其後。但是，在歐洲這裡，我發現年輕的一代中很多人正退居山林。他們飼養幾隻山羊，取鮮奶，做乳酪，種植水果蔬菜，晚上聚在一起禪修。在歐洲，瑜伽逐漸失去吸引力。大多數人覺得它太費勁。現在流行坐禪和其他日式修行方法。我見過好幾個俱樂部教合氣道[a]、坐禪、劍道等等。為滿足對這些活動日益增長的需求，好幾位日本師父在歐洲創辦了中心。

此行帕帕吉也在安杜澤（Anduze）停留，住在悉塔名下一所房子裡。他在巴黎時通常住她家。他給B·D·德塞寫信講述自己在那裡的活動：

> 1976年8月13日
> 安杜澤營地
>
> 親愛的德塞吉：

---

[a] 合氣道（Aikito）是一種根源於日本大東流合氣柔術的近代武術，主要特點是在於以柔克剛、借勁使力，不主動攻擊。

你那封講述慶祝上師滿月節（Guru Purnima）的信我收到了，我那時正在聖保羅勒哲內（St Paul Le Jeune），現在已經搬到了上面的這地址，在更南邊。我會在這裡待到八月底，然後去巴黎。我在這封信背面寫給你的地址在巴黎郊區，距離這裡大概有900公里。

我們在這裡有自己的上師普嘉（Guru puja），我們在一條高山圍繞的河岸邊舉行儀式。很多之前在瑞詩凱詩或歐洲見過我的人都來了。穆克蒂跳舞跳得出人意料得好。她雙手叉腰跳舞，說：「毗塔拉的手就是這樣放的。」她還記著你呢。我也記得你，因為她說英語的時候帶著你的口音。我想她大部分英語都是從你那裡學來的。

所有我認識的人都越來越忙著各自的職責。你真的是特例，因為在還來得及的時候，你已經從義務中脫身了。繼續走自己的路，給我寫信吧，因為我可能一段時間內都沒法回印度了。

在馬哈拉斯特拉邦的潘達爾普爾市（Pandharpur）黑天雕像毗塔拉，是雙手叉腰的姿勢。穆克蒂可能是跟德塞先生學的，他很信奉這尊神祇。

帕帕吉最後前往巴黎時，他本來計畫住在他某個弟子的一個老朋友家。然而帕帕吉解釋說，事情並沒有按照計畫發展：

我那時在法國南部，住在聖熱尼（St Genis），那是靠近里昂的一個小村鎮。雖然只是個小地方，但人口眾多。附近有家大工廠，一直排放著廢氣，很難聞。房子的主人叫瑪露·朗萬（Malou Lanvin），她在瑞詩凱詩見過我。瑪露知道我打算過不久就去巴黎，所以就和我提到一個在那裡的朋友。

「她是個有錢的女人，但她多年來一直很痛苦。我認識她很久

圖片說明:帕帕吉和穆克蒂,攝於巴黎。

了,我們上的是同一個學校。除了抑鬱之外,她還有劇烈的頭痛。我曾經聽她說,有時候就像有人拿斧頭在敲她頭。她四處求醫,但目前大家都束手無策。她是我的老朋友,或許您能去巴黎見她,看看是否能幫幫她。」

「她是怎麼會變成這樣的?」我問。

瑪露回答說:「她殺了她男友,扔到河裡,一直沒被員警發現。我想除她自己以外,我是唯一知道這事的人。我能打個電話給她,安排會面嗎?」

我同意後,瑪露打了電話安排好會面。那個女子似乎很願意見我,因為知道我要去巴黎時,她邀請我住在她的公寓。

然而,當幾個星期後我們去看她時,她完全變了主意。瑪露按了她公寓的門鈴,通知說她已經帶著她的上師過來了。我環顧四周,感到這是棟昂貴的房子,位於高檔社區。

女子把門拉開幾英寸,對瑪露說話。

「歡迎你們兩位住在這裡,但我不想看到你帶來的這個男人。公寓很大,有很多房間,你們可以住其中兩間。我會給你們我車子的鑰匙,也會為你們做好安排,想要什麼的話,附近商店都可以買到。你們想住多久就住多久,但是那個男人住在這裡時,我不想見到他。我會待在自己房間裡。你們準備離開的時候,通知我一下,我就能出來了。」

「但這人是專程來這裡看你的呀,」瑪露說:「為什麼你要躲著他?他想要幫你。」

「這個男人很危險,」她回答:「我只看他一眼就知道了。我知道他也許能做到其他人根本做不到事,能去除我的痛苦。然而到現在為止,我已經被折磨三十年了。這是我全部的人生。我與苦難共生,與之共眠。如果這個男人帶走了痛苦,那我該怎麼辦呢?我已經適應了受苦的人生,我覺得自己沒法適應完全沒有痛苦的生活。

「你們想住多久就住多久,但是不要讓這個男人靠近我。」

瑪露翻譯了這段對話給我聽,我非常震驚,因為這是我第一次遇到有人不想過一個正常健康的生活。我告訴瑪露,如果這個女人不想見到我,我也不想留在她的公寓,我們完全沒有理由留在那裡。

我之前在歐洲遇到一些人,他們認為苦難是人生不可避免的部分。和我談話的一些人甚至認為,受苦在某個程度上是有利於靈性的。但我從來沒有遇到過一個人是如此鍾情受苦,沒有痛苦她就不想活了。

西方的牧師告訴追隨者:「上帝敕令我們必須在這個世上受苦。祂讓自己的兒子受苦而死,也讓其他每個人都受苦。這全都是上帝計畫的一部分。我們必須帶著痛苦活著,因為上帝創造的世界就是如此。」

這是胡扯。你的真實本性就是妙樂,這是上帝給予你生來就

有的權利。如果你認同身體以及一切身體的毛病，而把妙樂拋到一邊，你就是在丟掉上帝的禮物。上帝不想讓你受苦，他想要你去享受他自身存在的平靜、妙樂、喜悅和幸福。如果你拒絕，這是你的錯，不是祂的問題。

帕帕吉計畫在巴黎待上幾周，然後回印度。但是八月D先生給他寄了另一張機票，請他前往委內瑞拉見面。帕帕吉接受了邀請，在卡拉卡斯與他共處了一個月。在十月中，他回到巴黎，和悉塔以及她的丈夫羅摩住了幾周，最後在1976年十二月的第二個星期回到了印度。這是他為時最久的一次海外旅行。截止返程之日，他已經離開印度將近十二個月。

幾周後他又再次踏上旅途，這次是去澳洲。在去雪梨的航班上，帕帕吉和坐在身旁的男子有了一場有趣的對話。

坐在旁邊的男子開始跟我交談，說自己是基督徒，來自克拉拉邦。我們聊了一些各自背景的具體資訊。

「你為什麼要去澳洲？」他問：「你在那裡做什麼工作？」

為了讓他高興，我回答說：「我去和那裡的人談論聖經的意義。」

這個回答並沒取悅他。一想到我要去做的事，他反而嚇壞了。

「我是牧師，在珀斯（Perth）工作，」他說：「我從經驗中發現，向平常人解釋聖經的意義非常危險。人們想讀聖經的話就可以讀，因為聖經裡的文字能啟發人心，給予安慰，然而解釋這些文字的含義，應該交給專業的學者或者神學家來做。在我的經驗裡，一般的基督徒只要能相信基督是上帝之子，能帶來救贖，這就夠了。否則，如果他們開始思考聖經的意義，就會生起疑惑，會開始失去信心。經文有太多不同的詮釋了，不該讓基督徒為某些具體經文的意義而操心，因為這會使他們質疑基督教本身的教義基礎。」

我回答說：「只教導人們信仰上帝之子是救贖的唯一希望，

巴黎，1976年。

我不認為這能幫助人。這些關於父和子的概念只是樹立起了分別之念，其實分別根本不存在。聖父是愛，聖子是愛，二者無有分別。愛是聖父的真實之名，也是聖子的真實之名。我要去澳洲告訴人們上帝是愛，在祂之內無有分別存在。」

這番話讓他更加心煩意亂了。

「這就是吠檀多了，」他喊道：「你不能告訴人們聖經教的是吠檀多，或者教的是無分別。這不是正確的詮釋。」

「我會告訴人們真理，」我回答說：「真理就是：唯有愛存在；唯有上帝存在。愛上帝，人們就會與他的愛、他的真實本性成為一體。這個體驗就是真正的自由。」

來機場接帕帕吉的是邀請他到澳洲的拉曼。拉曼對此行的回憶如下：

我給上師寄了一張機票，好來澳洲見面。我之前跟一些人提到他會來，有幾個人捐錢分擔他此次旅行的費用，或在自己的住處安排上師的住宿。他到達後，我帶他去了雪梨西邊的藍山（Blue Mountains）上的房子。我那時候還不知道他有很嚴重的高血壓。那裡的高海拔可能不利他的健康，但他沒有抱怨，也沒有跟我說自己有什麼不適。我後來發現，在委內瑞拉有人曾帶他從海平面坐纜車到山頂。這種海拔上的突變讓他病得很嚴重，他到澳洲的時候還沒有完全康復。

　　我之前到處尋找，看有誰願意資助上師的旅行，這段時間找到了藍山上的這個地方。我一個朋友在那裡有間度假屋，他同意在上師訪問期間讓我使用幾天。這地方很不錯，但對於薩特桑來說，位置不太方便。地點偏僻，人們過來不容易。

　　在雪梨有個中心，和蘇格蘭著名的芬虹中心[a]有些關聯。幾個月前，我在那裡第一次遇到我未來的妻子嘉思敏。我去那裡參觀的那天，她正在書店工作。那個時候，嘉思敏是克里希那穆提的弟子毗瑪拉・薩卡爾[b]的學生，這也是位有名的老師。然而當我告訴嘉思敏上師將要來澳洲時，她有一種強烈的願望要見他。我跟她說了自己在印度和上師一起時發生的奇妙之事，但有些故事讓她對於接近上師略感忐忑不安。

　　我從自己和上師相處的經歷知道，她在上師那裡或許只有一次機會，所以我對她說：「如果你很緊張，只要想出一個你想問他的好問題。用一句話讓他知道你是多麼想要覺悟。把那句話反覆練習幾遍，在你最後見到他的時候就不會出錯了。」

　　她決定提這個問題：「我明白很多修行的理論和概念，但我

---

a　芬虹中心（Finhorn center），源自上世紀六十年代在蘇格蘭濱海小鎮芬虹發展起來的新世紀靈修暨生態社區團體芬虹生態村，1972年社區正式註冊為慈善團體，名為芬虹基金會。
b　毗瑪拉・薩卡爾（Vimala Thakar, 1921-2009）印度女社會活動家和靈修老師。1958年她遇見了吉杜・克里希那穆提後成為了靈修導師，其教導注重於強調內在的靈修進展和外在的社會活動應取得平衡。她在印度、美國和歐洲各地旅行教授。

想知道如何實際運用。我想要知道怎麼才能有您所提到的直接體驗。」

她把這些話背了下來，然而當她坐在他面前開口時，這些話就變了。

「我懂得理論，但是很難……」

在這個時候，上師打斷她，說：「誰告訴你很難？誰給了你這個看法？」

這一喝止徹底停止了嘉思敏的思維心。她徹底崩塌了，之後的五天一直在哭。在那一瞬間，他回答了她還未問出口的問題，給了她在尋找的體驗。

嘉思敏向我簡短描述了那一天發生在她身上的事：

我在澳洲雪梨遇到了上師。幾個月前我遇到了拉曼，他那時正在安排上師的行程。我記得非常清楚我第一次見到他的情景。我正站在家門口，上師朝我走來。他看起來不像陌生人，我有種無法解釋的感覺，覺得他是一個我很親近的人，短期外出之後回家來了。我認不出臉，因為我從來沒有見過他的照片，但我肯定有似曾相似之感。上師後來告訴我，他有同樣的感受。他告訴我，他覺得我們在長期分離之後重聚了。

那天我非常緊張。我想要有體驗，但是也知道自己可能會錯過，再也不會有另外的機會。我感到自己的自我在反抗。它感到了威脅，因為它不想死。

晚上我們坐在一起時，我提了我的問題：「我理智上理解，但是很難去體驗……」

我沒有說完問題，因為上師打斷了我，說：「你是聽人說這很難。誰告訴你的？」

一聽到這個問題，我感到世界向外轟然爆炸並消失了。只有上師和我，一切被鎖在一股巨大的力量中。沒有任何聲音，沒有

任何動作,沒有呼吸,沒有念頭,在我們之間沒有距離。我還記得自己最後的念頭是:「我們之間沒有距離。」對於之後的三天,我什麼都不記得了。拉曼說我相當正常地行動做事,但我一點都不記得自己做了什麼說了什麼。

後來我們一起去散步,大多是去海灘。上師想要教我燒印度菜,但我不是一個好學生,甚至連印度薄煎餅(chapati)都做不好,總是煎得又硬又乾。

上師離開澳洲之後,我們兩個人努力工作,好存錢去印度和他在一起。我們定期向上師寫信,他似乎很樂意給我們回信。六個月後我們去了印度,想永遠和上師在一起,因為那時候簽證並不是問題。但是大概一年後,拉曼的母親得了癌症,我們不得不回到澳洲陪伴她。

拉曼繼續道:

嘉思敏的體驗讓上師印象相當深刻。端詳了她幾秒鐘後,他說:「在這個國家,我要做的就是這個。我在這裡的任務完成了,我來這裡要做的已經做完了。現在我可以回印度了。」

我告訴他還有其他很多人等著見他,但一開始他似乎沒什麼興趣見誰。儘管過了一段時間,他不情願地和我去海岸舉行薩特桑,但後來證明上師的直覺是正確的。我們在澳洲進行了很多薩特桑,但沒有一個人有嘉思敏那樣的體驗。

我們離開藍山,住在布萊恩·湯普森醫生(Brian Thompson)家裡,他是精神科醫生,是賽西亞南達斯瓦米(Satyananda)的蒙格埃爾(Monghyr)瑜伽道場的成員。湯普森醫生租了一棟西班牙大使的房子,那地方很漂亮,帶一個大花園。我們住在房子裡,在一間大使通常用來正式辦工的大廳中舉辦薩特桑。

湯普森醫生帶我們去了賽西亞南達斯瓦米的道場,離我們住的地方大約有五十英里。上師在那個中心有了一場非常有力的薩

特桑。道場有幾個非常認真的修行人,道心強烈。有幾個人對上師提問時,有非常好的體驗。然而目睹這些,那個團體的主事者開始緊張不安。我想他們擔心會失去所有的信眾吧,因為上師讓人們得到前所未有的體驗,他們雖然修習瑜伽數年,但都沒有這種體驗。最終,道場的一個主事者出面叫停了之後的薩特桑。

「這不是我們這裡做事的方式。這些不是我們的法門、修行或教法。如果你繼續這樣,只會把這裡的弟子們弄糊塗。」

上師站起來,走了出去,甚至一聲「再見」都沒說。他看上去非常生氣,一邊大步向我們的車子走去,一邊低聲自語:「走了,走了,走了。」我們再也沒有回去。

我曾經跟很多人說過上師要來澳洲,但就算我說得天花亂墜,似乎只有極少人真心想要見他。年輕的印度導師,古魯・馬哈拉吉[a]的幾個弟子有次來參加我們的薩特桑,塞巴巴(Sai Baba)的幾個弟子也來過一次,但後來就沒再來了。我認為那個時候澳洲的人還沒準備好接受上師或接受他的那種傳法。我認識一些有志修行的人,雖然我專程邀請他們來薩特桑,但他們甚至一次都沒露過面。

我有個好朋友是心理學家,也是瑜伽老師,他在雪梨建立了一個禪宗團體。我打電話告訴他我的上師已經到了,正在舉辦薩特桑。

「你必須來見見他,」我說:「他就像那些你讀到過的著名禪宗祖師。他甚至長得就像我見過的菩提達摩畫像。」

我沒開玩笑。我在德里第一次看到上師的時候,就想起在一本書中看到的菩提達摩像。最讓我震驚的是他們外形輪廓以及耳垂的相似。在德里見到他的第一天我就有了這個想法:「這就是

---

a 從此處所言「年輕的印度上師」來看,Guru Maharaj 應該是 Prem Rawat(1957-),他是 Hans Ji Maharaj 的兒子,其父創辦了 Divya Sandesh Parishad(後來命名為聖光會 Divine Light Mission),父親死後,他八歲就成為了傳法上師,之後常駐美國,宣稱能將真知傳予信徒。

菩提達摩再世。」

我的朋友拒絕相信有這麼一位偉大的上師正坐在雪梨某個房間裡。

他禮貌地表達他不相信，說：「我是艾特肯老師[a]的弟子，我在這裡創辦的團體中的成員也都是他的弟子。如果你的上師給我們這個團體帶來一些和艾特肯老師不同的教法，這裡的人會糊塗的。對禪宗修行人來說，腦子裡有互相衝突的觀念可不太好。」

這話很典型地展現了澳洲人對上師的態度，上師遇到的，要麼是在靈性上充滿獵奇心態的人，要麼是狹隘的宗派主義者，不希望自己珍視的信念被挑戰。除了嘉思敏這個例外，我覺得對於在澳洲遇到的所有人，上師都沒什麼印象。當他提到自己的澳洲之行，似乎就只記得坐在棕櫚海灘（Palm Beach）的沙灘上，看著衝浪的人和半裸的女孩。他很享受去沙灘，但我不覺得他享受那些薩特桑。

我想上師在澳洲待了四到六個星期。他沒法待得更久，因為他只有短期簽證。上師那時沒有別的海外事情要辦，所以他宣布要回印度時，嘉思敏和我開始計畫要追隨他。

就如嘉思敏之前提到的，她和拉曼用了好幾個月才攢夠去印度的錢。這一期間，他們繼續與帕帕吉通信。以下是帕帕吉的一封回信：

孟買
1977年5月26日

我親愛的嘉思敏：

---

a 艾特肯老師（Aitken Roshi，1917-2010），美國人，本名 Robert Baker Aitken，是日本曹洞宗僧人原田祖嶽（1871-1961）、安穀白雲（1885-1973）一系的禪宗老師，他在1959年創辦了火奴魯魯金剛僧伽會。1985年他在山田耕雲（1907-1989）處得法卷，但是決定保持在家人身分。

我今天收到了你1977年5月17日的信。我一遍又一遍讀信，非常高興。這才是描述體驗的那種信，我在〔澳洲〕愛華隆（Avalon）就盼著收到了，但拉曼和你都錯過了，寫了一些由理智支配的東西。這次你做到了。這是自然的流露，描述了一次體驗，或許你還不知道它的價值。如果現在告訴你，你或許會覺得太誇張。所以現在我任其保持現狀，直到你自己舉起雙臂，大膽宣稱：「就是這個！我已經得到了！」我等著你下一封來信。我等著聽到你從內向自己，也向周圍所有人喊出的話。

繼續前進。你永遠會在無地之地找到立足之處。我肯定拉曼和你之間永不間斷進行著薩特桑，以描述那不可描述的來互相幫助。這依然是不錯的描述。

請在接下來的日子裡記錄下你的體驗，有空就寫信給我。

問候你、拉曼先生、布萊恩醫生，獻上愛與祝福。

親愛的拉曼先生：
她已經做到了。在離開澳洲之前，我不是就告訴過你了嗎？最大的障礙已經跨越了，她只需要一點時間穩定下來，在禪修中放鬆自在。

之後幾年裡帕帕吉都沒有再出國，雖然他繼續收到西方弟子的眾多邀請。有兩次他甚至拿到簽證，買好機票，但在他出發之前，這兩次旅行都取消了。

帕帕吉之後的一次海外旅行是去馬斯喀特和阿曼蘇丹國[b]的

---

b 阿曼（Oman）是阿拉伯半島最古老的國家之一，十九世紀中期，它是印度洋的霸主。在1967年，蘇丹泰穆爾統一阿曼全境，建立了馬斯喀特和阿曼蘇丹國。本書編者沿用了此名稱，但其實1970年泰穆爾被人推翻後，其子接管政權，國名就更改為阿曼蘇丹國，馬斯喀特為首都。

短暫私人之行。此行是受印度弟子文卡特什‧普拉布之邀,他在那裡工作。帕帕吉後來給他取名為「拉哲」。在〈羅摩寺〉一章中,他的哥哥毗納亞克已經講述過拉哲的一些經歷。這一章中我會寫到拉哲自己的故事。

在一篇標注為1983年4月15日的日記中,帕帕吉寫到自己抵達馬斯喀特。這則日記非常特別,是我目前在他所有日記中找到唯一一篇詳細描述了他周圍發生的事情。

> 在馬斯喀特的西蔔機場(Seeb Airport)降落。
> 當地時間10:55。和印度時差1.5小時。

降落前十分鐘,當地時間10:45,我能從空中看到貧瘠的沙漠之國。當飛機低空飛行時,我能看到藍色的海洋,有島嶼零星點布其中。毗鄰的土地看上去就像乾枯的岩石和沙丘。這自然美景有其獨特的魅力。我喜歡這個國家。辦完護照手續後,我去拿行李。透過圍欄,我能瞥見文卡特什等人在裡面,帶著溫柔、可愛的笑容。這是一個深情的弟子在久別之後等待擁抱他母親的笑容。我走出去,給了他這個擁抱,上了他的車,和他一起前往他家。行駛時,我注意到路上沒有行人,這和印度不一樣。

傍晚時分,我們開車去了當地的超市購物,然後回家。之後我坐在附近的小山頂上,看著海洋和四周的鄉村景色。我驚訝地發現大多數建築都只有三四層樓高。晚上七點,我看到美麗的日落。一切都很安靜:天空中沒有鳥,路上沒有人。

拉哲過來找我,我們開始聊天,主要是關於這個國家和該國人口。我們都說到當地人舉止文明,不像印度的人那樣。基本上,他們都只是來這裡工作的。

帕帕吉在給拉曼的一封信中寫了更多細節。他還提到導致他體重增加的新原因。

> 阿曼
> 1983年4月17日
>
> ……這是個很安靜的國家。沒有乞丐,沒有粗魯的人群,沒有患病的野狗在我們坐著或者走路的時候騷擾我們,沒有滿是廢棄物和垃圾的髒亂街道。天空是明淨的。沒有雲彩,沒有鳥,沒有動物,路上沒有人。文卡特什有一幢三層樓的房子,只有我們兩人住。陽臺面朝阿拉伯海。當我遠眺出去,在我視野之中只見藍色海水,不見一個人影。
>
> 我看著太陽沉入水中,一寸接一寸。四周很寧靜。沒有喇叭,沒有雲遊僧,沒有叫賣的小販。我在這裡,比在我自己的國家更安靜……
>
> ……文卡特什帶我去超市。他買了十種不同的乳酪,買了蘋果、桔子、葡萄、柳丁、開心果、提子、無花果、棗乾,還有好幾種不同的冰淇淋、餅乾、奶油、沙拉,各式各樣的蔬菜,蘋果汁、橙汁、梨汁等等,塞滿了他家的冰箱。你們倆都該在這裡。自從你離開後,我的體重從七十八公斤上升到八十五公斤。你知道我每天都會增重一公斤,因為我的身體吸收了每一口食物。我沒落下一點東西。我倒是要看看能胖到什麼程度,但我擔心你會不喜歡。等這段時期結束後,我會照顧好自己的。

就像許多其他的波斯灣國家一樣,馬斯喀特和阿曼蘇丹國從印度、巴基斯坦和孟加拉招募了很多工人。對次大陸的公民來說,這些都是炙手可熱的工作。得知帕帕吉要去波斯灣旅行後,有幾個弟子讓他留心是否有什麼工作機會適合他們的親戚做。但經歷了幾日馬斯喀特的酷暑後,他給某一戶人家寫信說:「不要讓你兒子來這裡,他的腦子會被燒壞的。」

我向拉哲問到此行的背景：

拉哲：那是一年中極度炎熱的時候，所以我們沒怎麼出門。因為白天我必須工作，大多數時候帕帕吉就一個人獨自在家。我沒辦法好好招待他，因為我只是孤身一人居住。在那裡帕帕吉沒什麼事可做。大概三個星期後，他覺得無聊就回了印度。

大衛：他去那裡只是為了見你嗎？還是有其他原因？

拉哲：我們的關係就像是父親和兒子。我一直很享受有他陪伴，他好像也喜歡和我在一起。不管我去哪裡，我總是邀請他來和我住，通常他都會接受。

大衛：他見了當地什麼人或辦了什麼薩特桑嗎？

拉哲：沒有。實際上，在那地方和穆斯林會面談論另一種宗教是違法的。政府不想讓傳道者干擾當地人民的信仰。帕帕吉見了我的老闆，和他有了一番對話，但並不是很嚴肅。大概五分鐘後，兩個人都無法控制地大笑起來。兩人開懷大笑了大概五分鐘。

我問帕帕吉對這次見面以及總體上對這個國家的印象。

我去那裡不是舉行薩特桑的，只是一趟私人旅行，去見拉哲‧普拉布。當拉哲的老闆發現他請了他的上師來作客，就要拉哲邀請我去他家。我記得他有一座美麗的花園，種滿了水果樹和棗椰樹。這相當難得，因為在地球的那一處，植物相當罕見。我旅行期間基本上沒看到什麼樹，但這個男子卻在他家門口有一片鬱鬱蔥蔥的花園。

他是穆斯林，相信過完塵世上的這一生後，每一個靈魂要麼

會永遠待在地獄,要麼永遠在天堂裡。

我去作客時,他問:「印度教徒認為人根據過去的業力而有來生。一個人怎麼可能下輩子就變成豬或者狗呢?」

我並不想挑釁他的信仰,就回答說:「這樣的教法只是為了在人們心裡種下畏懼,這樣他們就會遵循善法,不為非作歹了。」

這個答案讓他樂不可支。他放聲大笑,笑了幾分鐘都停不下來。之後我們成了好朋友,他後來用阿拉伯文寫了一封長信給我,說永遠歡迎我去他家。

之後不久拉哲去了美國工作。幾年後,我去那裡看了他兩次。

拉哲對於說服帕帕吉在1980年代前往海外旅行,扮演了非常重要的角色。所以我要岔開話題,請拉哲談談他與帕帕吉的關係在1970和80年代是怎麼發展與成熟的。

帕帕吉在1960年代中期進入我的生活。我父親在隆達參加了他的幾次薩特桑,對他非常歡服。我們那時住在安闊拉鎮(Ankola),父親就邀請帕帕吉來住。我想那是1966年的六月或者七月,我那時十八歲,在胡布利市的一所大學念書。我的哥哥毗納亞克也在那裡讀書。父親要我們趕回安闊拉來拜見這位讓他極其佩服的人。

我母親是羅摩・提爾塔的狂熱信徒。她研讀過他的著作和教理,甚至在讀文科本科期間,寫過一篇有關他的論文。她知道帕帕吉是提爾塔的外甥,也知道他本人就是一位偉大的上師。有很多次,她讓我們牢記上師就是神本身,展現為人的形象,所以應該得到相應的禮遇。第一次看到帕帕吉的時候,根本不用母親的提醒,我就知道自己在某位特別之人的臨在中。我內在有什麼立刻知道自己被賜予特權,進入神的臨在。

我母親也被帕帕吉的臨在深深打動了。雖然她是個虔愛者,但在帕帕吉的臨在中,她總會進入完全寂靜的狀態。她會靜靜坐

在那裡，淚流滿面。在之後的歲月中，每次與他坐在一起，她總會有此寂靜的體驗。

我家屬於摩陀婆[a]派，也就是說我們信奉的是毗濕奴。我們有一個家族師父，我們一出生，就自動成為他的弟子。我能背誦比如《毗濕奴千名讚頌》[b]和《哈奴曼四十頌》[c]之類的經典，並參加我們教派所有的傳統儀式和儀軌。但是遇見帕帕吉之後，所有這些都褪去了。我瞬間認識到「這是我真正的上師」，有了這一認知，我以前的信念和修行都消退了。

我們習慣接待苦行僧，父母經常邀請他們來用午餐，但帕帕吉是不一樣的。這是第一次有智者來我們家，所以我們盡可能表現出最大的敬意。可是帕帕吉從不允許我們太過客氣。他來的時候，更像是多了一個家人那樣。

1967年，胡布利市出過一次大型火車事故，一百五十人死亡。我和幾個醫科學生朋友半夜去了停屍間，純粹出於無聊的好奇心，我們沒有任何親戚或朋友在火車上。看到那些屍體之後，深深震撼了我的心靈。隨後幾天，我都睡不著，甚至開始心律不整。十歲的時候，我得過風濕熱，留下輕微的心臟問題。我回到安闍拉的家中，但問題沒有結束。母親建議我去趟隆達，因為當時帕帕吉住在那裡的羅摩寺。我去了，跟他說了我的問題，他允許我和他住在一起。我在他房間外宿營了兩天，但還是沒法睡著。帕帕吉看到我沒有好轉，就邀請我進他的房間，讓我睡在他床邊地上的床墊上。在他直接的臨在中，問題立刻消失了。我的心變得平

---

a 摩陀婆（Madhava, 1238-1317）是南印度毗濕奴派中最有影響的吠檀多哲學家。少年出家為行者，初追隨商羯羅派的阿周拓薛剎（Acyutapreksa）學習不二論理論，後離開師門，獨創了與不二論相對的二元論體系，建立了毗濕奴派中的摩陀婆派。其觀點主張，最高的梵就是毗濕奴。

b 《毗濕奴千名讚頌》（*Vishnu Sahasranama*）出自於《摩訶婆羅多》中的第十三部「訓誨部」（*Anushasana Parva*）的相關頌文，為毗濕摩（Bhishma）臨終所傳，他說出了毗濕奴的一千個名號，並稱持誦此千名能離一切苦。《毗濕奴千名讚頌》是毗濕奴派信徒日課常誦文。

c 《哈奴曼四十頌》（*Hanuman Chalisa*）相傳為印度詩聖杜勒西達斯（Tulasidas, 1532-1623）所作，是信奉哈奴曼的信徒為祈求得到哈奴曼之加持的常頌經典。

靜，能正常睡覺了。這是我第一次體驗到他的力量。那次之後，我更加虔信，並且堅定相信他會照顧我，解決我所有的問題。在遇到帕帕吉之前，我經常發燒，需要用抗生素，但在羅摩寺和他住了幾晚之後，這個毛病再也沒有復發過。

第一次遇到帕帕吉的時候，他談到了開悟，也談到了必須要有一顆無念之心。我禪修時試圖趕走念頭，但是我沒法說自己一開始就對他解脫的教導感興趣。很多年來，我滿足於自己對他懷抱的虔愛之情。但是在1970年代，我一個阿姨在帕帕吉臨在中有了一次重大的覺醒，我突然意識到：「如果這能發生在她身上，或許我也能。」我對解脫的渴望開始增長。我開始調整自己的時間安排，以便有更多的時間與他相伴。那時我已經取得特許會計師資格，在中東找到一份工作。每年我的年假都在帕帕吉身邊度過。那時我沒有什麼問題要問他。他的薩特桑我已經參加得夠多了，所以很瞭解他的教法。然而我卻對解脫有了日益增長的渴望，如此強烈，以至於我直接問帕帕吉，是否能把這一狀態賜予我。

「這是我唯一的渴望，」我說：「請賜予。」

那是大約1980年的事，我們當時正坐在孟買的海濱大道（Marine Drive）。那是在海灘邊上。他之前在跟我說去看念頭之間是什麼，所以在我提了這個問題之後，帕帕吉回答說：「跳進那個間隙，告訴我你看到了什麼。」

我都不知道是怎麼回事，但在帕帕吉堅定的注視下，我體會到了前所未有的一種強烈的寂靜。然後，他毫無預兆突然站起身，說：「我們走吧！」我以為他說的是走回我們家，但其實是去火車站，坐上了一輛去浦那的火車，距離孟買有大概五小時的車程。整個行程中，他繼續給我非常強烈的眼對眼的注視。到達浦那時，我的頭腦完全空白，生不起一個念頭。我們在一家旅店住了大概三天，在那段時間內，我想我沒有過一個念頭。我之前沒有過這樣的體驗，我記得自己去問帕帕吉：「如果我心中永遠不生起念頭了，我要怎麼在世間做事呢？」

「這簡單，」他說：「如果你沒有沉迷的念頭，你就不會自己發動什麼，你只是隨緣應對。在這種狀態中不管你做什麼，都會是正確恰當的。如果你這樣度日的話，不管你需要什麼都會自然出現。」

無念的狀態持續了數天。當我去機場飛回阿曼的時候還在，但是在之後的日子裡，念頭逐漸又潛入進來。就算是這樣，一天中還是有很多個時辰我是無念的，完全滿足。

我在工作上做得非常不錯，雖然似乎從來沒怎麼得到老闆的賞識。到了1981年，我賺的錢足夠退休了。我提出要回到印度，全天候地照顧帕帕吉，但是他不接受我的提議。

「我一直工作到了五十五歲，」他說：「這是這個國家的慣例。繼續工作，照顧你的家庭。我就是這麼做的，你也應該這麼做。我從來沒有鼓勵或者建議大家在有家庭責任的時候放棄工作。」

然後他說：「我的教導是瞬間的。時間到了，就會發生。我一直和你在一起。回去吧，繼續你的工作。」

帕帕吉和拉哲・普拉布，攝於1980年代初期，在勒克瑙。

1980年代，帕帕吉和拉哲頻繁通信。接下來的這些選摘能顯示兩人在此期間日益增長的密切關係。兩人的關係變得極為熱烈，有些帕帕吉寫給拉哲的信簡直可稱得上是上師寫給弟子的情書。

> 1980年6月21日
> 勒克瑙
>
> 親愛的兒子：
> 我今天到了，收到了你的信。這是一封美妙的信，因為寫信的時候，寫信者缺席。我說「缺席」，是指思維活動完全缺席。它是從心之心中自然流露。像這樣的話，無論你在哪裡、無論做什麼，你都是安全的。做任何修行，或者放棄修行，都無助於證悟。上師一個慈悲的凝視就足以去除數億年來從子宮到子宮的輪迴之暗。
>
> 　　這封信讓我很欣慰。我很肯定無論何時你想要得到善提天女小姐的擁抱時，你都會見到她。不要在意身體、感官和心的運作，這三者都無法觸到不可觸的。
>
> 　　我吻你。我的吻不僅僅停在你臉上。不要擔心。臣服於我，我答應我永遠不會拋棄你，我親愛的兒子。保持安靜吧，就一分鐘。看著這個安靜。這是你唯一要做的。或者現在，或者永無可能。你已經抵達了輪迴的彼岸。

> 1980年9月30日
> 勒克瑙
>
> 文卡特什親愛的：
> 我一遍又一遍讀你最近的信，信中表達的那種要「躍入不

可知的熾熱渴望」讓我非常高興。可能是因為已經見到像是在瘋子面前顯現的世界。這個世界把每個人都牢牢束縛在享樂的強大洪流中，一直催眠著他，直到他最終離去的那天。到那時，唯有後悔而已。

美國大選訂於十一月上半月開始，你必須在此期間投入工作，我建議你可以等到那邊的事情忙完之後再回印度，這樣就可以心無掛礙和我住幾天。就我而言，我隨時可以全部時間都和你在一起，只要不虛度時光，只要最終這能賜予求道者覺悟。

你的忙碌與**真我**無關，從未有過一刻真我是不在的。這個秘密只能由一位良師解開，他讓弟子轉頭向自己的**真我**，迎接**殊勝**的會面。和「孤獨」分離數億年之後，你將會和它共度蜜月。

我祝你好運。你自己的真我，

H.W.L. 彭嘉

我已經把需要的東西寫給你了。一些刀片，還有一個給孫女的娃娃。如果你能找到做裹裙的白布，就幫我買吧，別的就不需要了。其實這些也不是是必需的。我喜歡過窮日子，我喜歡旅行。

1983年底，拉哲從馬斯喀特和阿曼蘇丹國搬到了美國。

1983年11月17日
勒克瑙

親愛的文卡特什：

去吧，信心滿滿接受你〔在美國的〕新工作吧。

不管你去哪裡工作，帶著我的愛和祝福（ashirvads）。不要做個殺死自我的殺手，讓自我過它的日子吧。
你被智慧包圍，這正是你服侍上師的原因。不要在服侍和智慧之間做高下之分……

好好照顧自己的身體。無論何種情況下，逆境或順境，都保持心的平和。

愛和吻和擁抱

我親愛的兒子

祝　一路順風

1984年2月29日
勒克瑙

親愛的文卡特什：

我讀了你2月2日的信。我很高興看到你已經適應了從沙漠到雪國的變化，甚至已經能在雪上行走了。這讓我想起了自己第一次跨過阿爾卑斯山進入奧地利的經歷。當時我看到離高速路很近的地方有一個結冰的大湖。於是我跳下車，開始在上面走，但是大家一直警告我不要這麼做，說冰可能還凍得不夠厚。不管你住在哪裡，都是適合居住的國家。永遠不要在自己的國家和別的國家間做區別。整個宇宙都是你的家。生活著，並享受吧，和一切都友善相處——每一棵植物、每條河流、每座山。這是快樂安寧之道。我稱為覺悟。覺悟不是盤著雙腿，坐在喜馬拉雅山的隱秘處。不管命運帶你去哪裡，你都能安居樂業。你有這樣的能力，我非常高興。早上去散步吧，好好照顧自己的飲食。就花一分鐘，找到你的本來，它早在宇宙開始之前

> 就已經存在了，並且為了這副最後一世的人身顯現而交付給你的任務，你也已經完成了。我對你非常高興，親愛的……

> 1984年7月7日
> 敕瑪嘎羅
>
> 親愛的文卡特什：
> ……兩年前你告訴我你的錢已經翻了三倍。今天你透露說自己的投資縮水了一半。在得失之間，你就像須彌山一樣矗立著，不被風暴和寧靜而動。在十幾二十歲的時候，你開始投資了，推著獨輪手推車在你上師的花園裡播種。這不就是一筆很好的投資嗎？這就是為什麼當現在市場不景氣的時候，你更加快樂平和。不要擔心，我親愛的兒子。這個世界會向你獻上她所有的一切，任由你選擇。我對你極為高興，親愛的我……

　　在1960年代後期，每逢暑假，拉哲和他哥哥就在隆達羅摩寺的花園工作。帕帕吉寫了「親愛的我」，這是他有時寫在信中的話。這並非表示驚訝的語氣詞（Dear me）[a]，而似乎是指「我親愛的自己」。拉哲的經濟情況很快好轉了，他能供養帕帕吉很多年，如同下封信所說：

---

a　英文dear me有驚訝、感歎之意，可意譯為「天哪」、「哎呀」，此處按照字面意思直譯「親愛的我」。

1985年4月22日
哈德瓦爾

親愛的文卡特什：
……我身體一直不錯，現在旅行沒問題，我帶著你給的錢上路，夠用到這一世壽終了……

1985年9月13日
勒克瑙

親愛的文卡特什：
讀了你8月27日的信。我非常高興讀到心臟科專家的診斷，之前印度醫生在你心裡造成的恐懼，現在被一掃而空。那些印度醫生中包括你自己的叔叔，在卡爾瓦[b]時，他跟我說拉珠（Raju，拉哲的暱稱）活不長。有次他跟我說只有三年。另一次說還有七年。你的父母和其他親戚總是擔心會有這個可能。

連巴克惹醫生在隆達也跟我說你有心臟病，說我不該讓你去推裝滿土的獨輪車。你還記得這事嗎？我讓你一車車從羅摩寺的花園把泥土運到後面山谷裡。我告訴巴克惹醫生這些運動會讓你的心臟更好、更強壯……

---

b 卡爾瓦（Karwar），卡納塔克邦的港口城市，西鄰阿拉伯海。

1986年2月1日

親愛的拉珠：
我經常在禪定中看到你，和你說話。你在我的靈魂中留下這麼深刻的影響。我說不清是怎麼被你吸引的，為什麼我會有這樣的牽絆。從我開始認識到人們與我有緣的年紀開始，我不記得自己有過這樣一種牽絆。我真高興和你在一起……

1986年2月10日
勒克瑙

親愛的拉哲：
……你的宿命就是愛你的上師。這是重要、罕見、非比尋常的禮物。整個人類都錯過了，也將繼續永遠錯過。你是多麼有福，我親愛的愛。這個星球會把一切都獻給你，加上最重要的，覺悟的無上之樂，如此也就完成了你投生在這個世界的目的……

1986年4月7日
勒克瑙

親愛的拉哲：
祝福。願你幸福長壽，資財充裕，怡然自得，充滿智慧，從無盡的生與再生的塵世輪迴中解脫出來。
不要懷疑！不要憂慮！

你已經跨越了
　　超越了彼岸！！！

這是對你傑出、順從、當之無愧、全心全意、忠貞高尚、不可思議、永恆的愛之紐帶的犒賞。

我親吻你的眼睛，含笑、半睜、水汪汪的，親吻你的臉，一次又一次……

　　　　　　　　　　　　　　　　　　　1986年7月7日
　　　　　　　　　　　　　　　　　　　新德里

至為親愛的拉珠：

讀了你86年6月17日的信。

為什麼你心煩意亂，我親愛的兒子？

一、我沒有什麼鏡子碎了。

二、我的話傳到了不可知之地，所以永遠不會回來了。

三、我有一顆心，包含了開始、中間和結尾。所以它不是四分五裂的，不可能被動搖。

我親愛的！我很清楚你為什麼心煩意亂。

不要在你的心田裡存有這樣的念頭。

我以為你已經把你的心交給了我。因此，你的一舉一動都是透過我的「無心」之力而運作。

你已俘獲了我的愛，你是罕見的現象。你怎麼可以重新墮入塵世之網呢？

請徹徹底底忘記所有你想像出來的不是我的那些。

很高興收到你的信……

再一次，我祝願你不在你我之間構造任何距離。你是我的心，「我在」是你的身體。堅信這一點。

你 是 自由的
獻上吻和擁抱和徹底的交融一體，
你自己的真我

1986年10月25日
新德里

親愛的文卡特什：
我正在寄送給你，我親愛的拉哲，我滿懷愛意的祝福。我把它們寄給我自己的真我，永遠安住於文卡特什的真我中。沒有收件人，沒有寄件人，也沒有禮物時要怎樣才能收到這個禮物呢！唯有愛安住，在這裡，在那裡，在超越之地。

過去的四天裡，我在拉哲帕特納嘎爾[a]的中心市場裡轉來轉去，想給你買一張漂亮的燃燈節賀卡，但沒有找到一張卡能配得上你對上師的奉獻、虔信和愛。每張卡都黯然失色。因此我寧願寫信給你，或許能夠以文字來轉達我對你的愛……

1986年10月31日
德里

親愛的拉哲：
喝完咖啡後，我坐在樓上房間裡。門敞開著，正對著熱鬧的中央市場。孩子、年輕人和老人都忙著購買燃燈節的禮

---

[a] 拉哲帕特納嘎爾（Lajpat Nagar）是位於德里市南部的郊區一塊地域，以其中央市場聞名，是熱鬧的購物場所。

物。我很快樂能看到每個人都快樂。瞬間,一種不可思議的妙樂,無比的平靜和無邊的愛占據了我整個存在,並且融入了無,超越了任何時空概念。

　　淚水毫無緣由落了下來。突然,看看是誰出現在我面前,撿起珍珠,串成珠鏈,然後站著,雙手托著!一切都消失了。時間與空間,主體與客體的概念全部結束了。生與死從未存在過。還能是誰?那麼,為什麼我要拿出航空信封,寫信然後寄出去,心怦怦跳著,寄給偷走我心的人?
還有一天才到燃燈節。

祝你幸福無邊無盡
親愛的我　　　　　　　你自己的**真我**
　　　　哈利萬什

1986年11月12日
新德里

我自己的心:
幾分鐘前我在電話中聽到了你,不是藉由耳朵,也不是念頭,而是直接聽到。心對心說話。和充斥在這世上的五十億人類所說的話是多麼不同啊!
你無與倫比。我們交談時,我無法把它與任何兩人的交談相比。奇怪的事情正在發生在你身上,發生在我身上,但到底是什麼,不知道!
一切都是源頭之愛,在那裡沒有二者……

1986年帕帕吉接受拉哲的邀請訪問美國。12月29日抵達紐約後，他和拉哲住了幾個月。我向拉哲問起這次出行的背景。

拉哲：帕帕吉在浦那給我的體驗很強烈，但不是永恆的。回到阿曼後，和他在一起時體驗到的平靜和空最終就消退了。有時會再度出現，我自己幾小時甚至好幾天都在徹底的內在寂靜中。雖然不是一直都有這個體驗，但它讓我更理解帕帕吉的真正教授。

1986年，我給他買了飛機票來美國看我。我之前聽別人說他的身體不太好。我覺得在一個新環境中相對安靜地過段日子或許對他有利。

大衛：你們住在哪裡？我聽帕帕吉說大多數時間他都在曼哈頓的格林威治村。

拉哲：開始時，我帶他去吃了很多當地的餐廳。我一個人住，所以不太會燒菜。第一天我們去了家日本餐廳，第二天去了中國餐廳，第三天去了義大利館子。然後他就吃厭了餐廳，說：「從現在開始，我們自己做菜。」我不知道怎麼燒出他喜歡吃的菜，所以他就教我怎麼做。看他做了幾天後，我掌握了基本要點，從他那裡接過做菜的任務。

白天我們去遊覽一般的觀光景點，比如自由女神像、帝國大廈、大都會博物館、世貿中心。晚上大概五點左右，會有小規模的薩特桑。有一兩個在印度就認識帕帕吉的人過來，帶著幾個之前從沒見過他的新人。或許每天會有五六個人。

我記得兩個經常來訪的男子，名叫亞瑟和彼特。我在散步時偶然認識彼特（Peter），發現他對於拙火瑜伽很有興趣。我邀請他來參加薩特桑，覺得他可能會對帕帕吉要說的感興趣。第一次他一個人來。他一定是非常滿意，因為第二次他就帶了朋友亞瑟·格林豪斯（Arthur Greenhouse）來。亞瑟對瑜伽沒有興趣，但他

在紐約市觀光,背景是世貿雙塔。

有很多心理問題,我想這是他來的原因。

亞瑟馬上就開口說起自己的問題,說感覺自己的人生完全灰暗。從他的話來看,他顯然是感到其他人不公正地迫害他、騷擾他。

帕帕吉聽完他喋喋不休的抱怨,在最後評論說:「如果你看到了黑暗,你自己就一定是光。沒有光的話,黑暗無法存在。能看的主體一定有別於被看到的客體。如果客體是黑暗,那麼你自己就一定是光。」

聽到這番話,亞瑟立刻有了強烈的體驗,徹底占據了他。他開始劇烈擺動,猛烈到要兩個人才能把他控制住。帕帕吉命令我從冰箱裡拿些橙汁出來,強灌到他嘴裡。我們讓他喝下一點後,他才安靜下來。

這些薩特桑對我來說很有益。在帕帕吉的身邊過了幾日，我自然而不費力地回到了平靜的狀態，寂靜無念，就像多年前帕帕吉帶我去浦那時，我經歷到的。

1987年二月底，帕帕吉接受邀請去夏威夷。他在一封寫給拉哲父親R·M·普拉布的信中描繪此行：

1987年3月7日

親愛的普拉布吉：

我來這裡拜訪恆河道場（Ganga Ashram）的成員，在印度時，他們曾時不時來見我。拉哲請了七天假，陪我來此地一遊，這裡是世界上最美麗的島嶼之一。招待我的人開車去世上最高的山頂。從海平面到山頂大約有38,000英尺。山巔的風速將近每小時90英里，氣溫低於零度。在車外只能待幾分鐘。我們中五個人繼續前行，看到了活火山和多個瀑布。在海平面，氣候就像印度。很多房子不裝取暖設備。雖然還是冬天，但今天攝氏20度。我離開紐約時，那裡是零下20度。

拉哲在帕帕吉身邊茁壯成長著。他已經說過帕帕吉到美國和他相聚時，他體驗到了幾年前體驗過的境界。三月初，當他和帕帕吉還在夏威夷時，拉哲向他母親做了如下彙報：

……這裡一切都好。過去兩個月中，上師的陪伴幫我明白了我的真實本性。**我是誰**已經不是疑問。只有那個「就是當下」，那個「離於概念」，「在過去和未來之間」就是**我**。那個「什麼都不是」就是我。

攝於夏威夷，俯瞰海灘。

　　幾周後，拉哲和帕帕吉兩人前往華盛頓特區觀光，他在帕帕吉身邊的體驗達到巔峰。拉哲描述了事情的經過：

　　我們剛去城裡遊覽完回到飯店。帕帕吉和我住的是雙人房。因為已經出門好幾個小時了，我想要洗個熱水澡清潔一下。正躺在浴缸裡時，我突然明白我以為自己正在經歷的安寧與平靜其實根本就不是一個體驗。它是我自己的真實本性。我一直以來就是這個。瞬間了知並領悟到這個寧靜是永遠不可能失去的，因為它不是一個我必須要守護的體驗。它是我自己的真我。我走出浴缸，拿了條毛巾包住身體，渾身濕漉漉的走進房間，還滴著水。我向帕帕吉禮拜，說：「現在我明白了您一直在說的。現在我明白了真正的我是永遠不可能失去的。」

這一領悟改變了我。我不再追求什麼。我的欲望都消失了，我深深滿足，過著平靜的生活。有時候外出走路時，我會陷入一陣深深的狂喜，但除此之外，我在世間為人處世相當尋常。我沒有任何擔憂，因為在明白了我真正是誰後，憂慮不可能共存。在工作或家庭生活中，問題還是會出現，但如果我感到自己被糾纏到其中，我就問自己：「我是誰？」這個問題提醒我記得自己的真實本性，使我不再牽涉到這個虛幻世界的事務中去。

我喜歡帕帕吉說的海洋比喻：表面的海浪或許有上下起伏，但是在底下是絕對的寂止。表面的波紋不能擾動底下的寂止。由於帕帕吉的教授和他的加持，我明白自己是海洋深處的寂止，而不僅僅是表面的動盪。他讓我了知這點，為此我會永遠感激他。

應帕帕吉的要求，拉哲以第三人稱對他所發生的事進行了簡短描述。在帕帕吉的一本舊筆記本中，我發現了如下的筆記：

華盛頓，1998年3月21日，維斯塔飯店，晚上8點

拉哲正在洗澡。他思維著昨天上師告訴他的八曲仙人和迦納卡的故事。在故事中，八曲仙人要求迦納卡把心交給他作為獻給上師的供養。迦納卡同意了。心交出去之後，他就不再能思考了。真我之知在他身上開啟。說完這個故事後，上師讓拉哲把心交給他一秒鐘。拉哲說會獻出自己整個生命。「為什麼只要一秒鐘？」他問。

今天，洗澡的時候，拉哲把自己的心交給了他的上師。念頭止息了。留下來的只是「在」。拉哲走出浴室時，上師正在讀惠能的壇經。

一周後，就在帕帕吉回德里之前，拉哲把下面這封信交給他。值得一提的是，帕帕吉收到弟子的信，念完之後，若有必

在華盛頓特區，白宮的圍欄前。

要他會回覆，之後就會把原信丟掉。在1970和80年代，他偶爾會把特別欣賞的信件複印幾份，寄給其他弟子，但就算那樣，原件信也極少保存下來。拉哲在1987年三月寫給他的這封信是極少數帕帕吉沒有丟掉的信件：

> 我摯愛的上師：
> 明天3月22日，您就要去德里了。過去三個月內坐於您足下，使得真實本然得以安立。數年前您的加持已向我揭示它，過去的幾年中又在許多不同場合對我指示。
> 現在不再有疑問了。
> 我是那個「不被知」，也就是「當下」和「非過去亦非未來」。我不再懷疑我就是那個「無有概念的」我。
> 雖然文卡特什或許還會繼續如故，我卻不再懷疑**我**不是這

> 個五尺八寸走動的東西，也不是這個五尺八寸東西裡面的什麼，我是那個「絕對」，在內也在外，不動不變，只是<u>在</u>。
>
> 在上師慈悲陪伴下，如今已經能任運而是。那個本然就是我的真實本性，現在對此已毫無疑惑。在您尊足加持下，我已經能夠和這位寂然女陷入愛河。我會越來越頻繁去見她。最終會有那麼一天，當我成為寂然女時，就不再需要這些會面了。
>
> 謝謝您，上師，感謝您對我無比的關懷和慈悲。
>
> 我要謝謝您，謝謝您，謝謝您。我愛您，愛您，愛您。頂禮，頂禮，再頂禮。
>
> 永遠在您足下。
>
> 拉哲

在我和拉哲的談話中，他總是將自己的體驗歸功於單純在帕帕吉身邊中就得到的加持。在他們早期一次會面時，帕帕吉告訴拉哲無須正式的修行，因為與上師相應對他而言就足夠了。帕帕吉後來在寫給拉哲的信中肯定了這一方法。

信是1988年四月發自哈德瓦，帕帕吉寫道：「……<u>你是一個有福的靈魂。你無須考慮禪修、修行或涅槃。僅僅是上師的陪伴就足夠超脫輪迴</u>……」底線是帕帕吉加的。

在帕帕吉美國之行最後幾日中，拉哲並不是唯一得到不凡體驗的人。一個名叫安娜瑪麗（Anne-Marie）的法國女子，後來帕帕吉給她改名為烏瑪（Uma），她在帕帕吉身邊有了不凡的覺悟體驗。帕帕吉在寫給剛噶·辛格醫生（Dr Ganga Singh）的信中提到這次會面：

攝於紐約的冬季。

1987年3月16日
紐約

致 剛噶·辛格：

我不得不取消去其他國家的旅行，因為我在這裡遇到一位年輕姑娘。她是在法國的鑽石商人，去香港買紅寶石時聽人說到我。她找到我的地址，到紐約來第一次見我。僅僅過了二十分鐘，我們正在我的公寓裡喝茶，她突然明白了。

她高喊道：「今天我明白我是誰了！我自己就是實相！」

她現在想和我一起旅行一個月，離開她的丈夫、親戚、生意和國家。我已經決定帶她去印度待上一陣子，這樣她就能夠穩定下來，有自信。

我在第二卷〈哈德瓦，瑞詩凱詩〉一章中提到帕帕吉有某種第六感，能讓他覺察到需要見他的人。帕帕吉會被引導到會面的地方，和該相遇的人打完交道後，又繼續去做之前在做的事。同樣的力量在海外旅行時也引導著他。他會一直旅居海外，直到遇到所有他覺得他被派來要見的人為止。到那時候他就會被挑明，在那個國家他要做的事情已經辦完了。他會取消所有原先的安排，儘快返回印度。這種臨時決定的突然離去常常讓招待他的人以及原來計畫去他處拜見他的外國弟子措手不及。

　　在紐約見了安娜瑪麗後，帕帕吉意識到他在美國的教學事宜已完成了。雖然他之前有安排要去德州及美國其他幾個地方，但是他全部取消了，在三月底回到了印度。

　　我寫信給烏瑪（即安娜瑪麗），請她講講和帕帕吉在美國以及後來在印度的相處體驗。過了很久，她回信說覺得沒法恰當講述發生的事。不過在回信中，她還是做了以下的評論：

　　我考慮了很久我能對自己和上師的相遇說些什麼。很難把這個體驗落筆寫在一封信上，因為與上師的相遇已經深刻影響了我的生活。要描述這一轉變、變化，可以寫一整本書。它繼續在我內在深處起作用，但是我沒法談論它。

　　我去美國是為了工作。我之前從沒有聽說過彭嘉吉，所以遇到他的時候，沒有什麼先入為主的想法。我可以告訴你的就是，在一瞬間，我的注意力就內返，專注於他。我知道我已經遇到了自己的上師。再多的我就沒法說了。

　　和帕帕吉一起回印度後，烏瑪似乎有了另一次重要的體驗，因為帕帕吉在另一封寫給辛格醫生及其家人的信中提到這事：

> 1988年9月2日
> 新德里
>
> ……烏瑪打電話告訴我說她必須從香港過來見我，要詳細告訴我她在哈德瓦在我座下得到的覺悟體驗。〔1987年4月16日到5月9日間烏瑪和帕帕吉一起住在哈德瓦。〕她每天和我電話四十五分鐘，但她所能說的就是「我是自由的！我是自由的！我是幸福的！我是幸福的！上師，謝謝您！謝謝您！」她說想整個餘生都與我在一起。
>
> 　　她會在十一月十日左右來。我會帶她來見你，讓你看看一位覺悟的女人是什麼樣的。

1987年三月回到印度後，帕帕吉在哈德瓦度夏。那一年底，他接到拉哲‧普拉布的邀請，請他再去美國。他在夏威夷的眾弟子聽說他又要訪美，邀請他再去夏威夷，並委託他一項不尋常的任務。帕帕吉對此解釋：

我住在哈德瓦城外的七仙人道場時，有次遇到一群來自夏威夷可納島（Island of Kona）的外國信眾。他們的領隊是達雅南達斯瓦米（Swami Dayananda），他是來這裡朝拜羅摩斯瓦米（Ram Swami）的靈祠的，羅摩斯瓦米的道場就在附近。羅摩斯瓦米數年前傳法於他，給他取了這個新法名。

我們非常合得來，結果他們邀請我一起去參訪印度各個著名靈修中心。他們給我買了去班加羅爾的飛機票，從那裡我帶他們所有人去了拉瑪那道場。也一起參觀了沃林達文等幾個地方。他

從左至右：蘇仁德拉（Surendra,帕帕吉的兒子）、Swami Ramanananda，帕帕吉、Swami Dayananda、Veena Seth、James Hale。右邊的三位弟子是來自於夏威夷的 Bahkti Ashram。照片攝於1988年，帕帕吉女兒在新德里的家中。

們決定去普塔帕蒂[a]見塞·巴巴的時候，我離開了，因為我不想去那裡。這群人在離開印度前，和我在孟買再見了一次。達雅南達斯瓦米邀請我去夏威夷，說不管什麼時候我想去拜訪他們的道場，他就可以給我買機票。他說在可納島他們有一個中心，大概有一百二十個人和家人一起住在那裡。

兩次美國之行中我都去看了他們。在第二次出發之前，我接到了達雅南達斯瓦米的一個不同尋常的請求。他想要我從印度帶一個正宗的濕婆林伽，在1988年的濕婆聖夜節（Sivaratri）那天安放在他們道場一個洞穴內。這個節日對濕婆信徒來說是一年中最神聖的日子，通常是在二月中旬到三月中旬。

我買了一個濕婆林伽和一個約尼〔yoni，放置林伽的底座〕，小心包好放在一個大木箱裡，一共重八十公斤。運費是夏威夷的弟子支付的。

---

[a] 普塔帕蒂（Puttaparthi）位於印度安得拉邦的一個鎮，是賽西亞·塞·巴巴的出生地，並因此而聞名。

我先飛到紐約,和拉哲・普拉布住了一段時間。在濕婆聖夜節前大約一周,我做好安排,帶著箱子飛到夏威夷。過程很複雜,因為從紐約到夏威夷沒有直達航班。我坐美國航空的航班先到舊金山市,把林伽搬下來,因為美國航空沒有轉飛夏威夷的航班。然後坐上聯合航空的航班,托運箱子,帶到可納島。下飛機時,大概有三十個人面帶笑容向我走來,手上捧著花鬘迎接。簡短的歡迎儀式之後,他們就開車帶我橫穿島嶼來到他們的道場。

帕帕吉那一年的日記顯示他是在1988年2月11日抵達可納島,16日離開。帕帕吉繼續說道:

他們帶我去了一個很大的洞穴,大約有六十英尺長十二英尺寬,就在他們道場附近。附近的岩石是火山熔岩。我非常喜歡洞穴裡的氛圍,所以就用了喀什米爾的著名石窟「阿馬爾納特」(Amarnath)給它命名。那個原版阿馬爾納特石窟裡,每年會形成一個天然的冰林伽。數以千計的朝聖者在八月滿月的時候會去那裡一睹奇觀。洞穴海拔超過12,000英尺,位於喜馬拉雅山無人區。因為位置偏僻,政府每年必須有特別的安排措施,保證所有朝聖者一路上都有食宿。去那個石窟常常需要步行數天。

在濕婆聖夜節前兩天,我打開木板箱,想在安放前先用恆河水沐浴一下林伽和約尼。拿出後,我發現上面有條小裂縫,一定是在某個機場裝卸行李時候撞到的。裝箱之前,我非常仔細檢查過林伽和約尼,確保完好無損。中心裡有位成員是專業藝術家,他向我保證說能完美補上那條裂縫,不會被看出來。可是他不知道,根據印度傳統,斷裂或破損的神像是不能按儀式來安放禮拜的。

我非常不情願地答應讓他修補,因為似乎也沒有別的辦法。印度遠在萬里之外,為了儀式也根本沒時間去訂一個來替代。

那天晚上我做了一個夢,我被明確告知,安立一個破損的林

伽讓眾人禮拜是不對的。第二天早上，我對達雅南達斯瓦米說，不該繼續安放，因為這個林伽不適於被禮拜。我建議他丟到大海中處置掉。印度傳統處置神像或者法器的方法是將之沉入聖河。距離最近相當於聖河的就是海洋了。達雅南達斯瓦米把林伽載在船上，從船舷處丟掉了。

但是這樣的話，我們依然沒有解決儀式上的難題，怎麼才能找到林伽來替代呢。我問達雅南達斯瓦米是否在島上有河流是直接匯入海中的。我想要在河口找一個天然的林伽。他說幾英里外就有一條河，但是他從沒去過河流入海口。因為也沒有其他選擇，我們就組織了一個考察隊去那邊看看能找到什麼。

我們借了一輛卡車，達雅南達斯瓦米、藝術家、拉哲和我，我們四人出發去河口一探究竟。在雜草叢生的狹窄泥路上，我們一路顛簸，最後到達了島嶼另一端的河岸邊。似乎這是個很好的選擇，我們才踏上河岸，就看到幾塊石頭長得像自然的林伽。石頭在水流湍急的河底被反覆沖刷翻滾後，就變得圓滑平整了。根據在印度的經驗，我知道這種環境下石頭通常會變得貌似林伽。

我們並沒有花上很多時間就尋找到一個合適的林伽，但是很快大家就意識到要找一個天然的約尼更加困難。我們檢查的每塊石頭，沒有一塊具備需要的形狀，一點都不像。達雅南達斯瓦米最終建議去河對岸找找，或許更有希望。這條河水流很急，沒有橋，只能游泳過去。達雅南達斯瓦米和藝術家在我手腕上綁了繩子，另一端繫到河邊一棵根深葉茂的大樹上。他們可不想我被水流沖進大海。我表示抗議，說我很會游泳，但他們似乎並不相信。大家非常擔心我的安危，最終決定還是根本就不要讓我入水更好。

討論一番後，大家決定不帶我，由他們三個人過河去找合適形狀的石頭。只要看到有可能合適的，就會帶過來給我看。幾小時之後，他們的勞動成果悉數擺在我面前。一共有十二個，可供選擇。我仔細端詳著，但是從任何角度來看，沒有一個合適。

我們繼續尋找的時候，一個夏威夷土著走了過來，看我們在

拉哲和帕帕吉,攝於夏威夷。

做什麼。當時達雅南達斯瓦米和藝術家正在河對岸,他到我跟前,問我為什麼要讓別人帶著大石頭從對岸遊來。我向他解釋,因為幾天後要舉行一個宗教儀式,我們需要一塊形狀特別的石頭。我描述了正在尋找的石頭的樣子,並且給他看了那個我覺得能做成很好林伽的石頭。

「如果我們找不到需要的石頭,」我說:「就不能舉行儀式了。」

因為在夢中已經被警告不能用破損的石頭,所以除非選到的石頭各方面都很完美,讓我完全滿意,否則我不準備繼續進行儀式。

此人認真聆聽後,說他會為我們找到對的石頭。他叫來另一個人,用我猜應該是他的母語說了一番話後,那人消失了,不久後又出現了,帶來了一塊天然的石頭,那就是一個完美的林伽。即使我有時間去訂製,也不可能得到更好的。它表面光滑,完美無瑕。

為了配林伽,我們依然需要一個約尼。原來的計畫是為林伽

找到一塊天然的石頭約尼，但在河岸搜尋一通後，我們覺得要找到尺寸和形狀合適的約尼不太可能了，只能在一塊已經找到的石頭上雕琢一下。達雅南達並不喜歡這個主意，所以我們繼續尋找。幾分鐘後，我們找到了一塊約尼，和林伽完美相配，就好像是專門打造的一樣。

拉哲・普拉布補充了以下趣事：

我們找到的石頭大多是多孔的，但是帕帕吉一開始選擇要做林伽的那塊似乎是無孔的材料。出現幫忙的那位土著告訴我們，當地傳統中，無孔的石頭是陽性的，有孔的是陰性。我們向他解釋林伽和約尼的意義後，他說我們應該找一塊多孔的約尼和一塊無孔的林伽。他找來了我們需要的石頭後，就消失不見了。上一刻他還站在我們旁邊，下一分鐘就不見了。我們當中沒人見到他

安置林伽，攝於夏威夷。

離開。我不知道他是誰,但我想他就是在我們面前憑空消失了。

帕帕吉曾經在三個場合下跟我講過這個故事,只是說這個男人是路過的土著,並沒有暗示過別的。但是,在1980年代後期,他跟拉曼和嘉思敏‧埃利斯講起這個故事,在說到他和這個男人相遇後,他讓我們覺得是濕婆本人為他找到了林伽。拉曼請他把這點說清楚,帕帕吉堅決回答:「當然是濕婆啦!你們還以為是誰?」

帕帕吉繼續說道:

我們帶著兩塊不同凡響的石頭回到道場,每個人都喜出望外。達雅南達斯瓦米後來告訴我,他起初其實是想找一塊當地的石頭,但既然我答應從印度帶來訂製的林伽和約尼,他就改了主意。

第二天,我們在熔岩洞裡安置了林伽和約尼,舉行一個開光儀式(abhishkekam)。安放完後,我對大家說,為了完全符合印度傳統,得有個人全天候住在這裡照顧林伽。一個叫做帕蒂(Patty)的女子主動請命。我問她是否結婚,因為在印度這樣的工作只是獨身的出家人做的。她告訴我自己單身,沒有對象,她願意這樣住在那裡成為林伽的守護者。

1988年紐約和夏威夷的旅行是帕帕吉最近的海外大旅行。他之後唯一一次出國是在1993年中,去尼泊爾的加德滿都短期旅遊。那次他參觀了著名的帕斯帕提那寺[a],在噶寧雪都林寺和一位藏傳佛教轉世活佛秋吉寧瑪仁波切[b]就佛法進行了一番長

---

a 帕斯帕提那寺(Pashupatinath),是坐落於尼泊爾首都加德滿都東部巴格馬蒂河畔的一座印度教寺廟,是印度次大陸四大供奉濕婆的寺廟之一,修建時間可追溯至西元400年。帕斯帕提(Pashupati)是「眾獸之主」的意思,指的是濕婆。

b 秋吉尼瑪仁波切(Chokyi Nyima Rimpoche, 1951-)是藏傳佛教噶舉傳承中的一位著名轉世祖古,是著名大圓滿成就者祖古烏金仁波切的長子,被第十六世噶舉大寶法王認證為止貢噶舉大成就者噶竹千(Gar Drubchen)的第七次轉世。1974年,他與父親烏金仁波切、弟弟則吉

談。兩人的對話經過編輯後刊登於《躍入永恆：帕帕吉訪談錄》（*Papaji Interviews*）一書中。

那次旅行中，帕帕吉還坐了一小時的觀光飛機去看珠穆朗瑪峰。他有幾個弟子知道他有高血壓，就說這樣出行可能對他健康不利。帕帕吉無視所有反對意見。這次飛行格外顛簸，幾乎每個乘客都嘔吐了，只有帕帕吉一個人似乎毫不受影響。有個弟子在飛機中拍了一段錄影，錄影中帕帕吉開懷大笑，而周圍的每個人，包括機組成員，一個個的都飽受暈機之苦。

在1993年初，有人邀請帕帕吉再度出訪西方。他接受了邀請，訂了機票，但是在計畫出發前十天，他取消了旅程，沒有給出任何解釋。這一旅程是計畫讓他環遊世界，宣傳為「善提朝聖之旅」（Shanti Yatra）。

帕帕吉去德里的各大領事館取所需的簽證時，他告訴面試官們說他出國是要在西方弘揚和平的訊息。似乎他在1980年代早期有了以內心寧靜來推動世界和平的想法。1983年3月31日，他在日記中寫道：「今天早上突然有了一個新想法：禪修讓世界和平。」幾個月前，1982年十二月，他的日記還寫道：「在真我覺悟中達到世界和平。」

帕帕吉在寫給拉曼的三封信中解釋了這個主題：

勒克瑙
1983年3月31日

……我沒有去禪修。相反地，無論我在那裡，禪修都帶著我：在室內，或者在開滿鮮花、有鳥兒和獅子的動物園。

秋林仁波切，到尼泊爾建立噶寧雪都林寺（Ka-Nying Shedrup Ling Monastery，又名噶舉寧瑪講修洲）。第十六世大寶法王任命秋吉尼瑪仁波切為該寺住持。他致力弘揚及保存佛法，往返歐美、亞洲等地，主持講座或閉關靜修，啟發了數以千計的人群。

今晚，有個好玩的念頭牢牢抓住我，好一陣子我都無法擺脫。讀到這個，你會吃驚的：「**禪修能使普世和平**」（UNIVERSAL PEACE THROUGH MEDITATION）。在禪修中，把慈愛的光傳到全世界好戰的國度去。到底這是誰的惡作劇讓我有這樣的想法？考慮到我們這個世界和民族內目前所發生的事，這算是一個很實在的目標。是**覺悟者**佛陀嗎？我要看看這個想法會持續多久，會有什麼事情發生。我發現內在的覺性沒被擾動，但是神經在跳舞、躍出身體。它們在刺激我去服從它們的命令。你怎麼看？這是摩訶摩耶（mahamaya）在試圖愚弄我嗎？我對此無法抗拒……

阿曼
1983年4月17日

我坐下來禪修，出現很多事，就算我並不喜歡。我禪修時，「禪修讓世界和平」的想法浮現了。在我的心裡，我是無限平靜。我正在放射出無數道和平與愛的光線，照耀宇宙內外。我分享和平與愛，將之傳遞給人類、鳥獸、草與岩石。讓我看看這一想法能抓住我的頭腦多久。

馬斯喀特
1983年4月17日

……這是一個好機會，讓我能為了當前的重要任務保持孤

> 身一人。我像佛陀一樣滑落下來幫助世界，你讀到這裡不驚訝嗎？我想要幫助世界。我想要和這個星球的所有居民分享我的愛與和平。我會弄明白這到底是不是摩訶摩耶的惡作劇，想打著這個救助世界的基督教想法的幌子把我拉下水。我會小心的，不會讓自己被這種幻想沖走。別管了。就讓這樣的念頭出現、停留、消失吧。我絲毫沒被困擾到。我不見有任何眾生被我幫助……

在他計畫1993年去西方的「菩提朝聖之旅」期間，我採訪了帕帕吉。在回答我的某個問題時，他就弘揚和平的訊息做了以下的開示：

現在很多人都在這裡〔勒克瑙〕，我很高興和平的訊息已經傳播開來，我們太需要這樣的消息了了。

兩千六百年前，印度派出了和平的使者前往世界各地，以摩哂陀[a]和僧伽蜜多[b]為代表，他們是阿育王的親生兒女，作為使者被派遣出去。其他人為了這同一使命去了中國、日本和韓國。當時世上和平無比。那麼讓我們再次下定決心發出這一和平的訊息，讓我們從同一個地方把它散播出去。佛陀屬於這個邦〔北方邦〕。我非常高興從佛陀曾經生活過的地方，和平的訊息能再次被傳播出去。現在很多遊客來這個邦參觀佛陀生平相關的聖地。他們去

---

[a] 摩哂陀（Mahendra，生於西元前三世紀），又譯作摩醯因陀羅、摩呻提，印度孔雀王朝阿育王的長子，出家為僧，受阿育王派遣，將佛教傳入斯里蘭卡島。

[b] 僧伽蜜多（Sanghamitra），意譯為慈憫，為阿育王的女兒，是摩哂陀的學生妹妹。摩哂陀被派往斯里蘭卡弘揚佛教之後，因為斯里蘭卡國王天愛帝須王的王妃阿耨羅（Anual）想出家，國王派遣代表團到印度請阿育王派比丘尼僧團來授比丘尼戒，僧伽蜜多說服了父王，帶著佛陀證道時的菩提樹樹苗一起到了斯里蘭卡，建立了比丘尼僧團。

比如拘屍那羅[c]、悉達塔那羅[d]和藍毗尼[e]等地參觀。所有這些地方都變成了聖地，因為有個人從這裡開始弘揚了和平的訊息。

你自己覺悟了，你就能在世上得到和平。這個覺悟本身就是一個訊息。當你回到自己的國家，你可以說話，或者保持安靜。會奏效的，你會看到。當你的朋友問你：「發生什麼了？」你可以保持安靜。他們會再次問你。只要保持安靜。你要做的就是這個。

由於帕帕吉後來再也沒有出國親自宣揚教法，1995年我再次訪問了他，想請他具體講講對於世界和平的觀點，以及可以採用什麼方法達到這點。在我剛才引用的書信中，對於這個想要幫助世界的渴望，帕帕吉感情混雜，我就在很多問題中故意唱反調，問他既然就究竟而言，世界是虛幻的，試圖去救助世界還有什麼意義。

大衛：大約十年前，您在日記中寫道：「今天我有了一個新想法——禪修讓世界和平。」從那時開始，您就鼓勵很多人回到自己的國家、保持安靜，以此來為世界和平做貢獻。而且您在所有的薩特桑上都以「願和平，願和平，願和平」[f]這番祈願開始。

我想要問您一些您教法方面的問題。請原諒其中一些問題有些挑釁。我並不是反對您的看法，只是想要挑戰您，讓您說一些有趣的事。

我第一個問題是：「您能夠解釋一下為什麼單獨的一個人，單單保持安靜就讓能世界變得更加和平呢？」

---

c　拘屍那羅（Kushinagar）是佛陀的涅槃之地。
d　悉達多那羅（Siddharthanagar）是尼泊爾接壤印度北方邦的城鎮，往西行25公里即是藍毗尼遺址，故被稱為「藍毗尼之門」。
e　藍毗尼（Lumbini），位於尼泊爾，是佛陀的出生地。
f　有時帕帕吉以梵語「善提　善提　善提」（Shanti）表達同樣的意思。

帕帕吉：「安靜」並不是說一個人就該像雕塑一樣坐著。和平意味著心中沒有概念和念頭。如果心中生起一個念頭，時間就生起了。當產生時間那個念頭消失時，時間就不再存在。於是就有了真正的和平。每個人都可以試試。保持安靜一瞬間。不要讓心擾動。就在一個瞬間，不追憶過去。在那個瞬間，你會看到無有念頭、無有時間、無有世界。這就是我說的和平的意思。在那個瞬間，一切都是平和的。如果你保持安靜，會看到整個世界都是安靜的。

這個世界根本就不存在。如果你能安靜地坐上一秒鐘，你就把和平帶到了世界，因為在那一刻是沒有世界的。然後下一秒再這麼做，下一秒同樣這麼做。這就是帶來和平的方式，但是你得自己去做，自己去看。

我在薩特桑上多次講過迦納卡國王的故事，就不再跟你講述整篇了。我只跟你講一下關鍵要點。

迦納卡王曾經在書中讀到在跨腿上馬，把腳踩上腳蹬的時間裡，一個人就能開悟。他就挑戰所有學者和修行導師，要他們在他跨上馬的時候展示這個說法的真實性，讓他開悟，否則就承認這個說法是錯的。只有八曲仙人接受了這一挑戰。他帶國王來到森林，允許他一隻腳跨在馬上。

然後八曲仙人說：「我能在一瞬間就讓你開悟，就像書上說的，但首先你得答應一些條件。」

當你尋找自性上師以求開悟，你必須獻出供養：一朵花或者一些水果。但如果上師本人要求一些東西，你就必須交出來，否則他是不會給予你所尋找的東西的。

迦納卡王答應了八曲仙人，不管什麼條件他都會答應。

八曲仙人說：「首先你必須答應把你擁有的一切都給我，包括你的國家。」

迦納卡王毫不遲疑答應了。

「然後，」八曲仙人說：「你必須把你的身體交給我。一旦它

是我的了，我願意怎麼就能對它做什麼。」

迦納卡王也答應了。

「最後，」八曲仙人說：「你必須把你的心交給我。」

迦納卡王非常不耐煩。聽到了這個最後的條件時，他說「好的」，然後跨腿上馬。在他的另外一條腿碰到腳蹬之前，他開悟了。就在那一刻，他不能動彈，一隻腳在腳蹬上，另一隻腳還在空中。將自己的心交給了他的上師後，他甚至無法完成上馬的動作，因為他的心和身體不再屬於他了。

覺悟就是這麼發生的。首先，你必須強烈渴望它，強烈到你願意獻出自己擁有的一切和所有的執著，包括對於身體的執著。然後你必須交出你的心。怎麼做到這個呢？心無非是各種念頭，所以如果你能夠停止你的念頭，哪怕就是一瞬間，你就已經交出了你的心。在那個時刻，你擁有了真正的和平。而一旦你有了它，那個瞬間就永遠不會離開。

你問：「你能夠解釋一下為什麼單獨的一個人，僅僅保持安靜就讓能世界變得更加和平呢？」這個故事就是答案。迦納卡王不需剎那（no-time）就得以開悟，在那個「不需剎那」中，他發現了和平是什麼。

大衛：您本人已經在絕對的安靜狀態中起碼有五十年了，我想全世界零星散佈著其他幾個人，也處於您這樣的狀態中。但是您高度的寂靜似乎沒有對世界和平有什麼效果。當您評論其他老師的法門時，您常說：「給我看結果。」我最近讀到，在過去的五十年中，也就是您自己證悟的時期，世界沒有戰爭的時期總共只有三個星期。我們的上師安住在絕對的寂靜之中，對世界和平也只起了這麼一點效果，那我們這些心思一直躁動不安的信眾，又能做成什麼呢？

帕帕吉：我讓人們回到自己的國家，保持安靜。但是並不是要他

們有意識地去做。不要想著:「我必須保持安靜,這樣世界就會變成一個更好的地方。」這是不能幫到誰的。只是安靜,保持安靜,不要有任何意圖,因為這才是你的真實狀態。如果你能這樣做,心裡沒有任何目標,人們就會被你吸引。你的寂靜會吸引他們,在你的周圍,他們也會變得安靜。你的鄰居會來,你的朋友會來,當他們花點時間在你身邊,他們也會開始明白真正的和平是什麼。

我經常講一個證悟的苦行僧的故事。他在樹下睡著了,醒來的時候,天界所有神祇都在他面前坐著。他們在天上找不到寧靜,所以就來坐在他身邊。如果你已經在你之內找到這個和平,就算你睡著了,你也會散發著和平之光。你無須做什麼,它會自然完成它的工作。甚至連那棵樹也體驗到了他的平靜。他睡著時,滿樹花開;他醒來時,散花供養。這個和平沒有語言障礙。如果你擁有了它,所有眾生、所有動植物都會以某種方式體驗到它。

我有時還會講另一個故事,是我在南印度時發生的事。當時我住在一個咖啡園裡,園主來自果阿邦。他種了桔樹,長在咖啡樹叢上方遮陽。

我看到有一棵桔子樹結滿了成熟的桔子,枝條都下垂了。我看著時,感到對那棵樹強烈的愛,以至於我走上前給它一個大大的擁抱。

對著這棵樹,我說:「媽媽,我非常高興看到你和你美麗的孩子。」

我不想摘下桔子,因為不希望讓母親和她的子孫分離,但在我說出這番話時,她把桔子獻給了我。當時沒有風,沒有任何物理原因能夠解釋為什麼這麼多桔子就在那一刻掉落下來。

你應該有的就是這樣的和平,應該從你而滿溢出來,就連你身邊的植物都很高興見到你。

你問我結果。是的,人們和我說起拜訪過的道場時,我常說:「給我看結果。」

我聽這些故事，會問：「你加入道場得到什麼利益嗎？你找到平靜嗎？你找到自己真我的真相嗎？」通常我這麼問的時候，人們啞口無言，因為他們不能說自己實實在在受益過。

　　如今你去一個道場，只要有錢，斯瓦米就會接受你。你會有個房間，有食物吃，能參與道場的活動。但如果你沒錢，沒人會放你進去。在這樣的地方，沒人拿得出什麼成果，因為經營那些道場的人被私利驅使。如果你關注如何從訪客身上搜刮錢財，怎麼可能內心平靜？又怎麼可能將內心的平靜傳給他人？

　　你直接問我：「你能拿出什麼結果來？」首先，真正的上師不擔心結果，也不擔心世界和平。如果一個人自己達到了和平，那麼所有一切都會成為和平本身。在那個狀態中，從不會產生認為有個世界需要變得更和平的念頭。如果心裡從不會產生關於世界的想法，那麼又怎麼可能產生「世界需要改善、變得更加和平」的想法？真正的上師從不會這種想法。對他來說，只有了悟本來沒有世界、無有存在過。這樣的上師不會為了世界和平而努力。如果存在的只有和平，那麼需要解決的矛盾又在哪裡？想要去解決矛盾的人又在哪裡？

　　認為有一個世界，認為它不是一個和平的地方，得做點什麼的想法是在頭腦中，而不是在真我中生起的。所有的衝突都是頭腦製造的。

　　有二元的地方，總會有衝突。如果兩個人在一起，總會有口角。丈夫和妻子爭吵；女兒和媽媽爭吵。不管關係有多麼親密，遲早會有某種爭執。這是世上事物的真實狀態，從沒有人能解決這個問題。很多人想要將和平帶到世上，但沒有人成功過。

　　我們可以在海市蜃樓中看到有水，但是那水不能解渴。對此明瞭於心的智者不會奔向那水，因為他知道這只是幻象。他明白追逐只是白費力氣。不管身處何種境遇，他都保持安靜。他知道追逐幻象世界中的東西是徒勞的，試圖去改變也是徒勞的。

大衛：您曾一度說在印度能找到智者，還說您從來沒見過有誰沒在印度轉世過。然而印度並非一個非常和平的地方。過去五十年中就和巴基斯坦有過三次戰爭，還有一次和中國的戰爭。要是說印度現在有幾位智者在世，那麼似乎他們對當地的和平也沒起什麼作用。

帕帕吉：是的，確實如此。我曾去過很多國家，見了許多靈性導師和領袖，但沒有一個出生在西方的是智者（jnani）。

在西方，甚至連這個概念都不存在。在那裡，最高的典範就是虔誠的基督徒，上教堂，遵守教士們施加給他的所有規矩。在西方，教士們說如果你上教堂、守規矩就能上天堂。但是對於這一生，他們給不出什麼。而在那裡，智慧（jnana），也就是此地此時的覺知（knowledge），一直到死，人們都聞所未聞。這個概念和體驗只有在印度才有。我曾去過西方很多的修道院，和許多僧侶談過，但是沒有人談起這最高的覺知，它就在此地此時，不是死後才有的。

我去了很多修道院，希望能找到一位拉瑪那尊者或尼薩迦達塔·馬哈拉吉（Nisargardatta Maharaj）這樣的人，但我沒有找到。我只在印度遇到過真正了知實相的人。這個世紀出現了拉瑪那尊者、尼薩迦達塔和其他一些默默無聞住在喜馬拉雅山區的人，世人並不知曉他們的名字。

你說印度不是一個和平的地方。我同意。這是一個讓人們必須學會在混亂中生活的訓練中心。生活在這個中心需要很多修煉。這就是為什麼這裡每個人都那麼忙。

你想要知道在讓印度變成一個更和平的地方這點上，印度的智者有何成就。我對此的回答是：「他們對有無和平並不在意。」他們只是保持安靜，因為他們知道世界和平是從來不能達成的。為什麼不能？因為如果世界存在，就將永遠充滿動盪。這個世界只是自我一個投射，當那個自我還在的時候，就永遠不會有和平。

自我與和平不能共存。自我必須消失，和平才有可能出現。自我消失的時候，世界也消失了。

大衛：超覺靜坐組織的人說他們經實驗發現，如果一個團體、城市或者社區中1%的人開始定期禪修，就會有確切可測量的效果，最明顯的效果就是犯罪率降低。您對這個1%的數字怎麼看？是太高了還是太低了？

帕帕吉：我不認為這主意行得通。這不是太高或太低的問題；我就是不覺得它行得通。

當馬赫什瑜伽士（Mahesh Yogi）還是個年輕男孩，和婆羅門難陀斯瓦米[a]，即巴德利卡[b]的商羯羅阿闍梨住在一起時，我就認識他了。馬赫什瑜伽士是位有文化的人，知道外國人想要看到修行生涯能有具體的結果。所以，他把自己的團體變得像個企業，許諾參與者可以讓世界變得更好。就像許多成功的生意人，他結交了很多有影響力的朋友。如今，甚至美國政府都給他基金來支持他的專案。

有次我去美國時，那裡一個超覺靜坐團體的負責人來見我。我那時在華盛頓。

我問他：「你談到了超覺靜坐，但是當你超覺之時，靜坐又在哪裡？所有這些你做的和宣導的靜坐的效果又是什麼？你的群體中有誰是寧靜的？你不寧靜，你教導的人又怎麼可能寧靜呢？」

我告訴了他我的教法，只是保持安靜。

他說：「我能明白你說的什麼意思。你說：『不要讓任何一

---

[a] 婆羅門難陀斯瓦米（Brahmananda Swami, 1868-1953），在1941年成為喬詩瑪特寺的商羯羅阿闍梨。
[b] 巴德利卡道場（Badrika Ashram）是喬詩瑪特寺（Joshi Math）的另一種說法，又稱喬提辟塔（Jyotir Pitha），位於北阿坎德邦喬提瑪特城的寺廟叢林，靠近巴德里納希，又稱做北方寺。是商羯羅所建的四大寺院之一。

個念頭來攪動心。」這是非常有用的方法，但這不是我們的做法。我們有自己的法門。我是這個團體的負責人，我只能給出瑪哈禮希批准的教法和法門。」

這人太執著於他的團體和方法，無法接受只要保持安靜就能瞬間得到安寧。

還有一位我在法國遇到的女士，她也很執著於自己的團體。她是一個藏傳佛教中心的主席，她有個朋友是我的弟子，告訴了她我正在法國訪問，並安排了會面。這個女人大約有八十歲，想要我參加她每天早上早餐前主持的儀式，為時六小時。我不想乾坐著熬過這麼長的儀式，所以就找了個藉口，說等儀式結束後和她共進早餐就好。

我去的那天，她給我看了所有的佛像和法器。她有一整個房間裝滿了這些東西，很顯然她花了很多時間一一打理。這些日常事務和各種儀式占據了她整個人生。

我問她：「這些儀式帶給你內心的平靜嗎？」

「沒有，」她回答：「但是我希望能在這之中找到平靜。」

我說：「這些只是些玩具。你是老年人了，早就不是孩子，為什麼還在玩玩具呢？這些玩具不會給你帶來平靜的，把它們丟掉吧，只要保持安靜，一個瞬間就好。如果你能做到，所有一天界的神祇和諸佛都會來坐在你面前。你不會需要去找他們；你無須做法事來迎請他們。如果你有了這個寂靜，他們會不請自來。」

她也明白我在說什麼，但她對自己團體太執著了，不願考慮拋棄所有與之相關的儀式和修行。

她說：「我負責的團體在法國、荷蘭和德國都有分支，這是個龐大的組織。我有三名打字員，全天所做的工作就是回覆從歐洲各地寄給我的信件。我不能放下這一切，只是安靜坐著什麼都不做。我有一個大組織要經營。」

第二天，我的一個法國弟子打電話給我，說：「您一定要來再見一次這個藏傳佛教的女人，她出了點事。」

我並不太樂意再去,但她說:「您一定要去。她聽了您的建議,現在她只是靜靜地坐著。」

我再次去了她那裡,徑直走進了她的普嘉房。真是天壤之別!那裡空空蕩蕩,所有的佛像和畫像都不見了,法器也不見蹤影。這名女子正坐在地板上,臉上露出快樂的笑容。

「你把所有東西弄到哪裡去了?」我問。

「我全都丟掉海裡了。」她回答。

我喜歡她的回答。在印度,如果我們不得不丟棄一些對我們有修行意義的宗教書籍等舊物品,我們將之沉入聖河或者水池中,而不是隨便丟到垃圾桶裡。

我給她提了一些建議。「解雇你的打字員,把你所有的信件都丟掉。給你的仁波切寫信,告訴他你要辭去所有你正式的職責和職務。如果有新信來,不要回覆,直接丟掉。回覆這些信件不再是你的職責了。你唯一職責就是保持安靜。找到你內在的平靜。從現在起,這是你唯一的使命。世上再發生什麼,都與你無關。」

她已經嘗過那個平靜,所以她才能如此輕易丟棄所有佛像。她聽從了我的建議,切斷了和她的佛教組織的所有聯繫。

如果你想要平靜,你必須保持安靜去親自找到它。團體和儀式對你沒有幫助。

大衛:有一則聖經故事,說的是耶穌在一場大暴雨中坐在小船中。他的弟子驚慌失措,請求他幫助。耶穌首先斥責他們缺乏信心,然後站起來,命令波浪:「平息!靜止!」頓時風平浪靜。他沒有讓波浪去練習保持靜止,或者祈求不要再如此動盪。他只是給出命令,波浪就聽從了。這個對我來說,是一個人用他的權威號令身邊和平的經典例子。

我相信在您的話語中有一種力量和權威,當您說「要和平」,您並不是在表達一個祈願。您是在給出一個命令,一個由真我的權威支撐的命令。您同意這點嗎?〔帕帕吉對此只是大笑〕您能

夠感覺到因為您的號令，印度或者世界的精神氛圍變得更平靜了嗎？

帕帕吉：耶穌能做出這樣的事情因為他是上帝之子。當你有了這樣一番大事業，就會手握大權。要是我在那條船上的話，我什麼都不會做的。我不會命令波浪止息。我不能阻止波浪不當波浪，也沒興趣這麼做。讓波浪就當波浪吧。有海洋的地方，就一定會有波浪。我的工作不是去改變它們。如果我在那條船上，我會由它沉到海底。每個人都得放棄自己的肉身，早晚的事。你可以靠這類把戲來推遲你的結局，然而或早或晚，所有的肉身一定都會消失。為什麼要用這樣的奇蹟試圖來阻止呢？

耶穌的舉動並沒有帶來什麼結果。這個奇蹟也沒有讓世界變成一個更加和平的地方。耶穌在世的時候，世上沒有和平，他過世後這麼多世紀中，世界也不曾有過什麼和平。甚至他的信徒也並沒有多麼和平。他最親近的信徒之一彼得，在耶穌被捕時感到害怕，就假裝自己不認識耶穌，人們詢問他時，他就逃跑了。這不是一個已經找到和平之人的行為舉止。

我並不號令應該有和平或者應該沒和平。我並不關注這個或那個國家。不管是居住在這個世界的居民還是在他方世界的神祇，我對這個或那個世界的命運沒有興趣。因為這都不關我事，因為我沒有興趣去成就什麼，我不發號施令。

大衛：不少著名的通靈者和預言家都預言在不遠的將來會有一場世界大戰。他們中很多人還說如果有足夠多的人開發善念和安靜的心靈，那麼這場戰爭可以避免。比如，克里希那白嬤嬤[a]在1980年代早期讓她所有的弟子都回家，為世界和平唱誦羅摩咒文，她感覺戰爭即將爆發，而那樣做是她覺得能避免戰爭的唯一方法。

---

[a] 克里希那白嬤嬤（Mother Krishnabai），生卒年不詳，是羅摩達斯的弟子。

您有感知到一場戰爭迫在眉睫嗎？或者您認為人們為了和平而唱誦咒文能夠降低戰爭的可能性嗎？

帕帕吉：羅摩達斯[b]1963年過世時，克里希那白得了癌症。她太虛弱了，照顧不了道場，所以她讓所有住在那裡的弟子都回家去。1963年我就在那裡，所以是親身見聞，不是什麼二手消息。有些人被指點到了其他地方。比如，有個叫做雨果‧邁爾（Hugo Maier）的德國男人，他就被指點去拉瑪那道場，去那裡修行拉瑪那的教法。

在那裡還有一個叫做賽高爾（M. S. Sehgal）的男子。羅摩達斯斯瓦米過世前建議他從軍隊退伍，他當時在軍中擔任上校。

他想聽從這個建議，但我告訴他：「你這是在犯錯。如果你退伍辭職，很快就會後悔的。」

我非常確信他正在鑄下大錯，我讓他在他的日記中記下我的建議，寫下日期，簽上了我的名。

「再過幾個月，」我說：「你會發現自己幹了一件大錯事。然後你就會看到你日記，想起在那一天、那個時候，我曾經強烈建議你不要這麼做。當你再讀到這個的時候，為時已晚了。」

幾年後我在浦那遇到了他，他承認離開軍隊是他做的一件大錯事。那個時候，他已經娶了一個叫拉萬雅（Lavanya）的女孩為妻，她是我一個朋友德施潘德（Deshpande）的妹妹。他以前的長官在軍隊中為他安排了一個平民的工作，但工資不高。當我在浦那遇到他時，他正要去見他的長官，問他借錢。

但他是個好人。他還是在唱誦著羅摩達斯傳給他的羅摩咒，連開車的時候，他都高聲念誦著羅摩名號。

---

b　羅摩達斯（Ramdas, 1884-1963），印度靈修導師，出生於克拉拉邦。年幼棄俗成為雲遊僧，終日唱誦羅摩咒文，改名為「羅摩達斯」。1922年遇到了拉瑪那尊者，在慧焰山中獨自閉關了二十一天，之後一直居無定所，弟子為他在克拉拉邦建立了阿難陀道場（Anandashram），此道場同時致力於造福當地人民，提升他們的生活條件。

不管怎樣，回到你的問題上來，我不認為持誦什麼咒文能夠帶來世界和平。不管這是什麼咒、不管你持誦了多少遍，都無關緊要。為什麼有人會認為念誦「羅摩羅摩」會帶來和平呢？這個名字被人家反覆念誦的人自己的一生都沒什麼平靜。年復一年，他都身陷一場大戰之中。為什麼今天呼喚他就能帶來平靜呢？他自己的一生中都不得不多年抗戰，只為了救出他的妻子，在二十世紀他又能幹些什麼呢？我們怎麼能夠指望這樣的一個人會帶給我們和平呢？

大衛：拉瑪那尊者曾說，在這個世界上所有的活動都是註定的，一個人擁有的唯一自由是不去認同身體所作的活動……

帕帕吉：這也是我所說的。「不要去認同什麼，不要去認同世間活動或者其他東西。」

大衛：如果世上所有事情的發展都已註定，結局不可擺脫，那麼戰爭和暴力也是無法避免的。如果這個世界已經註定是一個暴力之地，我們又怎麼能保持安靜使之更加和平呢？

帕帕吉：是的，這個世界是個暴力之地，從不太平。甚至神祇們都不能改善。黑天來過這裡，卻捲入了戰爭，就算他曾試圖阻止。羅摩來了，也不得不打仗。如果來到這個世界，每個人都不得不打仗，因為這個世界不是一個和平的地方。

大衛：最近您多次說過您不相信命運。

帕帕吉：我當然不相信命運。〔大笑〕

大衛：拉瑪那尊者還說過：「命運只影響外馳的心。心越是內返，

越能超越命運。」您同意這種說法嗎？

帕帕吉：是的，因為這就等於說根本沒有命運。

大衛：您說這個世界是場幻夢，而我的首要任務是從夢中醒來。為什麼我要費心去阻止這些夢中角色彼此失和呢？醒來後發現這些鬥爭者從來不是真的，只是我想像出來的，不是更好更簡單嗎？如果我投入世界，試圖改變其中發生的事，我不就是在加深認世界為真的謬見？

帕帕吉：是的，這就是我所說的。你正在做夢。在這個夢裡，有人在打仗，有人在禪修。有人是社會工作者，建立學校和醫院，給窮困者食物和藥品。有些人發現這個夢是個暴力的地方，努力想讓世界變得更加和平。

你見到有人在你夢裡打仗，所以走上前對他們說：「爭鬥是不好的。你不應該彼此廝殺。為什麼你不試著變得和平呢？」

你甚至會走向他們，強迫他們停止戰爭。當你這麼做了之後，就會認為自己已經將世界變成了一個更加和平的地方。然後，突然之間，你醒過來，明白夢中所見的每一個人都只是你心的投射。當你有了這個認知，你就知道沒有人在幫助其他人，因為他們都是夢中人物。他們都不是真實的。那些試圖改善你夢境的夢中眾人，在你醒來後你能坦率地說他們真的幫助過誰嗎？

所以我說「醒來認識你的真面目」，如果之後你還覺得有個世界，你也不會為此操心了。你會知道有一個力量在照看著，無論你是出力還是不出力。只要你在場，這就會幫助世界，但是你沒有必要去考慮它或者做什麼，它會自然而然發生。

如果你認為有個世界，那麼在世界中變得慈悲吧。讓人們不要彼此廝殺。用你本身為榜樣來展示怎樣以慈悲、和平之道生活。但不要忘了，這一切都是夢。如果你忘記了，它就會變成一場噩

夢。記住，你看到或感覺到的，沒有一樣是真實的。如果你能做到這點，你的夢境永遠不會變成噩夢。

大衛：您經常說到佛陀成功傳播了和平之法到全世界。在說起需要傳播和平之法時，您還提到阿育王和他的弘法使者。但是，去年〔1994〕您在薩特桑上做了以下的開示：

> 佛陀來過，教授了五十年，然後逝去。但這個世界沒有變好。他給世界帶來了和平的訊息，但在他死後，戰爭不息，和之前一樣頻繁。
>
> 耶穌來過，教授了數年，然後他也死了。在他死後，這個世界也沒有變好。如果你看一看這些偉大導師過世後幾百年來的世界歷史，就會發現是一場戰爭接著一場。神祇們已經化現在這個世界上，已經帶來了和平與愛的教法，但是他們沒有一個能夠給人類帶來和平。
>
> 許多偉大的聖人也來了又去，但這個世界從來沒有變得更好。戰爭還是在繼續，沒有人能夠成功長期停止戰爭。
>
> 我無志於改善世界。這不是我要教的。我的教授是：無論何時，世界都沒有存在過。你怎麼可能夠改善一個從來沒有存在過的東西？如果你自己發現了這一點，就不會在乎要把世界變得更好了，因為你明白世界不是真實的，從不曾有一瞬存在過。

我最後的問題是：為什麼您還是那麼努力要把和平帶到這個您說從來沒有存在過的世界來？

帕帕吉：佛陀是位王子，他找到了內心的和平，但不是在他的國家，而是在他之內。他想把自己的發現分享給其他人，但是就像其他每個有此發現的人一樣，他沒法做到。這不是他的錯；只是因為他發現的那個，其本性就是不可說的。

佛陀沒有停止任何戰爭，他對世界和平所做出的貢獻，只有他自己，但這就是一個巨大的貢獻。他的教法很美妙，在他入滅數百年後傳到了中國、日本、朝鮮、緬甸，甚至西方。然而就算佛教傳遍了世界，也依然沒有和平。哪個人像佛陀做的那樣，坐下、禪修、找到了絕對的內在和平？沒人坐下來、找到他的真面目。那個教授已經不復存在了。現在的佛教徒坐下，看著自己的念頭，或者專注於想像中的畫面，但是這種可以讓他們都成佛的當下寂靜，他們都不教授或修習了。

然而我必須要回答你的問題：為什麼我那麼努力要把和平帶到這個從來沒有存在過的世界來？〔帕帕吉停了一下，柔聲笑了大約十秒鐘。〕

你可以把這個當做玩笑。你知道我習慣和人們開玩笑。你可以把這全部當做是一個玩笑。我希望我的孩子們心情快樂，所以我和他們開玩笑。我笑、和他們玩，讓他們高興。我們必須在這個地球上度過整個一生，為什麼要終日悲傷哭泣呢？為什麼不快樂大笑呢？為什麼不在這個世上寧靜度日呢？這個世上的每樣東西都是一個大玩笑，包括我的教授。我告訴人們：「如果你做這個，你就會得到解脫。」或者我說：「你已經解脫了。為什麼你還這麼淒慘？」或者我會說：「不要做什麼。不要聽誰的話，只要保持安靜，看看會發生什麼。」

我每天都說這些話，但是在我的心中，我知道這全都是個大玩笑。我知道沒有世界；我知道沒有努力求解脫的人，我知道沒有人曾經得到過解脫。這是我不可動搖的了知，我不可動搖的體驗。如果我說了其他什麼，你就當成是玩笑吧。

我們每天來這裡一個小時左右，彼此歡笑。否則，對於這個已經呈現在我們眼前的巨大玩笑，我們還能怎麼辦呢？

對於世界和平，我有一劑藥方：每天笑一笑，世界不來惱。

相逢

這一章中,我收錄了幾則帕帕吉弟子的故事,他們在1970年代末80年代初和帕帕吉在印度有過一些不同尋常的會面。第一則篇幅較長,是帕帕吉與兩位住在中央邦的弟子蘇博蒂妮‧納伊柯(Subodhini Naik)和沙拉德‧提瓦利(Sharad Tiwari)的接觸。先是蘇博蒂妮‧納伊柯的敘述:

我大約四十歲的時候第一次遇見帕帕吉。之前許多年間,我都熱誠追隨著達塔傳承[a]。這個組織非常強調上師及傳承。我們禮敬達塔特瑞亞所建立的上師傳承,我們都被告知除非找到具格的上師,否則是不可能在修行上有進步的。我接受這點,並且積極尋找一位在世的老師,因為單是儀式上禮拜過世的先賢無法滿足我。

有一年的雨季我在瑞詩凱詩,計畫去巴德里納特和葛達納特[b]旅行。但好幾天都無法上路,因為通往朝聖地的道路都被雨水沖

---

a 達塔傳承(Datta Sampradaya),達塔是達塔特瑞亞(Dattatreya)的簡稱,又有中譯為達陀利耶,他是集合了梵天、毗濕奴和濕婆三者的印度教神祇。
b 葛達納特(Kedarnath)是位於北阿坎德邦的一個鎮,因葛達納特寺而著名,地處喜馬拉雅山區,冬季極為嚴寒,對外關閉。此寺是濕婆的十二座聖光林伽(Jyotirlinga)聖寺之一。

塌了。瑞詩凱詩和哈德瓦城裡滿是朝聖者，都在等道路修復的消息。

我和丈夫住在毗塔拉道場。某個周四，道場執事來找我，說道場裡有另一位客人想認識我。在我所屬的上師傳統中，週四是一周中最為神聖的日子，意為「上師日」，一切重大或吉祥的事情都會在這天發生。我告訴執事當天隨時可以請那人來見我。幾分鐘後，他就帶著彭嘉吉出現了。我立刻認出了他，因為前一天我見過他和其他幾個道場訪客坐在一起，其中有些是外國人，很顯然視他為修行導師。我旁觀了一會他的薩特桑，但沒有感到被他吸引。在我們第一次會面中，彭嘉吉只是做了自我介紹，並邀請我和丈夫次日去他的房間見面。

次日清晨，我們去見他，他沒有浪費時間說什麼客套話。

「你的上師是誰？」他問。

「我還沒有，」我回答：「但我在找，因為我知道我需要。」

他看著我。當他專注凝視我的雙眼，我感到一陣強烈的妙樂降臨到我身上，同時清晰覺察到一種美妙的芬芳，以及內在的清涼感受。當時是七月，天氣濕熱，但在彭嘉吉強力的凝視下，我不再記得外在的氣候狀況了，只感到一片清涼的雲降臨到我身上。妙樂和喜悅越來越強烈，直到我完全覺察不到身邊的一切。我閉上雙眼，幾個小時都在那種境界中。

最後，我的丈夫開始擔心起我來。

「你對她做了什麼？」他問道：「她之前從沒有這樣過。她還會持續這個樣子多久？」

「沒什麼可擔心的，」彭嘉吉回答：「她只是進入了一種強烈的樂受境界。她太享受了，可能會持續兩到三天。」

「三天！」我的丈夫叫道：「我不想她就這麼坐上三天。您不能讓她出來嗎？」

彭嘉吉明白我的丈夫非常不安，所以輕輕把我拉出那個我沉浸的境界。當他確認我能聽明白他說的話後，又問了我一遍最初

的問題。

「你的上師是誰?」

我不明白這個問題有什麼好笑,但一問完,彭嘉吉就爆發出無法克制的大笑。

他笑停後,我給出了同樣的回答:「我沒有上師,但我正在積極尋找。」

「你現在還沒找到?」他問,面帶微笑。

我的頭腦還沒有真的恢復運作。我沒有意識正是彭嘉吉把我推入那持續數小時的樂受境界。我完全沒有想到那是一種灌頂(initiation),或另外某種師徒相授的形式。

我傻傻地回答:「沒有,我還沒有找到。」

這並不是說我對他或那種體驗有所不滿,我只是還沒有把這些看成是師徒相認。

於是他直接說:「我是你的上師。你為什麼不認?」

我有點被他嚇到,因為我忽然意識到剛經歷的那種強烈的樂受是他造成的。

「我覺得自己配不上像您這樣的上師。」我說,多少帶著猶豫。

他一直都對我非常有耐心,但我說的這句話讓他大發雷霆,對我大吼說:「你認為我不該讓你有這種體驗嗎?我讓你有這種體驗,是做錯了嗎?」

我慌忙道歉:「不是,不是。我的意思是說,我沒有想過自己已經根器成熟到可以接受像您這樣的上師。」

這句話讓他稍微平靜,但氣仍然沒有全消。

「你憑什麼這樣下定論?」他問:「你有什麼資格來決定自己的價值?這是你最後一次轉世。我能很清楚看到這點,但你不能。我的上師,拉瑪那尊者命令我來見你,給你這種體驗。你算什麼,竟去懷疑他在這樣的大事上的判斷?」

他用這種強硬而直接的方式和我說話時,我感到一陣顫慄,後背抽痛。顫慄似乎是在體內,而抽痛就彷彿是我坐在海上,被

波浪肆意拍打後背。每次拍打過來，某種能量就從我的後背生起。我告訴彭嘉吉自己的體驗，但他似乎對此並不太在意。

他湊近看著我，並且說：「現在你認我是上師了。我從你的臉上看得出來。我們的關係才剛開始，我就強迫你認師，因為我能見到我們有很強的緣分，你是我前世的女兒。我能見到但你不能。」

他這麼一說，我就意識到自己和他有一種密切的緣分。我沒有在其他時候和他在一起的特別記憶，但我意識到內心有一種感覺，我只能描述為是對自己非常親密的家人才有的一種愛。

他再次看著我，說：「你的拙火在一次禪坐之內已經達到最高之輪（chakra）。這個過程已經完成了。你的事已經完成了。你沒有別的要做了。」

他的表情變了，而我感到我們共同要做的事暫告一段落。他問我要地址，也就是確認了這點。

「我們必須再見面。你現在是我們自己人了，我們必須要再多見幾次。寫下你的名字和地址，在需要再見面時，我會去找你的。」

我寫下了我丈夫的姓名和我們在中央邦哈爾達（Harda）的地址。他看到後，又發了火：

「我沒有問你丈夫的姓名和地址，我問的是你的。他不是我們同一夥人，你是。重新寫，先寫你自己的名字。」

聽到這話，我丈夫感到大受冒犯，但彭嘉吉對他的抗議全然無視，讓我再寫一次。

這次體驗徹底改變了我的生活。我感到自己完全法喜充滿，不再想去巴德里納特或葛達納特朝聖了。當時帕帕吉還在屋內，我就向丈夫那羅衍（Narayan）說了，這讓那羅衍更加心煩意亂。

「我們一路走來就是要去那些地方，為什麼現在要放棄？一旦路況改善了，我們就可以上路了。」

出乎我的意料，彭嘉吉支持他：「你們必須共同經歷這次朝

聖（yantra）。你們兩人需要一起去，和他一起上路吧。」

然後他補充說：「道路修好前，你必須留在這裡。觀想上師，和他建立良好的連結，這是你接下來幾天的修行。」

當天晚上，我見到屋內有條黃色的蛇。我很害怕，睡不著。我一整夜都觀想著彭嘉吉，因為蛇還在屋內緩緩遊動，我害怕就這樣睡著了。次日傍晚，有人警告我可能晚上會有蠍子進來。儘管我什麼都沒見到，但一想到蠍子可能在門底下爬行，就讓我又一整夜沒睡著。第三天傍晚，有個瘋子進了道場，敲著窗玻璃。我害怕他會敲碎我的窗，進來攻擊我，我擔驚受怕，又是一晚上沒睡。這些晚上我都專注在彭嘉吉的形象上，一部分是因為他讓我這麼做，一部分是保護自己，因為四周似乎潛伏著危險的動物和人，要伺機攻擊我。第三天，彭嘉吉顯現為一種半透明的形象，他雙手放在門邊，我覺得是一種保護的姿勢。從那時起，我的恐懼消失了。事後想來，是他有意讓那些令我害怕的事物出現，讓我三個晚上都保持清醒，但同時，他也強迫我專注於他的形象，以克服自己的恐懼。

白天的時候，他會詢問：「你昨天打坐時發生了什麼？」我會告訴他晚上經歷的恐懼，而自己又是如何專注於他的形象來應對的。修行奏效了。第三晚他出現在我門前，讓我確信他一直照看著我，不再擔心孤身一人會遇到麻煩了。

因為彭嘉吉建議我們繼續去朝聖，所以道路修復後我們就起身去巴德里納特。在那裡拜訪寺院後，我丈夫心臟不適，突然倒地不起，似乎病得很嚴重，寺裡的出家人問我是否需要雇一匹馬把他馱回去。還有人認為他快要死了。

我開始祈禱香喀〔Shankar，即濕婆〕，我之前在需要幫助時，一直習慣這麼做。但我忽然想到：「彭嘉吉要我來這裡，他現在是我的上師，負責來救我的應該是他。」

我轉而向彭嘉吉祈禱。

我一這麼做，眼前的牆上就出現一道神祕的黃光，看起來像

是我們在毗塔拉道場見面時他穿的襯衫的顏色，只是現在黃光中沒有彭嘉吉，並不是有個人穿著什麼黃衣。我一見到這個畫面，就知道彭嘉吉就在我們身邊，照看著我們。當我還看著「襯衫」時，我的丈夫就甦醒了，他坐了起來。我告訴他我一直在為他祈禱，並且解釋彭嘉吉襯衫顯現的情景。

「我非常害怕。」我說：「要是沒有你，我也不想繼續活下去了。我對自己說：『如果你死了，我也不回家了。我就在這山裡了斷自己。』」

丈夫對我這番話大感震驚。這些年來他一直覺得我並不真的喜歡他。他對我也不好，一直懷疑我的行為別有用心。有時候他對我很苛刻，因為他懷疑我不是個忠貞的賢妻。心臟病後，一切都變了，他意識到之前誤解了我的態度和行為。

「我沒意識到你那麼離不開我，」他說：「我從沒有想過沒有我你會活不下去，會想到自殺。我甚至以為你一直暗地計畫著要擺脫我。」

這件事後，我們的婚姻關係徹底改變了。我丈夫身上所有對抗性的舉動都沒有了，我們相處得非常融洽。

我們回瑞詩凱詩時去拜訪彭嘉吉，他還住在毗塔拉道場。我們告訴他在巴德里納特朝聖的經歷。

「當上師加持你時，」他說：「就會照顧你的一切問題。加持修復了你的婚姻，在未來還會對你有更多利益。」

彭嘉吉給了我體驗，並拯救了我的婚姻，對此我十分感激他。我想要為他舉行上師普嘉表達感恩，但我帶在身邊的錢不夠，沒法如願辦到。我倆的錢是由我丈夫負責，所以我自己掏不出一分錢來應對這類開銷。我自己有二十七盧比，但這不夠買到儀式需要的物品。我不想向丈夫拿錢，我不確定他是否完全接受了帕帕吉。我覺得對於帕帕吉把他排除在自己人之外，他還有點惱火。因此我迂迴試探他的想法。

「我想要正式表達對彭嘉吉的感激，」我開口說：「但我沒有

足夠的錢舉行適當的儀式。所以我想把身上的二十七盧比給道場執事，讓他幫我買點糖。我想送禮物給彭嘉吉聊表謝意。」

我丈夫回答：「不，不，我們得好好辦一下，不管要花多少，所有開銷由我來付。我們必須做得如法如理，我會請執事採辦所有需要的東西。」

次日，我向彭嘉吉舉行了完整的普嘉，並且對受邀參加儀式的幾位婆羅門做了金錢供養（dakshina）。有一對法國夫婦，羅摩和悉塔，似乎是彭嘉吉的弟子，問他這是怎麼回事。

「這是印度傳統，」他回答：「這是種如理歡迎上師進入家庭的傳統做法。她來自非常正統的傳統，就是這樣禮敬上師的。她這樣是在表明確認我們的關係。」

回家前，我邀請彭嘉吉來中央邦哈爾達我家。他接受了，說會讓我知道他什麼時候方便來。

「我在孟買和卡納塔克邦有許多弟子，」他說：「我去見他們時，可以中途在哈爾達逗留一下。」

蘇博蒂妮在等帕帕吉來訪期間，給他寫了許多信。在第一封信中她應該是提到了別人向她訴說各自的煩惱，這是帕帕吉的回覆：

旅行回來後，你不得不聽了許多人的倒楣事。在這世上，誰沒有悲傷？即使是神也不得不經歷這類煩惱。吉祥羅摩必須要度過許多艱難時光：被放逐到森林，父親突然過世，妻子被羅婆那魔王擄走等等。而與神在這個世上不得不忍受的痛苦相比，人類的痛苦算不上什麼。

沒人能在這種生活中找到快樂，就算在夢中也找不到。為什麼？因為人類已經忘記了自己投生的真正原因。人追逐會衰敗的東西，為此失去一切，把自己整個生命都毀了。我們必須始終憶念神。沒有別的解決方法。儘量參加薩特桑，薩特桑能給你帶來

一種無法言表的喜悅。看看你自己吧,就是一個好例子。你來毗塔拉道場見我的時候,我們得到了滿足和平靜。你在信裡是這麼寫的。我讀到的時候,感到非常滿意。我很有信心,你大部分時間都會憶念神之名,不會浪費時間去追逐終將腐壞的塵世之物。

等待帕帕吉的期間,蘇博蒂妮遇見了自己的一位舊友,羅摩濕瓦・米什拉(Rameshwar Mishra)。

米什拉先生是來自阿拉哈巴德的弟子,〈礦場經理〉一章中敘述了他的主要故事。帕帕吉在一封信中提到了這次會面:

> 1978年4月1日
> 勒克瑙
>
> 羅摩濕瓦・米什拉對你讚賞有加。他還說:「蘇博蒂妮太太已經準備好圓滿的證悟。」他對我說:「她還需要一兩次更深入的薩特桑,就會即身解脫(jivanmukta)。」我不懷疑他的說法。如果你當時在毗塔拉道場再住十五天,就大事已了……

在下一封信中,蘇博蒂妮告訴帕帕吉她的拙火變得非常活躍。帕帕吉回覆說對這些體驗她可以樂觀其成:

> 1978年5月28日
> 勒克瑙
>
> 這幾天我一直想到你,現在你的信到了。我很高興讀到你

> 的拙火體驗。你不應害怕觀見她。她想要上升。你安坐於禪修時,就能與她安然相處(conciliate)。當你在毗塔拉道場坐在我面前時,她向上升起,給了你無盡妙樂,讓你眼中充滿淚水。我很確定,無論我們下次何時見面,你都能有所進步。

帕帕吉在1978年九月到達哈爾達。蘇博蒂妮敘述了當時發生的事:

回到哈爾達幾個月後,我丈夫對彭嘉吉的熱情也消退了。我告訴他彭嘉吉要來見我們,他並沒有很高興。他說不想邀請彭嘉吉來家作客。我知道丈夫計畫在九月份去阿薩姆邦出差,就寫信給彭嘉吉,向他解釋,請他在那羅衍不在家期間過來。彭嘉吉同意了,但事情並沒有按計劃發展。彭嘉吉答應在九月迦尼薩節[a]時過來,因為那時我丈夫應該不在,但那羅衍在彭嘉吉計畫到達前一天提前回家了。他發現我計畫在他遠在阿薩姆邦時,偷偷地邀請彭嘉吉來作客,非常生氣,但他也阻止不了,因為彭嘉吉已經啟程了。

「你可以如願邀請他作客,」他說:「但是,我會完全無視他。隨便他來他走吧。如果他想的話,可以在這裡舉行薩特桑,但我不會參加,他不是我的客人。」

我去車站接他,回家後,進行了精心準備的上師普嘉來歡迎他。在上師普嘉儀式的最後,我進入一種超覺狀態而直接見到真我。在這個體驗中,我還開始見到黑天。他繞著我跳舞,吹著笛

---

[a] 迦尼薩節(Ganesh Chaturthi):印度節日,在印度國定曆上的第六個月(Bhadra)中第一個雙周中的第四日,通常在格里曆的八月或九月。在這個節日中,人們會安置一尊迦尼薩塑像,由僧侶進行開光,大眾進行禮拜。

子,儘管他的形象並不完全清晰。我感到還有某層薄紗,讓我沒法徹底看清。當他的形象消失後,我把看到和體驗到的都告訴了帕帕吉。

「還有殘餘的最後摩耶,」彭嘉吉解釋道:「這就是為什麼你隔著一道薄紗見到黑天。這會消除的,而你會融入黑天。你什麼都不必做。這會自行發生的。」

這不是我第一次見到神。我去巴德里納特和葛達納特朝聖時,曾在葛達納特的一間神廟見到濕婆。那間寺院沒有一幅畫像,連林伽也沒有。只有在內殿中有一塊沙地,據說濕婆就現精微身坐在這上面。因為從彭嘉吉那裡領受的加持,我站在沙子前時得以觀見這尊精微身。

彭嘉吉和我們一起住了大概二十天,這期間許多人從哈爾達市來參加他的薩特桑。我希望他再住一段時間,但三周後,他說孟買的弟子都在等他。他坐上火車離開時,我失聲痛哭。此時車已經開始離站,彭嘉吉注意到我的狀況,從開動的火車上跳下來,來到我身邊,說了最後幾句鼓勵和建議安慰我。然後他重新跳上火車,頭伸出車門外,向我招手,直到火車徹底駛離車站。

1978年九月帕帕吉在哈爾達市不只是見了蘇博蒂妮。在一封給B·D·德塞的信中,帕帕吉簡述了他在哈市忙碌的行程:

> 1978年9月14日
> 哈爾達,中央邦
>
> 我無法回覆你9月7日的來信,因為騰不出時間。每天早晨五點開始薩特桑,一直進行到中午。我完全沒時間做事。每天來看我的人至少有兩百個,根據所屬的上師派系而結成或大或小的群體……

在〈羅摩寺〉一章中，我抄錄了一封信（日期為1978年12月15日，寫給R·M·普拉布），帕帕吉說到他和「一位叫沙拉德（Sharad）的霍尚噶巴德（Hoshangabad）的年輕工程師」有很好的會面。蘇博蒂妮·納伊柯描述了他到達後發生的事：

帕帕吉1978年來看我時，一個名叫沙拉德的年輕工程師來參加了幾次薩特桑。還來了許多人，包括城中很多有頭有臉的人物，但彭嘉吉的注意力似乎都在沙拉德身上。沙拉德是個愉快的年輕人，經常面帶笑容。

彭嘉吉專注研究了他一段時間後，轉向我說：「兩輩子之前，這個男孩是你的兒子。你那時是修行老師，覺得自己已經開悟了。你想讓這個男孩在那輩子開悟，但失敗了。你和他有很強的緣分。他來到這裡是因為過去生的緣分。他註定要在這裡解脫，而因為你們過去生的緣分，這必定在你在場的時候發生。」

大概一周內沙拉德每天都來，每次他都會說：「這是我最後一次來。明天我就沒法來了，我必須去上班。」

每天他離開後，彭嘉吉都會笑著說：「這人逃不掉了。他註定要在這幾場薩特桑中，並且在你身邊得到解脫。他沒別的選擇。等著看吧，他一定會回來的。」

彭嘉吉所預言的開悟是在幾天後。我不記得確切是怎麼發生的，但我記得當時某天看著彭嘉吉和沙拉德在一起。彭嘉吉專注凝視沙拉德的雙眼，此時，我見到一道耀眼的閃光從彭嘉吉眼中流入沙拉德的眼。看起來就真的像是彭嘉吉用某種力量灌注沙拉德，因為當閃光進入沙拉德的身體，就開始發出琥珀色的光。越來越多的閃光進入，琥珀光也越來越亮。只有我見到。之後我對帕帕吉說起此事，我發現他都沒有見到這種光，儘管他覺察到有某種能量傳遞給了沙拉德。

次日沙拉德來我家，問他是否能進來。

「我想請彭嘉吉給我灌頂。」他說。

我大笑說：「你不用過來接受灌頂（diksha），彭嘉吉昨天已經給過你了。」

即使沙拉德本人也似乎沒有覺察到彭嘉吉對他做了什麼。

我聯繫沙拉德，他現在是中央邦政府的資深工程師，問他本人對此的回憶。我得到以下回覆：

幼年時我就有一個清楚的淨觀，看到孩子樣的自己走入一片無垠，有位像救世主的形象幫助我進入，他看護著我。現在我可以說這就是帕帕吉第一次進入我的生命。在1960年代，我在貝拿勒斯印地大學（Benares Hindu University）讀書，我有過一個淨觀，見到他實實在在就在我面前，儘管我註定還要過上許多年才會真的遇見他。

1970年代，我開始對神充滿熱愛。我會去拜訪並服侍任何我聽聞到的聖者，常去朝聖、齋戒、定期閱讀經典如此等等。

有次我在瓦拉納西，要去喀什毗斯瓦納薩寺（Kashi Viswanatha Temple），因為將有一位聖人在那裡進行開示。我到達寺院前時，見到哈奴曼現身，光芒萬丈。

「那位聖人必然不同凡響，」我內心說：「我應該去自我介紹，請他為我灌頂。」

我當天沒有去求，而是用了幾個小時做完了正式灌頂前需要的全部準備儀式，當我最後準備去請求灌頂時，才發現已經是宵禁了。宵禁暫停的一小時內，我衝去見他，得到了渴望已久的灌頂。此人修習八支瑜伽（Ashtanga Yoga）。之後幾年，我也修習他教授的法門。

遇見帕帕吉的許多年後，我問他為什麼允許我花那麼長時間和那位瑜伽士在一起。

我提起了他曾說過我倆緣分匪淺的事情：「您曾告訴我，我是您兒子，我們註定要見面。那麼為什麼您會允許我去見這位瑜

沙拉德・提瓦利、帕帕吉和蘇博蒂妮・納伊柯，攝於哈爾達，1978年。

伽士，讓我和他相處那麼久？」

他回答：「不是你決定去見他的，是我送你去見他的。」

1977年，我被派到哈爾達工作，在納爾馬達河（Narmada River）邊。那裡有位南印度的聖人，據說已經有一百三十歲了。我第一次見他時，問他是誰，從哪裡來。

他微笑回答：「你知道你是誰嗎？找到這個問題的答案對你會更有用。」

他教給我各種懺法和修行方法。

「如果你修這些一年，」他承諾道：「你會明白你是誰的。」

恰好過了一年後，在1978年9月11日，我正在哈爾達做工程師助理時，聽到了帕帕吉在哈爾達舉行薩特桑的消息。我的努力以及這位聖者的加持最終使我見到能幫助我的人。

那時我瘋狂愛著神，到處在找他。如果神不是化現為帕帕吉，把我找到的話，我想我早就完蛋了。我聽人說帕帕吉住在一位名叫納伊柯太太（即蘇博蒂妮・納伊柯）的婦女家。她是法官的女

兒，嫁給了哈爾達的一位大地主。

納伊柯太太在和丈夫一起去巴德里納特朝聖的路上見到了帕帕吉。當時他們等道路修復開通，就在瑞詩凱詩遇見了帕帕吉。帕帕吉用他的內在之眼慈悲注視她，而她對神的尋找之旅就此到了終點。她拜倒在他腳下，願意餘生都侍奉他。

薩特桑在鎮上有名的社會活動家室利・戈噶爾（Sri Kekare）家裡舉行。9月12日，我匆忙安排好工作後，衝去薩特桑廳，在後面坐下來。然而，室利・戈噶爾注意到我，讓我坐到前面，正對著帕帕吉。

我每天都去，儘管這樣相當於忽略了工作。有什麼東西在拉我去見他。我發現自己無法離開他。幾天後，發生了一種神奇的認知。要如何準確描述呢？我能說的只是，以為失去的東西被找到了，那被稱為「不可知」（unknown）的東西剎那間再度被了知。過去、現在和未來的分界線粉碎、消失了。1978年那一天，帕帕吉向我揭示了真我。他給了我解脫。現在我知道只要他的蓮足在我心中，我什麼事都能做到。

當我看進帕帕吉的雙眼，我在萬事萬物中都見到完整的全體。對我而言，新的生命開始了，沒有生，也沒有死。那一刻我到達了要多生多世勤懇苦行才能達到的。我無法描述他看我那一瞥的性質。只是一眼，他就解決了我所有問題。於是：沒有困惑，沒有疑惑，沒有恐懼，沒有割裂，沒有分離。他停息了我的念頭，讓我能夠只見到他。那時起，他如父親對孩子般養育我。我只知道他，別的什麼都不知道。

沙拉德初見帕帕吉後的第四年，即1982年，蘇博蒂妮收到帕帕吉的來信，其中寫道：「沙拉德說他仍然起舞於他在哈爾達見到的神的淨相中。他真是個幸運的孩子！」

沙拉德近期來勒克瑙時，我向他問起和帕帕吉見面更多的細節。他先是說起一些更早時候的經歷，導致他最終遇見了帕

帕吉,但話說到了一半,他忽然停下,說道:「這次遇見和歷史或地理都無關。我沒法說這是在某個地方或某個時間發生的事情。」

我請他忽略歷史,只管描述他們這次決定性會面的情形:

大衛:發生這一體驗時,你已經和帕帕吉說過話了嗎?還是說你只是靜靜坐在他面前?

沙拉德:不,我問了他一個問題:「我要怎麼才能控制心念?我只希望想我願意想的。我不想要出現多餘的念頭。」我還問他怎麼樣才能無執著地生活,不介入任何活動。

他只是看著我,說:「不要讓念頭生起。」只是這麼一句指示,心念就立刻完全停止了。舊時那顆只認同一小片天地的頭腦消失了,留下的是我可以稱之為「全體之心」的東西。這表示現在我知道「我」即一切,而不只是這副身體。在這個全體之心裡沒有個體。有念頭,也有行為,但沒有誰認為「我在做這個」。在這個全體之心中,在這個「我」——它既是真我,也是帕帕吉——之中,念頭和動作是一體的。

大衛:當帕帕吉見到你有此發現時,他是什麼反應?

沙拉德:我不知道。那時我完全融入了無形的真我,也就是帕帕吉之中,注意不到別的了。

大衛:之後呢?

沙拉德:我注意到一件非常奇特的事。無論何時帕帕吉對屋內的誰說什麼,我都聽不到。那段時間他的薩特桑非常棒。精彩的開示從他嘴裡流出,但我聽不到,除非是直接對我說的。但是,當

他看著我，對我開示時，他說的每一個字都有巨大的影響。他讓我完全地體驗到他說的每句話，每個字都與我發現的新境界共鳴，可以說我體驗到話語所指的實相。我沒有去聽或是理解。我直接體驗著他的話，體驗著我的真實存在。

大衛：你還記得這些對你影響巨大的話嗎？

沙拉德：不能，但對此的體驗依然在。許多人問他關於《羅摩衍那》或《薄伽梵歌》的問題，他會對故事和偈頌給出不同的精彩解讀。但如果沒有人提出這類話題，他就只是談論真我。他總是會回到真我。無論對話是如何開始的，他總能帶回真我上。

大衛：你當下的狀態是和帕帕吉在一起的那刻起就如此呢，還是說從那之後過了一段時間再變得恆常且圓滿的呢？

沙拉德：這是突然發生的，電光火石一般。但我卻沒法說這已經過去了。這是永不終結的狀態，可以說是永恆的。這是個美麗的狀態，超過人所能想像的快樂。

大衛：你需要做些什麼努力來穩固於體驗中嗎？

沙拉德：不，這是帕帕吉的加持禮物。從來就無須什麼努力。它一直是同樣的，從未有過改變，從第一秒開始一直就是一樣的。

帕帕吉以如海洋般的無垠、全然的存在和人們連接。當人們去見他，他按下人們內在的開關，讓他們放棄自己局限的見地。開關按下後，人就知道自己是整片海洋，而不是一滴水。只有神才能做到。帕帕吉是神展現為人。在他身邊，經他聖眼注視，弟子發現了自己的神性。

大衛：帕帕吉讓人見到自己的本來面目。儘管有時候他說要靠當事人自己認出，而不是遠遠拋開。然而從你說的來看，就你而言，體驗從未遠離。為什麼有些像你這樣的人可以住在這種狀態，而其他人似乎會再次回到自己局限的視角中呢？

沙拉德：任何認出帕帕吉就是神，並毫不動搖確信帕帕吉就是神的人，能自然而然、毫不費力地保持這種狀態。這就是我堅定的信心。

　　瞥見真我時，是神顯露其面目為你心內之神。如果你視帕帕吉為神，並且，如果你把他給你體悟視為對他神聖本性的體悟，那它就永遠不會消失。如果你允許自我再度出現，並且遮蓋了體悟，這意味著你已經把之前的「帕帕吉即神」的了悟拋之腦後了，同時也拋棄了信心，不再相信他給你的體悟就是神本身在你心中閃耀。這一切歸根到底，需要有個正確的態度。

大衛：你自己怎麼保持絕對的信心，相信帕帕吉就是神呢？是覺知到他的身形及他的無形，還是說兩者都有？

沙拉德：有形象、無形象並沒有區別。形象就是無形，無形就是形象。明白帕帕吉就是神，其實就是要知道兩者沒有區別。

大衛：你有次告訴我，說在第一次遇見帕帕吉後，你仍去禮拜其他神的形象。你對此怎麼解釋？

沙拉德：這是舊時習慣在延續，但我第一次見帕帕吉後，就開始視一切神都在他之內。見到帕帕吉前，我強烈渴望要見到眾神。之後，帕帕吉讓我見到了這些神，滿足了這個願望。有時候帕帕吉自己就化身為神。

　　我經常見到眾神圍繞著他，在半空起舞，向他表示服從。當

我親眼目睹眾神都在向他禮敬，我又怎麼會對自己就在究竟上主身邊產生懷疑呢？

遇見帕帕吉之後，我有過許多奇妙而嶄新的體驗。除了見到許多神祇外，我還見到自己的死亡，見到許多前世。

大衛：有次帕帕吉在你面前顯現為一個印度教神明的形象，你能描述一下當時的情況嗎？

沙拉德：1980年代，有次我在納希（Narhi）拜訪帕帕吉，正靜靜地坐在他腳邊。突然，他起身移開了一件襯衫，本來襯衫掛在一張美麗的哈奴曼吉[a]畫像前。我當時正想著哈奴曼吉，希望帕帕吉能和我說說。我偶爾還是會有衝動會心繫並禮拜諸神。那天我的念頭全都是哈奴曼吉，可能因為那是哈奴曼吉的生日。帕帕吉必然感知到了我的念頭。

他隨後又躺下身去，並對我講了哈奴曼吉作他的嚮導，帶他遊覽敕特拉庫特所有重要景點的故事。在故事高潮，也就是說到哈奴曼吉消失的時刻，我低頭看向帕帕吉，見到他的身體已變成紅色，毛髮濃密，肌肉壯實。他四肢的形狀在變化，最後看起來就像是巨大紅色哈奴曼的手臂和腿，長滿毛髮。我碰了碰他的腿，想看看自己是否產生幻覺，發現真的是覆蓋著紅色的毛髮。

「帕帕吉，」我說：「就在我眼前，您成了哈奴曼吉。」然後我解釋自己的所見所感。

帕帕吉說：「這是向你表示，我對你說的不僅僅是個故事。哈奴曼吉親自過來告訴你那真的發生過。」

沙拉德的真我體驗似乎徹底將他吞沒，他似乎很少完全覺知到自己身邊的情形。儘管他在訪談中像個清晰而健談的人，

---

a　Hanumanji即哈奴曼。加「吉」字表示尊稱。

但這不是他給大部分人留下的印象。乍看上去，他好像大部分時間都在一種茫然中，他的內在極樂遮罩了他對當前環境的覺受。他會好幾個鐘頭都坐在角落，獨自大笑或哭泣。我很好奇這些體驗會對他世間活動有怎樣的影響。

大衛：你能描述一下自己的工作性質嗎？你做什麼工作？

沙拉德：我是土木工程師，為中央邦政府工作，所在的部門負責監督大型專案的設計和規劃，如水壩、大型樓房、橋樑等。政府執行大型工程時，就由我們部門對相關計畫做成本估算及審核。當時政府計畫在納爾馬達河（Narmadar River）上建造各種水壩，我們許多工作都是在評估這些專案。

大衛：你需要怎樣的技術知識來做這份工作？

沙拉德：我不需要在記憶中儲存知識或技術資訊，我不再那樣做事了。辦公室裡的工作會做完，但我不是做者。某種力量讓我做著一切我做的事。它評估專案，寫報告，把報告提交給董事會來做最終決策。我不需要介入這種力量。它自己就能很好完成工作。

大衛：這種力量如何來評估複雜的專案呢？

沙拉德：我自己依然在讀一些工程學的書和技術報告，瞭解行業中一切新發展，但這些資訊最終並不會留在我的記憶裡。我並不以此來評估辦公桌上的專案，從沒覺得自己用儲存在心識中的技術知識為基礎，來考慮某個專案的價值或缺陷。相反，是照看一切的力量在工作。計畫出現了，然後得到詳細審核。書面報告和評估寫完了、提交了，但這一切都與「我」毫無關係。我無須去想某個計畫是好是壞。這個力量照看著全部工作。

大衛：所以當你需要資訊來工作時，資訊就只是自發顯現。然後基於顯現出來的資訊，你最終做出正確的決定。是這樣的嗎？

沙拉德：不，我從來沒有做什麼。我完全不做決定，這不關我事了。我完全無須努力，因為一切都由道的力量執行。我的體驗就是沒有人必須要努力才能工作。工作自會進行，不用努力，不用選擇。「不工作」才需要努力；這是我的體驗。但是對於工作，無須努力。

大衛：那麼工作上一切都順利嗎？你的上級對你的工作滿意嗎？

沙拉德：遇見帕帕吉並有這種體驗已經將近十二年了。從那時起，我一直定期升職。邦裡有個五人的董事會，是做決策的最高權力部門。我現在比董事會低一級，直接向董事會主席彙報工作。

我處理工作非常快。每天下班時，我的辦公桌永遠是空的。我不帶東西回家，頭腦裡和紙上都不帶。我不會想著要去彙報的專案，不會想剛做出的決定。我研究各種專案，做報告，然後忘掉整件事。報告交到董事會後，心裡就不留任何痕跡。

我不喜歡和辦公室的同事多打交道，因為他們總是在想、在討論工程專案。我只在必需的時候才會把注意力放在工作上。其餘的時間全在帕帕吉上。

我剛接手現在的職位時，有些專案已經拖了好幾年。我很快處理完這些積壓的專案。我總是比上班時間提前一小時到辦公室，每天也晚走一個小時。

大衛：你不工作的時候，心裡都想些什麼呢？

沙拉德：工作或不工作，我的心都在帕帕吉上，但我無法描述這些想念是怎麼回事。

沙拉德在帕帕吉家中，攝於勒克瑙市印諦拉納迦鎮，1995年。

大衛：你會觀想某個形象嗎？

沙拉德：如果有意這麼做了，那麼會記得某個形象。如果是潛意識的，那就是覺知著無形象。

大衛：需要做某種努力，好讓這種想念一直都在嗎？

沙拉德：想念不需費力，一直都在。

大衛：你會怎麼描述呢？它是一種存在、一種感覺？還是一種體驗？

沙拉德：可以有許多種方式。淨相、夢、念頭，或只是持續安住當下。

大衛：你睡著時也覺知著他嗎？

沙拉德：是的。我現在每天只睡兩三個小時。自從見到帕帕吉後，我不需要睡很多，一般兩個小時已經夠了。我感到充滿力量，如果有必要，可以工作四十八小時。持續想念著帕帕吉給了我充沛的能量。

大衛：在你見到他是有形象的時候，他以某種方式和你交流嗎？

沙拉德：大部分時候他只是看著我。他看著時，我就感受到一種持續的加持之流。他是我的父親、我的神、我的一切。

大衛：如果你想起某個特定的形象，他會以那種形象出現嗎？

沙拉德：他一直都在，但如果渴望要見到某個形象，那麼就會顯現這個形象。

大衛：那種想念一直都在，你會說這是因為你一直想念著他，還是因為他一直想念著你呢？

沙拉德：〔大笑〕我不停想念著他，但讓我去想念的力量和實際進行想念的那個主體都是他，唯獨是他。所以誰在想念誰？有時候很難明白是誰正在做什麼。我知道的只是我有種不可動搖的熱情去想念帕帕吉，而那種不斷的想念給了我無盡的歡喜。我看著他時，感到一種渴望，要在記憶中刻下他身體每個毛孔的細節。我想要記住他每個手勢、每個動作、說的每個字。和他在一起時，我在他的美、他的形象中完全懵了。我的眼睛無法再看見別的東西。無論我在哪裡，我只見到帕帕吉。

大衛：當你並不是實實在在看到他的身相時，他是怎樣顯現在你面前的？

沙拉德：很奇特。我見到的形象從沒變過。甚至在親眼見到他之前，我就意識到內心中他的形象。在這個形象中，他微笑著，眼睛半閉，有一片金黃閃耀的光環繞全身。我知道他的肉身已經變老，隨著歲月改變了。但他這個金黃閃耀的形象一直在我心中，從未有過更改。對我而言，他一直是同樣的。

如果沒有形象，我知道他就是寧靜、就是空性。這是他另外兩個名字。

大衛：你是否和別人說過對帕帕吉的這些體驗？

沙拉德：我一直都保持安靜，因為當地〔指賈巴爾普爾（Jabalpur）〕沒人能理解這類事。那些說自己對修行有興趣的人也只是想要聊聊他們的普嘉或持誦（japa）。我不再有興趣談論這類事了，儘管見到帕帕吉之前，這些對我都非常重要。帕帕吉教的是「安住真我」，這並不吸引那裡的人，所以我就保持安靜。

大衛：儘管你說自己在所有地方都見到帕帕吉，你似乎仍然非常眷戀他的色身形象。有次我見到你求帕帕吉允許你辭職，這樣你就可以一直在他身邊。他拒絕並且送你回去工作時，你哭了起來。

沙拉德：是的，我依然渴望著要在他的身邊。接近他的時候，我一直覺得要哭，因為妙樂或喜悅的體驗是如此強烈。有時候我試著控制不哭，但大多數時候做不到。

大衛：除了要在他身邊，以及一直想念他之外，你還有別的渴望嗎？

沙拉德： 我願每個人都能有此淨觀，有此神聖之見。這是一切探尋的終點。

帕帕吉之後一次來哈爾達，是應沙拉德的邀請。他在沙拉德家舉行了幾次薩特桑，蘇博蒂妮‧納伊柯和許多城裡的弟子都來參加。蘇博蒂妮‧納伊柯的丈夫發現帕帕吉回城了，並且在舉行薩特桑，就試圖阻止妻子去上課。蘇博蒂妮‧納伊柯講述這番經過。

我丈夫發現我去沙拉德家參加薩特桑，就試著把我打發出城，不讓我去參加。

「最近你一直很辛苦，」他說：「需要放個假。為什麼不到浦那，去你姊姊家住上幾天呢？她見到你會非常高興的。」

「我的上師在我所住的城裡舉行薩特桑，這時候我怎麼能離開？」我反駁道：「他在這裡時，我哪裡也不會去。」

我去見彭嘉吉，告訴他我丈夫試圖讓我去另一個城市，不讓我參加薩特桑。出乎我意外的是，彭嘉吉讓我聽從我丈夫。

「如果你丈夫想要你去，」他說：「那麼你應該去。記得無論你在哪裡，我都和你在一起。」

我接受他的決定，回到家並且準備開始出門。就在我動身之前，彭嘉吉來找我，說：「既然不允許你參加這裡的薩特桑，我會去浦那，在那裡舉行薩特桑。」

他遵守了諾言。幾天後，我收到他的消息，說他正在浦那，住在他的同學芭提雅先生家。我帶著姊姊去了薩特桑，她也非常高興。因為她是很純淨的人，能輕易感受到彭嘉吉的臨在之力和加持。

納伊柯太太講述這個故事時，我突然想起帕帕吉曾對我說過一對穆斯林夫婦參加他在浦那薩特桑的事。我向納伊柯太太說了大概，問她這件事發生的時候，是否她也恰好在那裡參加薩特桑。

她記得非常清楚。

以下是帕帕吉的敘述版本：

我在浦那住在一個老朋友家裡。他在城外有棟非常好的房子。我開始在那裡舉行薩特桑，許多城里的人都常來參加。那裡附近有家旅店，有對年輕的夫婦住在那裡：丈夫大約25歲，妻子大約19歲。他們見到我住的房子前停著許多車，就問是怎麼回事。有人把年輕的太太介紹給我一個弟子，他就告訴她我每天都在那間屋子裡舉行薩特桑。

那對夫婦從肯亞（Kenya）來到印度。儘管丈夫還非常年輕，最近卻心臟病發作，正在旅店等待康復。他的醫生是浦那一位著名的心臟病專家，建議他等情況改善後再飛回肯亞，所以他就待在旅店中，由他的太太和一名護士照顧他。

年輕的肯亞女孩對薩特桑毫無概念。

「什麼是薩特桑？」她問。

「我們聚在一起，禪修一會。之後彭嘉吉會回答每個人提出的問題。」

「什麼是禪修？」她問道。

跟她交談的女子真的不知道怎麼向一個從未聽說過禪修一詞的人解釋，所以就說：「你為什麼不一起過來，自己看看呢？你自己體驗一下，要比我能給你的解釋好得多。」

「我丈夫坐在輪椅上，」她說：「我能帶他一起來嗎？」

「當然。歡迎每個人。你帶著輪椅進屋完全沒問題。」

他們在薩特桑上坐了兩個小時，一言不發。大家離開時，我注意到輪椅上的男子依然閉著眼睛。他太太試著引他注意，但是沒有成功。

我走近他，見到他正在一種深深的定中。我試著帶他出來，但用了很長時間。他是慢慢出定的，過了段時間他才能開口說出

發生了什麼。

「我剛才去了天堂，」他宣布，「我見到安拉（Allah）坐在寶座上。」

「安拉問我：『你想要什麼？你為什麼來見我？』」

「『我正在度蜜月，』我回答：『但是並不順利。到印度後不久我就心臟病發作了。您能賜福於我，讓我好起來嗎？我想要健健康康地回肯亞。』」

「安拉把手放在我的頭上，我立刻體驗到喜悅而平靜的感受。我有種獨特的感覺，身體被這一體驗治癒了。從心臟病發作以來，我從沒有感到這樣健康過。我在當地有醫生，每天都來看我。我要給他打個電話請他過來，帶上他所有的儀器給我做個檢查。但我覺得以後就不會再需要他了。」

幾個小時後，醫生來了，帶著全套令人矚目的儀器，對他進行了幾項測試。

「我找不出你哪裡還有什麼問題，」他最後宣布道：「你的心臟完全健康。在我看，你可以下輪椅四處走動了。不會有事的。這到底是怎麼回事？昨天你還病得那麼嚴重。」

肯亞男子解釋說他去了一趟天堂，安拉治癒了他，但是醫生覺得他在開玩笑。

之後，肯亞男子的太太私下來找我，說：「我知道您治好了我丈夫，或許您也能幫幫我。我有糖尿病。結婚前我沒有告訴我丈夫，他是最近才發現的。如果他的家人發現的話，就會向他施壓，把我休了後再找一個健康的新妻子。您能把我的病也治好嗎？如果您不能，幾周內我很可能就會被趕出他家。」

他們兩人都是穆斯林，所以我知道這真的會發生。穆斯林男子要拋棄妻子很容易。就算她什麼都沒做錯，他也能說三次「我休了你」，這樣婚姻就正式結束了。

我沒有說「能」或「不能」，只是一言不發。那天傍晚，她想為我煮一些肯亞菜，我答應了，因為我從沒吃過肯亞菜。我一

直對各地的美食很有興趣。

「無論我會怎樣，」她說：「我都要感激您為我丈夫所做的。我想要煮一道我們的傳統菜，供養您。」

蘇博蒂妮描述了接下來的事：

那個女孩，我想名字叫拉蒂珐（Latifa），給我們做了頓很可口的飯菜。快吃完時，彭嘉吉讓我出門，到街上小販那裡買一杯甘蔗汁。我拿著果汁回來，他又往裡再加了糖，遞給拉蒂珐。我們都盯著她，想看她會怎麼做。她知道這樣的一杯飲料足夠讓自己陷入昏迷，但同時，她已經請彭嘉吉賜給她點什麼東西來治好糖尿病。拉蒂珐毫不猶豫，舉起杯子，喝得一乾二淨。我覺得她知道這是自己擁有正常、快樂婚姻生活的最後機會了，而且她已經見到自己的丈夫被治癒，完全有理由對彭嘉吉深信不疑。

治療似乎奏效了，因為她喝完飲料卻沒有顯示出一點病症。「你可以停用胰島素了，」彭嘉吉建議道：「明天去做個血糖測試，看看數據如何。」

之後幾天她做了幾次測試，所有的結果都表示她的糖尿病已經完全治癒了。這真是不可思議的奇蹟，因為並沒有任何能瞬間治療糖尿病的方法，沒有已知的方法能立刻讓身體開始產生胰島素。我瞭解這點，因為我自己就有糖尿病。多年以來，我一直都很注意自己的飲食。彭嘉吉給了我新的希望。

「我也有糖尿病，」我告訴他：「您也能治好我嗎？」

彭嘉吉拒絕了。「不，」他說：「你必須帶著病生活。這是你最後一生了。你不會再有來生經受這個業了，你必須現在就經受。」

薩特桑都在芭提雅夫婦家裡舉行。儘管彭嘉吉已經向他們介紹我是弟子，但我從未感到他們歡迎我來。芭提雅太太似乎認為我只是過來蹭免費的飯菜。我不希望她這麼想，所以每次分發小

吃的時候，我都只取盡可能小的分量。彭嘉吉注意到我這麼做，就堅持我應該多拿些。如果有什麼特別美味的東西在，他總讓我把分盤裡的東西取完。這更坐實了芭提雅太太的疑心：我來她家只是為了吃光她的食物。從那時起，分發食物的時候，她都會先裝滿彭嘉吉的盤子，然後給我盡可能小的一份。

一次吃飯時，芭提雅太太給彭嘉吉倒了一大杯芒果汁，給他丈夫倒了一大杯，然後給了我一點點。彭嘉吉看到後，就走到我面前，把他杯子裡的果汁全都倒給了我。從那時起，每次有人奉食給他，他就到我跟前，一點不剩地裝到我的盤子裡。這些舉動讓芭提雅太太對我更不客氣了。她不喜歡彭嘉吉表現出對我的關愛。彭嘉吉毫不動搖地體貼照顧我，而芭提雅太太一直生我的氣，到最後我覺得很尷尬。我感到在他們家很不自在，就決定不再在那裡吃東西。在下一次開飯前，我向芭提雅夫婦編了個藉口，回到了我姊姊家。大家坐下來用餐時，彭嘉吉立刻詢問我去哪裡了，有人告訴他我沒有吃飯就回家了，他就離開芭提雅家，找了輛車來見我。

他問我為什麼不告而別，我解釋說覺得在那裡吃飯很尷尬，因為很明顯我並不受歡迎。彭嘉吉卻不讓我留在姊姊家。

「上車，」他說：「你要回芭提雅家和我一起吃飯。」

之後有一頓飯上有乳酪食品，我一直沒法消化乳酪，所以只取了一點。

飯後我站起身說：「我需要走上幾分鐘來消化乳酪，否則會消化不良。」

離開屋子時，我聽到芭提雅太太說：「她這個窮女人，大概一輩子都沒吃過乳酪。我懷疑她之前甚至都沒見過乳酪長什麼樣。她的胃也不知道該怎麼消化這東西。」

這是彭嘉吉的最後一根稻草。他大發雷霆，對她大喊：

「為什麼你總是把她當什麼窮親戚？她來自一個大地主（zamindar）家庭。家裡非常富有，比你們富得多。她來這裡只是

因為她愛我,想要在我身邊,而不是想要吃光你的食物。」

芭提雅太太聽到真相後非常羞愧。她之前一直認為我就是個鄉下窮姑娘,賴著彭嘉吉好白吃白喝。後來我再來的時候,她道歉了,之後吃飯的時候,我就一直得到和別人同樣的分量了。

在浦那的某次薩特桑中,我在一個美妙的淨觀中見到了祜主羅摩。他在我面前顯現時,我見到他有三個頭:一個是森林苦行者的模樣,髮髻在頭頂束起;第二張是彭嘉吉的臉;第三個則是祜主羅摩全副盛裝的國王形象。他的身體轉動著,能讓我親見每張聖容。

蘇博蒂妮用馬拉地語講述,這是住在馬哈拉施特拉邦西部的人所用的主要語言。由毗納亞克・普拉布(Vinayak Prabhu)擔任翻譯,在之前〈羅摩寺〉一章中講過他的故事。敘述到這裡時,毗納亞克自己提了個問題。

毗納亞克:如果你在哈爾達已親見真我(atma darshan),為什麼還需要在浦那見到羅摩呢?為什麼你仍然需要見到這類事物呢?

蘇博蒂妮:這很可能是彭嘉吉安排的。他也許想要讓在浦那的那些人明白我真的是弟子。這個體驗發生時,我進入了某種三摩地。眼淚從我臉頰滑落,一段時間中我無法動彈。芭提雅先生大為驚歎,但同時也煩惱彭嘉吉沒有給他類似的體驗。

「為什麼您不給我類似的體驗?」他問道:「我認識您好幾年了。為什麼您從來沒有對我做過這樣的事?」

我想他認為自己有權利獲得彭嘉吉的特別對待,因為兩人認識那麼久了。

彭嘉吉告訴他:「你不是白白就得到這種體驗的。你必須有所付出。如果你的帳戶裡有足夠的信心(shraddha)和虔愛(bhakti),你也能得到類似的體驗。她為她的體驗已經付出了,

你卻不能有那樣的體驗，因為你的帳戶是空的。」

芭提雅先生沒有放棄。我恢復常態後，他走過來對我說：「我的老同學一點都不幫我。我認識他好多年了，但是他卻不給我這種體驗。你能給我像這樣的體驗嗎？你知道怎麼做嗎？」

我大笑著告訴他，如果想見神，他必須去找彭嘉吉。

蘇博蒂妮繼續講述她的故事：

我們在浦那時，彭嘉吉應邀去給一個軍事基地的官員做薩特桑。他帶我一起去。彭嘉吉用英文開示，因為那裡說英文。官員們來自印度各地，英文是交流的共同語言。我能非常慢地讀英文，但我說得不好，也聽不太明白。

在開示最後，彭嘉吉宣布：「我在別的地方有件重要的事要辦。我現在完全授權給這個女子，由她來回答你們的提問。」他叫我上臺，讓我坐在麥克風前，然後逕自走出了房間。

我不記得接下來發生了什麼。官員們肯定用英文問了許多問題，而且我肯定用英文回答了他們。我這麼說是因為後來有人告訴我當時的情景。我不知道自己是怎麼做到的，因為我的英文程度最多只能說幾個基本單詞。

次日彭嘉吉接到基地來電，感謝他派來了如此有能力的人回答了所有問題。

彭嘉吉並沒有別的事要辦。他只是設計了我，看看我能做什麼。我想他可能根本都沒走出房間，儘管我們都見到他跨出門去了。我相信他的臨在以某種方式控制了我，使我能聽明白提問，並且用自己幾乎不懂的語言給出恰當的回答。

這段時間，我丈夫的一個親戚來找我，她名叫皎蒂（Jyoti）。

「我打坐的時候，一直見到您的臉，」她開口道：「我對此置之不理了一段時間，但昨晚我又夢見了您，您說您是我的上師。」

我告訴她：「我不是什麼師父，我也只是我自己上師的弟子。」

我們一起去見他吧。這個夢也許表示我是中間人，帶你去找到你真正的老師。」

我帶皎蒂去見帕帕吉，說了她禪修時的體驗，以及她夢到我出現說我是她的上師。

彭嘉吉專注地看了她一會，然後說：「我不是這個女孩的上師，你才是。我看著她就明白這點。你必須接受她，並且照顧她。」

我對當老師毫無興趣，但不知怎麼最後還是有了這個女弟子，因為彭嘉吉准許了這段關係。皎蒂做了我很多年弟子。我從未對這份師徒關係感到自在，我接受是因為彭嘉吉命令我在皎蒂的生命中承擔這個角色。

由於帕帕吉現在的許多弟子之前是奧修的桑雅士[a]，他們大概有興趣知道帕帕吉在1970年代末去了兩次浦那的道場，上述那些故事都發生在這段時間。其中一次去浦那是應他的妹妹蘇蜜特拉的請求。

帕帕吉解釋說：

蘇蜜特拉的兒子移居德國，在柏林開了家店。他結了婚，安頓下來，最終獲得了德國公民身分。他很年輕就死在那裡，蘇蜜特拉試圖把他的骨灰帶回印度，撒入恆河，但德國政府不允許運出，理由是骨灰是德國的，而不是印度的。

他的兒子桑傑（Sanjay）之後來了印度，在浦那成為了奧修的桑雅士。我接到蘇蜜特拉的電報時知道了這事。她覺得這個年輕的男孩沒辦法在一個陌生的國度照顧自己。儘管他來自一個印度

---

[a] 桑雅士（Sannyasin），原意為「雲遊僧」，指棄絕世俗、雲遊四方而修行的印度教出家人，亦指婆羅門一生四階段，即梵行期、居家期、林棲期、遁世期之最後一期。奧修於1974年搬到浦那並建立了一個道場，吸引了許多西方人，奧修稱自己的這些弟子們為Sannyasin，這與傳統意義上的雲遊僧截然不同，所以也有人稱之為「新雲遊僧」（neo-sannyasin）。現行的奧修著作中文翻譯中，通常把sannyasin音譯為「桑雅士」，本書採取此約定俗成的譯法，以區別於傳統意義上的sannyasin。

家庭，但他大部分日子都是在德國度過的。我覺得這也是個好機會，能去參觀一下著名的浦那道場，就訂了票，看看桑傑和其他人在那裡做什麼。我打聽了一番後，發現桑傑只在那裡住了兩天。在這麼短的時間內，他就邂逅了幾名外國女子，並且說服其中三人和他一起去果阿的海灘。

我心想：「能走進浦那道場，並且在兩天內說服一群外國女子和他一起去海灘，這樣的人是相當有能力照顧自己的。他不需要我幫助。」

我給妹妹發了封電報，告訴她一切都好，她無須擔憂桑傑的安康。

我最初聽說奧修時，他還被稱為「羅傑尼希阿闍黎」（Archaya Rajneesh）。那是在1960年代，他在孟買市中心的教堂門（Churchgate）做演講。我讀了他幾本書，覺得寫得相當好。浦那道場開張後，有次我決定去見見他。我約好了時間，要和他私下談談，但我到達道場時被告知某個加拿大電視臺的工作人員不期而至，奧修當天所有的約會都取消了。我沒見他就離開了，再也沒有回去過。

儘管蘇蜜特拉的孫子桑傑後來在浦那道場住了很多年，他完全沒意識道自己的舅公是著名的上師。到了1995年，他在果阿海灘上遇見一名帕帕吉的弟子才明白過來。於是他就去勒克瑙住了幾天，和他超過二十年沒見過的親戚們見了面。

蘇博蒂妮現在繼續講她自己在浦那的故事：

1979年我和丈夫那羅衍一起在浦那時，他心臟病嚴重發作。他被送往醫院做手術，但手術並不成功。他熬過了手術，但在重症監護裡過了幾個小時後，醫生們放棄了希望。

一位醫生出來和我說：「他沒希望了。我們會稍微再保持一陣子他的生命徵象，但必須告訴你，他快要走了。你應該開始聯

蘇博蒂妮坐在帕帕吉足下，攝於她在哈爾達的住所。

繫親屬，安排葬禮。幾分鐘內我們必須要撤走維生系統，因為他根本沒有反應了。」

我請醫生至少再讓他連著儀器五分鐘，可能會出現奇蹟。他同意後，我開始懇切向帕帕吉祈求幫助。

「請別讓我的丈夫死，」我祈禱道：「請別讓那羅衍死。讓他再次好起來。」

我在加護病房門外祈禱時，我抬頭見到帕帕吉走在醫院走廊上。看到他直接穿過加護病房的牆壁，都不用從門走，我就意識到他是以某種精微形象，而不是實際的肉身顯現。當帕帕吉穿過牆時，我就有了個定境，能見到屋內的情況。房間沒有任何窗戶，門也是關著的。手術後我不准去見丈夫，所以從沒有見過門那一面發生的情況。

我呼叫了那位讓我開始準備葬禮的醫生，說：「請你們等幾

分鐘再撤掉儀器。我的師父剛剛來，我現在有了個定境，能看得見你們加護病房裡面的情形。我肯定我丈夫會康復的。」

為了讓醫生相信，我描述了自己見到的。「室內有三張床，我丈夫在左邊那張上。他的床頭有一張迦尼薩的照片。」

然後我繼續描述連接著那羅衍身體的各種儀器。

醫生是位虔誠的人。他知道我從沒進過房間，就願意相信我確實有了某種定境。儘管在他看來，那羅衍在醫學上已經死了，他命令加護病房內的人，未經他允許就不准碰觸病人身體。

我的定境持續著。我見到彭嘉吉站在床邊，給了他某種治療。幾分鐘後，那羅衍復活了，又活了三年。

1982年，當我丈夫最終過世的時候，彭嘉吉取消了一次計畫好的大型海外旅行，好能過來陪我。

他告知資助他旅行的人：「我的女婿剛剛過世。我不能在這種時候出去旅行。我必須去哈爾達陪我女兒。」

他的外國弟子非常失望，因為本來已經計畫好請他去周遊歐洲幾個國家，然後再橫跨美國東西海岸。

他過來陪了我二十天，在那期間說正式收養我為女兒。當時我過得很艱難，因為除了我丈夫過世，我還必須面對家族產業的重大損失。很久以前，我的先祖擁有我們地區的全部土地，擁有自治權。印度獨立後，政府對這類土地進行分割，而沒有對原來的地產主做出恰當的補償。最終我家道中落。我們家後來搬離了哈爾達，定居在浦那。現在我們所有人就住在一套小公寓裡，靠開一間公用電話廳維生。昔日的榮華富貴都逝去了，但這個，我覺得也是彭嘉吉加持的展現。我們都非常快樂而滿足。

我住在哈爾達時他來見過我幾次，但他從不允許我把他當貴客款待。相反，他表現得就像是家庭一員那樣。

「你是我的女兒，」他說：「把我當做你來訪的家人就好。」

吃飯時，他會走進廚房，指導食物應該如何烹飪。有時他會留在廚房裡自己動手。我記得有次他給我們做了非常美味的甜

點[a]。之後,他又親手餵我吃。

有次他來的時候,我必須出門去處理一些緊急的房產問題。我回來後,發現他在廚房,正在清洗我們留下的所有髒碗。傭人那天沒來,所以他決定親自為我們整理廚房。我對此深感不安。

我和他說他不需要做這類事,他回答:「為什麼不呢?我不是你的家人嗎?我們都必須盡一切可能來幫忙。你在外面有事,你的傭人沒有來,所以就輪到我來處理這些家務了。」

那次他最後還幫我們洗了一些衣服。

訪談進行到這裡時,毗納亞克插話說:「他一直都是這樣的。那段時間他更喜歡被當做家庭成員來對待。他來安閣拉我們家時,會試圖做些家務。在孟買有個弟子,每次帕帕吉到他家時,都總是將帕帕吉當成神來供奉。他會準備特別的座椅,如果帕帕吉起身走一走,每走幾步,這人都會向他磕個頭。後來,這種過度關注讓帕帕吉感到疲倦,就不再住在他家了。那段時間,他喜歡和那些知道如何能平常生活行事的人相處。」

蘇博蒂妮繼續說道:

在1983年,彭嘉吉神祕地從我生活中消失無蹤了。數年來待我如愛女之後,他突然徹底斷絕與我的聯絡。他不再來看我,儘管我奮力試圖追尋他的蹤跡,卻從未能找到他。我給他幾名弟子寫信,詢問他的行蹤,但從沒收到回覆。

蘇博蒂妮說到這事的時候,不經意提到毗納亞克,我們的翻譯,也是她當時寫信的對象。毗納亞克表示驚訝,因為他不記得收到過她的信。她寫信詢問的其他人後來也對我說了同樣

---

[a] Halwa,或作halva,是泛指各種甜點,印度各地有很多種不同的甜點,原料也多種多樣,麵粉、堅果、水果、豆類都有。

的話。帕帕吉決定不再與她有任何聯繫，這也莫名影響到了郵政服務。

蘇博蒂妮繼續講述她的故事：

儘管彭嘉吉很清楚決定我需要學會離開他的色身形象而生活，但他持續的關懷和保護仍然時不時向我顯露。在1980年代中期，我有一股強烈的衝動要去探究頂輪相關的能量。頂輪是最高的輪，位於頭顱上方。我實行特殊的飲食，主要包括脫脂奶，並且長時間靜靜坐著，就看著拙火如何在那個輪上運作。過了一段時間，讓我很詫異的是，普魯朔檀瑪南達斯瓦米（Swami Purushottamananda）來訪了，他是來自孟買的瑜伽士。他和幾個弟子一起來到我家。

他自報家門後說：「你已經開始了某些極其危險的瑜伽修法。這些修法不適合你這樣的人來修，只適合獨居並能長年專修的雲遊僧或仙人。你現在進行這種修法並不適合生活在城市的在家居士。你可能會出現一些不良的副作用，會開始無緣無故發怒，可能會和你的丈夫、親戚吵架。我來這裡是要告訴你應該停止這些修法。」

「可是您怎麼知道我是誰？」我問：「還有您怎麼知道我在修這個？我之前從未見過您。」

「我不知道你是誰，」他答道：「但你的老師昨天出現在我的淨觀中，讓我一定要來這裡警告你。因為他自己沒法來，他讓我代為傳達訊息。也許他覺得因為我是這方面的專家，所以你會相信我。你的老師說這件事非常緊急，所以我取消了其他所有安排，直接來了這裡。」

幾年前，我還有過另一次奇特的拙火體驗，儘管那次我什麼都沒做，拙火就發動了。有人邀請我參加在浦那的一個毗婆舍那（vipassana，即內觀）課程。有關毗婆舍那禪修我多有耳聞，出於好奇就去了。我想要看看會產生哪些覺受。到了第三天，我感到

似乎自己的頭蓋骨裂開了，還覺得血液在頭內往下流，不過當我把手放到自己感到的那個洞的位置時，那裡沒有洞也沒有血。我繼續上完了剩餘的課程，只是靜靜坐在無念狀態中。我知道沒有需要完成或達到的了，所以我就只是享受坐著而已。

直到1990年代初我才再度見到彭嘉吉。那時他已經開始有名了。我在《印度時報》(India Today)上讀到一篇關於他的文章，說他現在歡迎所有人去找他，我就立刻買票去勒克瑙。我之前認識他的那段日子裡，去勒克瑙前必須先尋求他的允許。這次他熱情歡迎了我，但從未解釋為什麼他會從我的生命中消失那麼長時間。

聽完蘇博蒂妮講述自己的故事後，我針對她的體驗問了幾個問題：

大衛：是否從1978年起，也就是從帕帕吉給了你「親見真我」的體驗後，你的體驗就保持不變呢？

蘇博蒂妮：體驗一直是同樣的，但在最初階段可能看起來像是我依然進一步努力。我繼續做了一段時間的修行（sadhana），因為這是我終生習慣。然而，我不覺得自己要去完成什麼。在這個階段，彭嘉吉不斷指導著我，透過寫信或是當面教授。過了幾年之後，我可以正常、自然地過日子了。

大衛：你當時經歷了哪些變化？

蘇博蒂妮：其他人也許注意到一些不同，但對我而言是一樣的。在一開始，我經常長時間進入三摩地，大概每天三個小時。認識我的人說我的行為舉止看起來就像是瘋了。儘管這些境界令人愉快，還是影響了我的家庭責任。我無法專注在自己的工作上，對

許多事疏於照顧，因為我每天在三摩地上花了許多時間。我告訴彭嘉吉這點，問他應該怎麼做。

「什麼都不要做，」他回答：「你已經不用再去管要做什麼了。把所有事情都交給我。」

之後很快這些境界都停止了，我可以繼續正常生活。內在體驗從未改變，但現在我能像別人一樣正常過日子了。

大衛：你是否還有許多念頭？它們多久會出現？

蘇博蒂妮：念頭依然在，但如果我想它們停下，那麼讓它們離開就好，就像頭裡有個開關。有時候如果沒有工作要做，我關掉念頭的開關，享受幾個小時離念的平靜。但如果需要有念頭，它們就會出現，做它們的工作。對我來說無所謂是否有念頭，因為我知道自己既不是頭腦也不是念頭。我不是念頭，也不是無念。兩個狀態都在我之內顯現、消失。

讓念頭隨意來去吧。它們與我無關。

大衛：你談到的這個過程持續了幾年。你說在這個階段自己依然在做些修行。你當時是想要完成什麼呢？

蘇博蒂妮：什麼都沒有。只是一種習慣，延續了一段時間而已。第一次見面時上師的加持就降臨到我。之後沒有什麼要做了。彭嘉吉告訴我不再有什麼要做的了，我相信他。如果對上師的話有完全的信心，那麼這些話就會成真。當他對我說，我的事做完了，我相信他。他讓我見到自己的真我。這個覺知一直在，因為我並不試著要牢牢抓住它。

彭嘉吉有次對我說：「修行就像煮米。首先你要燒開水。然後你把米放進去。為了煮米的時候讓火一直燃燒，就要加入更多的燃料。讓火一直燒就是修行。但現在米已經煮好了，你不需要

再向火中加木材了。殘餘的燃料會自行讓米保持溫熱。這是你現在的狀態。餘燼會讓你的體驗保持溫熱。你不必添加更多燃料，或用什麼方法介入了。」

大衛： 餘燼最終也會變冷。你從沒有做過什麼來讓體驗保持溫熱嗎？

蘇博蒂妮： 彭嘉吉的加持讓餘燼溫熱。我無須介入。我無須努力。那是他的事，不是我的。

彭嘉吉告訴我，我的事做完了，這輩子是我最後一生。我相信他，信任他。我無須再多做什麼了。

大衛： 你現在做些什麼呢？

蘇博蒂妮： 就是那些常見的家務，安排婚禮，照顧孫子、孫女等等。這些我都經歷了，因為大家期待我去參與，但我對這些不再真的有興趣。我感到沒有留下什麼業了。我的一切業都在上師的加持中燃盡了。我假裝對身邊這些事情有興趣，但真的讓我有興趣的只有覺知永遠都在的真我。那是如此喜樂、幸福的狀態。我只希望所有人都能覺知真我。

蘇博蒂妮的故事開始於她與帕帕吉在瑞詩凱詩的毗塔拉道場相遇。這段時間，在同一個地方還有個女子遇見了帕帕吉，她名叫蘇曼（Suman），是來自馬哈拉施特拉邦的瑜伽老師。帕帕吉講述了他們最初幾次見面，以及後來的故事：

我在1978年初去了哈德瓦。在那裡住了幾天後決定轉去瑞詩凱詩的毗塔拉道場（Vitthal Ashram），在濕婆南達道場後面。我到的那天，六個來自巴羅達（Baroda）的人一起來訪。他們是一

個五十人團的成員,來濕婆南達道場參加為期一個月的瑜伽課程。他們參訪毗塔拉道場是因為這個道場裡有瑞詩凱詩唯一的馬哈拉施特拉邦的神廟。參觀途中,其中一人問寺院的住持是否有聖人住在道場。

住持回答:「有位上師,他並不穿橘色僧袍,但許多外國人來找他。」

他們團的領隊是位女士,在巴羅達教瑜伽。她立刻好奇起來。「是否能請您為我們引見?」她問道。

住持告訴他們去陽臺某處,那裡有些外國人和印度人坐著,正在喝茶。

我見到他們,就邀請他們加入。女士自我介紹說名叫蘇曼,丈夫是一家石化公司的工程師。

她第一個問題是:「請告訴我如何控制頭腦?」

我沒有回答,只叫她喝茶。

她再問:「請告訴我如何控制頭腦?」

我向坐在身邊的一位法國女孩說:「去山下,買些蔬菜來做午飯。」

我沒有回答蘇曼的問題,只告訴她我準備去森林散步了。當時是巴羅達來的那個團唯一空閒的時間,他們其餘時間都要忙著瑜伽活動。

次日蘇曼再度來我的小屋來見我。她說我在大約凌晨二點去了她房間,給了她一次靜心無念的直接體驗,從而回答了她的問題。她說,從那時起,她就確確實實地變得無念了。

我晚上哪兒都沒去,但是當我看著她的臉,我能看出她已經經歷了某種變化。我坐在椅子上,給了她進一步的保持頭腦安靜的指導。談到最後,她問是否能留下來。

「你必須問道場經理,」我說:「一般女性訪客被安排在道場另一邊,離這裡二百碼。」

她去找經理,解釋了自己的情況。經理是我的朋友,同意在

我隔壁給她單開一間房。

　　他一答應，蘇曼就清空了自己在濕婆南達道場的房間，說不再需要瑜伽課了。她帶著全部行李搬進了新房間。她對五十人團裡的其他成員說，自己已經決定搬去毗塔拉道場，以便能離我近點。交談中，別的人說起要回巴羅達，蘇曼說自己不會一起回去，並請他們通知她丈夫，她決定留下來和我學。

　　當晚，她發現房間裡有條大蛇，她嚇壞了，沒法入睡。她跑出房間，問經理是否能暫時搬到我那裡。經理沒有反對，我聽了她的陳述後也同意了。

　　次日早晨，我去她睡覺的那邊，看見她在打坐。似乎她整晚都在打坐。

　　為了讓她從這種入定的狀態裡出來，我問：「你洗過澡了嗎？」

　　她沒有回答。

　　然後我說：「你可以晚點洗。現在是早餐時間。過來和我一起去陽臺喝杯茶。」

　　許多來見我的人正在那裡等。每個人都開始吃東西，除了蘇曼，她還在深度的禪定中。我請她吃點東西，說她今天必須要給大家煮印度菜，試圖以此喚醒她。她一動不動。我試著把一片面包放進她嘴裡，但她既不嚼也不咽。接著她的身體開始震動。嘴唇開始顫抖，但她還是沒有睜開眼睛。我有點擔心她的狀況，決定不應該再留她在身邊。我叫來一輛計程車帶她去哈德瓦，並告訴她，我會安排她回巴羅達。

　　我們一起從瑞詩凱詩來到哈德瓦，這段路大約有二十四公里。帶她進站買票前，我覺得她應該在旅行前吃點東西。她同意了，於是我們在古吉拉特旅店的餐廳吃飯。之後我帶她去車站，給她買了頭等艙的票，再給了她兩公斤糖果和一些恆河水作為禮物帶回家。她對身邊發生的一切都沒興趣。有那麼一刻，她把自己的手提包給我，說：「全拿走吧。我不再需要錢了。」

在月臺上，我發現有另外三十人要去孟買。我請他們在火車上照顧她，確保她在巴羅達下車。我已經從她那裡得到她丈夫的電話號碼。車一開走，我就給他電話，讓他到車站接她回家。

幾天後，她從巴羅達給我電話，說她感覺非常好。她丈夫也給我寫了一封長信，雖然我們從來沒見過。信裡他說自己的太太完全變了一個人。他寫道，去哈德瓦旅行前，她非常活潑好動，常常陪著丈夫去當地俱樂部打網球。這一切都停止了。她回來後，所有的時間裡她都獨自坐著禪修。他還提到，去哈德瓦之前，她對自己的子女很嚴格，總是責罵他們，要求他們整天學習。這一點也改變了，他說她在子女問題上變得更溫和寬容了。

「她堅持要回到哈德瓦來找您。」他寫道。

我給她發了一封電報，說：「我下個月來見你們。不要動身來哈德瓦。」

我沒有辦法直接聯繫上蘇曼瞭解在瑞詩凱詩的事情，因為她兩年前已經過世了。不過，我在她寫給蘇博蒂妮·納伊柯的信中找到她對自己體驗的簡短描述。帕帕吉把納伊柯太太的地址給了蘇曼。然後鼓勵她寫信告訴蘇博蒂妮在瑞詩凱詩以及之後回到巴羅達發生的事情。蘇曼是這樣寫的：

1978年2月20日
巴羅達

在毗塔拉道場和彭嘉吉在一起時，我發現自己內在缺乏一個主體（subject），並且我得到了一種無際的平靜，之前從未體驗過。然而，彭嘉吉告訴我這只是開始。回到巴羅達後，我發現自己沒法禪修了，也沒法教別人禪修。不管是什麼事，無論是散步或做別的事，都只是自行發生。現

在，我常發現自己有點辨不清方向。我早上起床，發現完全不知身在何處。那種會把我放到某個地點或某個時間的念頭沒有出現。就算我意識到我在哪兒，卻無法對身邊發生的事情產生認同或自我執著。例如「這是我的家」或「這些是我的東西」的想法不再出現了。並不是說我不喜歡或不擁有它們了。對這些東西也沒有任何敵意。我只是見證著所有的現象而無有執取。在見證的背後，是恆時不變的平靜。

既然要求我告訴你我的體驗，我可以再彙報兩個現象。有好幾天，一個明亮的點，或藍色或白色，會出現在我眼前。它出現得越來越頻繁，也越來越大。現在這些顯現已經停止了。幾天前，一股巨大的力量，似乎來自我心的深處，極快地從我之內擴張出去。就好像是一股巨大的氣流，儘管我完全沒有感覺到有風。整整一天我感覺自己是這股力量。我不想吃飯，說話或走動。我不明白發生了什麼，只知道這股力量正指引一切我做的事情。

代我問候你的丈夫和兒子。我之後會再給你寫信的。

你的姐妹，

蘇曼

帕帕吉當年晚些時候去見蘇曼。這是他的敘述：

我已經計畫好在那段時間去孟買，所以我通知蘇曼說我會在巴羅達停留去見她。到了我要走的時間，我就通知她我達到的確切時刻。

她和她丈夫都來火車站接我，開車接我到他們的公寓。那天傍晚，她把我介紹給她的鄰居，一名黑天虔愛者。談話中，她說

自己非常想見黑天，因為她有種強烈的渴望要餵他吃東西，就像黑天的媽媽雅成妲（Yashoda）那樣。晚上我們在一起聚會，到了十一點，我們吃完了飯，她得到我的保證，在我動身去孟買前，黑天會以小男孩的形象出現在她面前，然後她就回家了。

在她離開後，蘇曼和我繼續聊天。她丈夫時不時出來和她說時間晚了，她應該讓我去睡覺，但她不想睡覺。最後我們聊了一整夜。

次日早上，鄰居又來了，帶著豆米糕（khaman dhokla），一種古吉拉特的早飯。她看起來非常高興，非常幸福，對蘇曼說黑天以一個小男孩的形象來她房間，雖然門從裡面插上了插銷。她描述了發生的事情。

「黑天對我說：『我餓壞了，我想要吃牛奶和奶油。』我從冰箱裡拿出新鮮的奶油，親手餵他吃。」

她用一種非常生動的方法描述，眼中充滿巨大的喜悅。

「您也和他站在一起，」她繼續說：「幾輩子沒有實現的渴望終於滿足了。我非常快樂。我能怎樣回報您來表達我的感激呢？」

由於我沒有什麼需要從她那裡得的，我告訴她不需要為我做什麼。第二天，我整理好包裹準備繼續坐火車去孟買，蘇曼來見我，堅持要和我一起坐飛機去那裡。我已經買好了阿麥達巴（Ahmedabad）至孟買的特快車票，但她要我取消。

「我丈夫要去那裡出差，」她說：「我們可以一起去。」

我同意了，因為這樣旅行更容易，我們就一起去了孟買。到了之後，她丈夫和自己的兄弟一起住，而蘇曼則和我住在波利弗利[a]拉哲・普拉布的房子裡。幾天後，我離開，因為我要去果阿見些人。她就自己回巴羅達了。

---

a 波利弗利（Borivli），是位於孟買西北部的郊區一個鎮。

雅穆納・提琵，可能攝於1960年代中期。

　　1978年，也就是這一章所敘述的故事發生的一年，帕帕吉的母親雅穆納・提琵過世了。她一直是他生命和修行路上的關鍵人物。在大部分歲月中，她自己就是位靈修老師，收徒眾多。有幾次，帕帕吉曾對我說自性上師（Sadguru）需要誕生在父母聖潔的家庭裡，他們能哺育他，提供修行成長的正確環境。帕帕吉定然是蒙此福蔭，因為他的父母都對各自信奉的神祇熱忱虔愛。

　　看起來似乎相當確定帕帕吉和他母親在前世有強烈的緣分。在我收集他前世的一些資訊時，我注意到有許多時間對不上。根據他自己的編年表，他前四世跨越了七百多年，在他上一世和這一世之間有個漫長的間隔。我問及他這些下落不明的年月時，他給出以下回答：

　　「我在等我媽媽轉世。為我的最後一世，我需要一位神聖的母親，我需要等她出世，因為我必須要生為她的兒子。」

雅穆納‧提琵一輩子都在組織並領導拜讚歌團體，歌者們聚集一起唱誦歌曲而禮讚黑天。她居住在勒克瑙的多年中，有一群固定弟子聚集在她身邊，聆聽她的拜讚歌和靈修指導。儘管到了勒克瑙之後，由於除了母語旁遮普語之外，她不會別的語言，她作為靈修指導的角色也因此受限。她的拜讚歌會在巴特勒路（Butler Road）的住宅舉行，就在貢提（Gomti）河岸邊。帕帕吉到了勒克瑙之後過了幾年，為他父母買下這棟房子。

當我問及帕帕吉他母親的弟子時，他給了以下名單：

> 她有自己的弟子，包括拉妲‧古蒙德‧穆克吉（Radha Kumund Mukerji）教授，是勒克瑙大學的系主任。還有幾人可以算作她的固定弟子：勒克瑙法院的地方最高法官（District and Sessions Judge）[a] 米什拉（B.N. Mishra）；電力部門的首席監察員 **謝爾‧辛格‧郭埃**（Sher Singh Goel）；還有一位嫁給穆斯林的德國女子。**謝爾‧辛格‧郭埃**原先是我的弟子，但在我1970年代某次歐洲之旅中，他轉向我的母親，成了她的弟子。他那時每天都去見她，按摩她的腳，聽她唱誦她的拜讚歌。
>
> 另一個是來自拿瓦布貴族[b]家族的女子。她那時每天都來見我媽媽問詢指導。她丈夫決定移民去巴基斯坦時，她拒絕同去，因為想要追隨在我母親左右。有一次，她帶著自己全部的官方檔案和珠寶來找我母親，請她保管，因為她家裡沒有哪裡能安全地存放。我媽媽拒絕收下，因為她自己住在一個非常偏僻的地區，要是盜賊看上了，能輕易地就洗劫她的住處。

儘管雅穆納‧提琵對帕帕吉的修行成就有非常高的評價，但她這輩子大部分時間裡都未能視他為上師。而在她生命的盡

---

a 是印度司法體系中地方上民事刑事法庭的最高法官。
b 拿瓦布（Nawab）是英治印度時期對穆斯林土邦（Princely state）的統治者或其家族的爵位。

頭，她終於轉向帕帕吉，問他能否賜予她解脫，他拒絕了。帕帕吉自己描述了這次對話：

在她晚年，她無法接受我是她的上師。我母親難以接受某個她生出來的人比她更高等，儘管她已經見過許多非同尋常的事情。她親眼看到她帶我去拉合爾妹妹家，有人給我芒果飲料時發生了什麼。她也見過我穿著佛教僧侶的袍子外出，在萊亞普爾行乞佈道，她見過我還是小孩的時候整天整夜地打坐。但是許多年來，她都不能接受我是她的上師。

當到了最後，她終於問我：「你會給我解脫和了悟嗎？」我直截了當地拒絕了。

「不，親愛的媽媽，你無法得到了悟，因為你對你的孩子們太執著了。

「你還記得那個傍晚嗎？我去了運河岸邊的苦行僧道場，距離我們家五英里。你沒有吃飯。你把爸爸推出門去找我。他最終在次日早上才找到。你還記得我在暑假去喜馬拉雅地區，沒有寫信告訴你自己在哪裡嗎？你對我的眷戀是母親對兒子的，而不是弟子對上師的。如果你有弟子對上師的那種眷戀，那麼你很容易就能得到了悟，但是當你依然還有這種對一個你認為是你兒子的人的眷戀，真正的了悟就沒法降臨在你身上。」

在她生命盡頭，帕帕吉決定她應該在哈德瓦恆河岸邊安享最後的時光。但這個計畫未能實現，帕帕吉解釋了原因：

有次我和母親說我可以為她在哈德瓦安排一個住所。我建議住在訶利台階附近的一個地方，這是她非常喜歡的區域。我們計畫去那裡看幾棟房子，但是就在啟程前，當時住在安巴拉[c]的我的

---

[c] 安巴拉（Ambala），是印度哈里亞納邦的一個城市，與旁遮普接壤。

妹妹黎拉（Leela）來勒克瑙和我們同住。我對她說了我們計畫去哈德瓦看房子，但是她不想去那裡。相反，她邀請媽媽去和她住在阿巴拉。她說，之後兩人會一起來哈德瓦，和我在七仙人道場會合。那段時間我在哈德瓦時通常都住在這家道場。我媽媽覺得這計畫不錯，於是和我妹妹一起走了，而我則去哈德瓦等她們。

她們到達安巴拉的第二天，我媽媽就病倒了。妹妹給我發了電報說媽媽情況危急，但是我沒有及時收到，沒來得及去看她。她很快就過世了。我弟弟當時住在孟買，還有其他幾個親戚在她臨終前趕到了，所以她最後的時刻有許多家人在身邊。

我收到了消息說我不必去安巴拉參加葬禮，因為計畫在當地火化。四天後，會把骨灰送到哈德瓦，灑入恆河。我被告知可以留在原地，等骨灰送到。

是我的妹妹帶母親去安巴拉的，她後來詳細告訴我事情的經過。似乎媽媽在午飯後要她某個孫子來按摩手。在那個時候她看起來正常而健康。然後，沒有任何明顯的理由，她就病得非常重。幾天後她就走了。就在她死前，她說自己必須得去哈德瓦。看起來她自己也沒有預料到會死。她最後的幾小時裡都在唱歌，並且回答了我妹妹問她的問題。她身邊的人覺得她要死了，所以他們用一個小型答錄機錄下了她唱的和說的。他們想之後放給我聽，好讓我聽到她臨終的話和歌。然而，在我之後一次去德里時到我女兒家，要來錄音帶聽，卻聽不出個所以然。只有一些模糊的噪音，我一句話都聽不出來。

次年，帕帕吉住在德里他女兒家，有個名叫阿諾‧威邁亞（Arno Wehmeier）的澳洲人來見他。帕帕吉在一封1994年寫給班加羅爾、的一個弟子的長信裡描述了他們第一次見面，那個弟子當時問帕帕吉對於瑜果達薩特桑[a]的看法，這是在印度弘揚帕

---

a 由帕拉宏撒‧尤迦南達（Paramahamsa Yogananda）在1917年創立，全稱叫做印度瑜果達薩

拉宏撒‧尤迦南達教法的機構。

1994年5月25日
勒克瑙

親愛的納格拉吉：

我很高興讀到你5月17日的信。你讓我解釋幾點：

你去瑜果達薩特桑寺（Yogoda Satsang Mandir）學禪修。他們招募會員，每個月有函授課程。函授的教材非常秘密，你不該給別人看，即使是家人也不行。如果丈夫是成員，那麼除非太太也是成員，否則就不能給太太看。

有個名叫阿諾‧威邁亞的澳洲人幾年前來見我。他是達爾文[b]的電力工程師，在這裡的礦場工作。阿諾曾去印度見過達雅夫人（Daya Mata），也就是真我覺悟會的主席。達雅夫人來印度參觀協會在蘭奇[c]的中心。阿諾的哥哥漢斯（Hans）已經見過我了，漢斯通常住在喀拉拉邦的阿難陀道場（Anandashram）。阿諾到德里的時候，就來希瓦妮家打聽他哥哥，因為漢斯告訴他這裡是郵寄地址。他和希瓦妮在門口聊天的時候我注意到了他。

希瓦尼向我們介紹了之後，我請他坐下喝茶。讓我吃驚的是，他回答說：「我從來不吃不認識的人拿來的東西。」之後我們出門散步，聊天中，他問我教什麼。我說：「我沒有教授。要瞭解你的真我，不需要任何教授。」我說自己沒有教法，這莫名給他留下了深刻印象。他改變計

特桑協會（Yogoda Satsanga Society of India），簡稱YSS。在印度之外，為方便群眾理解其宗旨，這一組織名為真我覺悟會（Self-Realization Fellowship）。Yogoda一詞是尤迦南達創造的，Yogo取自瑜伽（Yoga），意為「聯合」、「相應」，da則意為「弘揚」，這一詞也被中譯為「尤高達」，或稱為「普門會」。

b 達爾文（Darwin）是位於澳洲西北海岸的主要城市。
c 蘭奇（Ranchi），是印度賈坎德邦（Jharkhand）的首府。

畫，決定和我多相處一段時間。我同意了，說他可以和我們一起去哈德瓦。我們幾天後就動身了。我在自己常住的那個旅館裡也給他安排了一間房間，那段時間我常住那家旅館。第一天我們去恆河岸邊散步，一直走到甘卡爾[a]，那裡有座萬物主達剎（Daksha Prajapati）[b]即薩蒂（Sati）父親的神廟。我們晚上十點回來後，我讓他去睡一覺，第二天來找我喝茶。那天晚上，有人敲我門，我不知道那會是誰。我想很可能是經理來告訴我有電話找我。打開門後，發現是阿諾在門外。他進門後，講述起發生在自己身上的事情。

「我在回想您在德里對我說的，以及昨晚我們散步的時候您對我所說的。突然我開始覺知到一種平靜、美麗和幸福，是我之前從未體驗過的。」

他正在某種狂喜中，沒法睡覺，也不想回自己房間。當晚我讓他住在我那裡。早上，我讓他去洗個澡，洗好後回來和我一起喝茶。那天晚些時候，出門散步時，我看見垃圾桶裡有一些書和幾張紙。我撿起來，發現是《一個瑜伽行者的自傳》和好幾本別的書，以及來自瑜果達薩特桑的幾份教材。

我問阿諾這是不是都是他扔掉的，他說：「是的，那些對我完全沒用了。我花了很長時間在這些課程上，他們說在前額刺破一顆星就是最終的證悟，我一直在嘗試獲得這種境界，自始至終都沒有得到過真正的體驗。」

我告訴他拿著這些書，到樓下去恭敬地供養給恆河。

---

[a] 甘卡爾（Kankhal）是哈德瓦地區的一個小鎮，是哈德瓦的五大朝聖地之一。
[b] 印度傳說中，達剎是梵天的兒子，也是一位國王。他有眾多女兒，其中一個是薩蒂，或名達剎雅尼（Dakshayani），她愛上了濕婆，不顧父王的反對，在山林中苦行，吸引了濕婆，使之統一與之結合，成為了濕婆的第一任妻子。但二者成婚後，達剎依然對此表示反對，薩蒂憤而自盡。後來薩蒂轉世成為雪山女神，成為了濕婆的第二任妻子。

> 「既然你要扔掉了，」我說：「去向你的老師致敬。是他領著你到我這裡來的，如果他沒有那麼做的話，你也不會來這裡。」

我聯繫了阿諾，問他是否還有更多的細節補充。他給我寄來以下回覆：

1979年，我去印度，接觸了尤迦南達協會，由此而開始學習克利亞瑜伽（Kriya Yoga）。

我和協會第一次接觸是在加爾各答，但那次並不怎麼樣。因為我是外國人，只允許我在那裡的道場禪修兩周。有人告訴我在寺院裡有個特殊的地方，是當年帕拉宏撒·尤迦南達經常打坐禪修之處。

我靜靜坐在那個地方禪修，心裡總忍不住出現這個想法：「你在這裡做什麼？你在浪費時間。你不需要見誰。一切自然就會發生。你可以在任何地方。」

我回到旅館，準備前往新德里。我的哥哥漢斯給過我一個在德里的收信地址，所以我去看看他是否還住在那裡。後來發現這個地址是彭嘉吉的女兒希瓦妮家，儘管我去那裡的時候毫不知情。在我拜訪前，我從未聽說過彭嘉吉。

我在那裡打聽了一下情況，希瓦妮告訴我漢斯兩周前就離開去斯里蘭卡了。我向她表示感謝，準備離開的時候，這個男人走下樓梯。

雖然我之前從沒有見過他，但心裡出現一個強烈的念頭：「我認識這個人，但是他已經死了。」

他問我：「你來印度的目的是什麼？」

我告訴他，我從書本和函授課程中瞭解尤迦南達的教法，並且從去年開始研讀了一年半了。

帕帕吉和阿諾

「我來印度是想學克利亞瑜伽，」我說：「但是我決定不留下來了。」

他安排我住在附近，這樣我就可以和他相處一段時間。在某次散步中，我問他：「你的教法是什麼？」他回答：「沒有教法。」這讓我非常喜歡。

由於彭嘉吉告訴我他懂瑜伽，我就請問他是否能教我。他同意了。他告訴我一周之內會有一個學生和她的女兒（蜜拉和穆克蒂）從布魯塞爾來這裡，然後他們會一起去哈德瓦。我受邀和他們一起去。我同意和他住上一段時間。

我有幾個問題，但不用說出來就都解決了。

蜜拉和穆克蒂到達後，我們就一起去了哈德瓦。

和帕帕吉在一起是如此美妙。他對我沒有什麼要求，我對他也沒有什麼要求。他教會我一些印度習俗，讓我在印度能輕鬆生活。

我隨身帶了許多書和課本。不知怎麼，我不認為它們還有什麼價值了，我就把它們扔了。帕帕吉注意到這點，建議我把這些供養給恆河。我聽從了他的建議。

我們一起在哈德瓦和瑞詩凱詩住了三個月。那是段簡單、美好的日子。

最後，我動身去斯里蘭卡見我哥哥漢斯。和他在斯里蘭卡住了三個月後，我們一起去了喀拉拉邦的阿難陀道場。我不喜歡道場，不想參與那裡的活動。對我而言，整個世界都是我的道場。幾周後我離開去了隆達。別人給了我巴克惹醫生的地址，他是帕帕吉的弟子。我和他的兒子那羅衍成了好朋友。

之後不久帕帕吉就到了隆達。他在隆達和貝爾高姆有許多印度弟子。大家給他建了一棟房子，但是他從不在那裡久住，也不常用。在隆達我住了幾個月。

第一次見過帕帕吉後，我幾乎每年都來見他，有時候會住上幾個月。大多數時間就只有我們幾個。會有其他人來，但通常他會把他們打發走。我們會大笑，說笑話，外出散步，只是享受在一起。他更像一個老朋友而不是老師。他從不讓我向他磕頭，雖然其他人會這樣做。我們之間不像上師與弟子關係，他也從不允許我拘泥於師徒之禮。

每過一段時間，就會有這樣一個感覺，「我必須再去印度見帕帕吉」，於是我就會買票前往，而每一次我都會在第一次見他的地方找到他。在1980年代，他周遊印度各地，幾乎不會在同一個地方逗留超過幾周，但是驅使我來印度的力量總是無誤地帶我到達他所在的城市。

在我和阿諾的幾次談話中，他似乎非常不願意談及他自己的內證境界和種種體驗。他解釋說這是因為在被直接問到這類事情時，他沒有辦法表達。不過，1992年，和帕帕吉勒克瑙的弟子羅摩‧克洛威爾（Rama Crowell）的一次交談中，他說道：「有什麼東西在把我引向解脫。它在我後面，一直推著我。我尊奉帕帕吉為上師，因為他告訴了我真理。我不是做者，從來不是。所有的一切就像在電影中那樣發生著。

「我是在一個瞬間體驗到了『它』,但是我現在明白其實經歷了一段過程。這個『它』依然在繼續。」

大部分帕帕吉的來信,阿諾都沒有保留,但是下面兩封信,寫於他們最初見面多年之後,則表現出了阿諾的體驗讓帕帕吉多麼印象深刻。

1988年7月28日
勒克瑙

我親愛的淘氣孩子:

你是袋鼠之國中唯一的解脫者。但我依然稱你是淘氣的孩子,因為一切都隨著你走了,跟都跟不上。只是說說笑笑,一起散散步、聊聊天,在心底深處彼此相愛。蜜拉在布魯塞爾遇見你後,寫信給我說師父的一部分住在達爾文,另一半在旅行。

過解脫者的生活吧,這是喜瑪拉雅山的瑜伽士們難以達到的,而你在一彈指間就得到了。

我深深愛著你。

托馬斯(Thomas)給我寄來許多在哈德瓦拍攝的照片。我隨信附上一些。

向蘇〔Sue,阿諾的一個朋友〕和阿諾獻上愛。

你的 爸爸

1990年1月27日
勒克瑙

親愛的兒子:

我讀了你的信。我很高興讀到你已經接受了我的微薄的禮物,否則我的兒子永遠不會接受別人的禮物,甚至是從那

個帶你來此，**給了你禮物**的**神**那裡。

這其中沒有個體的人。我祝賀你，擁抱你，親吻你，愛你。

你是我至為親愛的……

來自普拉布家族的成員在本書中經常出場。在〈羅摩寺〉一章中，有一篇毗納亞克・普拉布的敘述，描述了帕帕吉在1960年代末住在卡納塔克邦的歲月。另外我還收錄了一些帕帕吉寫給他父親R・M・普拉布先生的信。在前一章中，我用了極大篇幅來描寫拉哲・普拉布和帕帕吉在1980年代的關係。這個了不起的家族裡還有一個人尚未被提到。

在他的自傳敘述中，拉哲・普拉布說道，當他的阿姨在帕帕吉身邊有了一次深層的體驗時，他明白開悟對他也是可能的。這個女子是夏詩卡拉（Shashikala），拉哲的舅媽。

夏詩卡拉來自一個虔誠、傳統的家庭，她早年大部分時間都沉浸在極度正統的儀式和懺悔上。她知道她家人和帕帕吉關係日密，但是起初並沒有興趣步家人的後塵，同樣成為他的弟子。在一開始，她對帕帕吉很有敵意，因為她認為帕帕吉在第一次和他們見面時怠慢了她的丈夫。那次，她丈夫向帕帕吉說自己是一家大型企業裡的資深業務經理，帕帕吉回答：「很好，但是你什麼時候打算管自己的業務？」

夏詩卡拉保持著傳統的儀式修行習慣，發現很難明白帕帕吉的「無心」和「空」的教法。她想要和他就此私下談談，但是找不到機會。而當帕帕吉自己想要和她說說他的教法時，她卻裝作對此不感興趣，說：「我對這類事情沒有興趣。我只想開開心心地，過好日子就可以了。」

在她來孟買普拉布家的時候，她的機會最終到來了。帕帕吉自己敘述了當時的經過：

夏詩卡拉是大型製藥公司輝瑞公司（Pfizer）高階主管的夫人。

有次我去普拉布家，他們當時住在孟買的瑪幸[a]，羅摩商德拉・普拉布（Ramachandra Prabhu）的妻子蘇南妲（Sunanda）打電話給夏詩卡拉，說：「彭嘉吉來我們家了。你願意過來見見他嗎？」那個時候，夏詩卡拉住在約三十公里以外的錢布爾（Chembur）。

她同意過來，並會帶一些旁遮普食品。「你準備米飯就可以了，」她說：「其他的我都會帶來。」

她到了之後，也沒客套一下和我打聲招呼。她直接進了廚房，準備飯菜。

普拉布太太說：「你應該進去見彭嘉吉。你可以問他所有修行上的問題，他的回答會讓你滿意的。」

她卻說道：「我對他說的那套東西不感興趣。我聽不懂。你的先生也許對這類談話有興趣，但是我沒什麼要說的，也不想去聽。」

在坐下一起吃晚飯前，我和普拉布家進行了一次薩特桑。我很驚訝看到準備好了豐盛的旁遮普飯菜。

我問：「這是誰做的？我都不知道你們懂得做旁遮普菜。」

他們告訴我是夏詩卡拉從家裡帶來的食物，是已經做好的。

「那麼帶她進來吧，」我說：「她必須要和我們一起吃飯。為什麼她不在這裡？」

他們告訴我她不想參加薩特桑，因為她對我們進行這類談話不感興趣，也沒有問題要問我。

「如果她不知道要問什麼，」我說：「我會告訴她，她應該問什麼。請她進來吧。」

幾秒鐘後，她進了房間，行了個禮坐下。儘管她向我行了禮，

---

[a] 瑪幸（Mahim）孟買市西臨阿拉伯海的一個海港區。

我能從她眼裡看出她對我帶著許多敵意。吃完晚飯後,她告訴了我她心裡的想法。

我聯繫夏詩卡拉,問她當時說了什麼,她請一個親戚轉達以下的回答:

我問彭嘉吉:「我已經讀了所有這些經文:《摩訶婆羅多》、《羅摩衍那》、《薄伽梵歌》、《尊聖薄伽梵歌》等等,所以我知道所有神祇們的故事。但是我不能將這些與你所說的神聯繫起來。當你談及神的時候,我不能明白你在說的是誰,或是在說什麼。」

彭嘉吉回答說:「所有那些神,都是過去的神。他們都是歷史。我說的神是現在的神。如果你想要明白我在說什麼,你必須拋開歷史上的天神,你要去關注現在的神。」

這個回答讓我大為震驚,因為我極為崇敬所有的神祇。然而,我沒有反對。我只是問:「我要怎麼做呢?」

彭嘉吉給了我一個咒語來念,讓我念了幾次。幾秒鐘內我就變得非常寧靜,失去了一切對外的覺知。

由於夏詩卡拉對之後發生的完全沒有記憶,接下來的事情就是帕帕吉所講述的:

夏詩卡拉對神的態度是傳統的,所以我傳了她一句咒語,讓她複誦。我能見到她的心已經非常平靜了。念了幾次咒語後,她就念不出來了,因為她陷入了一種完全的內在平靜中,她無法動念或說話。這是非常深刻的體驗,讓她身體和頭腦都癱瘓了。好幾個小時她都一動不動。毗納亞克的太太阿努拉妲‧普拉布(Anuradha Prabhu)試著喚醒她,但是她沒有回應。我也試了幾次,都沒有成功。

她是自己開車來的,但是很明顯這樣子是不能開車回家了。

我們打電話給她的丈夫，請他過來接人。

我們把她放到車裡，她就在半昏迷的情況下回了家。我也有過幾次這種情況，所以我向她家人一再保證，她很快就會恢復正常。保險起見，我每過十五分鐘就打次電話瞭解進展。

如同我預料的，她很快就回復正常了，但是當她恢復覺知後，每個認識她的人都驚歎於她的性情和舉止的改變。她丈夫後來告訴我，她看起來是那麼美麗，讓他想起二十年前他們結婚的那天。她變得更安靜，更溫柔。在這次體驗之前，她常常對傭人和家裡人發脾氣，但是現在都不會了。轉變之後，她對每個人都甜美而溫柔。

她恢復日常狀態後，我問她發生了什麼。她回答：「我不知道，但是我非常幸福，非常平靜。在我生活中之前我從未體驗過這樣的平靜，而現在它依然伴隨著我。」

我在帕帕吉的日記裡發現了以下內容，是寫在1981年8月29/30日一頁上的。帕帕吉似乎記錄下了夏詩卡拉當時對自己境界的描述：

念頭不再能自由進出我的心了。現在那裡有道非常堅固的門。念頭只有得到許可才能進入。現在我已不被恐懼束縛了，我已經沒有任何恐懼了，我不和我做的事情有關，但是我所有的工作和責任，都以最佳的方法完成了。我感到自己一直在一種禪定的狀態，感到自己活著。

當我和拉哲·普拉布在1995說起這件事的時候，他補充了一些細節：

夏詩卡拉和我說過幾次那天發生的事。她說一開始她完全不能動，當能起來的時候，她沒法站穩。所以她被送進車的時候，

我的弟媳婦必須扶著她。大概過了十五天,她才恢復正常。但之後的日子裡,她也非常茫然,她會坐在公車上,卻不知道自己在哪裡,或者要在哪站下車。她會錯過自己常下的車站,完全意識不到自己已經坐過了站,過了一公里後才意識到自己早該下車了。我還一直記得另一件事情。她家裡有個花園,她告訴我她給植物澆水時,她搞不清楚是誰在給誰澆水。有時候她覺得自己是植物,有時候又是澆水的人。不過,一段時間後,一切都太平下來,現在她的舉止和身體機能都完全正常了。我對她的體驗印象很深刻,因為這徹底改變了她的性格和品性。我曾見過幾個人在帕帕吉的身邊有過歎為觀止的體驗,但夏詩卡拉的例子讓我一直忘不掉,因為這個轉變是持續不退的。過去十五年中,我見了她好多次,她一直告訴我,和帕帕吉一起在晚餐桌時的體驗從來沒有離開過她。

以下是帕帕吉在1982年寫給夏詩卡拉的兩封信:

1982年3月18日
勒克瑙

親愛的女兒夏詩:

我收到了你3月15日的來信。我很高興讀到你的來信,對此我已期待許久。這封信中所說的越來越靠近那永恆之體的方向,它從來不能被理解或描述出來過。但你卻能美妙地描述「某個東西」(some-thing)——你經常談到這個「東西」。這個「東西」讓我深深著迷。

　　吠陀稱它為「非此−非此」(NETI-NETI)。吠檀多稱它為「梵」(BRAHMAN)。黑天稱它為「我是」(AHAM)。吠陀智仙們稱它為「唵」。佛陀稱之為「究竟空」(Maha Shunyam)。知道的人,知道它。近來,在二十世紀上半

葉，尊者稱它為「慧焰」（ARUNACHALA）。現在夏詩正在大喊「某個東西，某個東西」。所有這些描述都是那麼奇妙——美妙而永恆。在這個正法（Dharma）衰落的時代，鮮少有人說，鮮少有人聽。這些鮮少之人的功德無可衡量，比宇宙中所有星辰更宏大。

在信中，你提到自己向瑪塔吉[a]念誦《納特往世書》[b]時的體驗。你說在不到一秒的剎那之間，你聽到並感到真我上師（Atma Guru）在說「無身解脫」（Videha Mukti，沒有身體意識或身體認同的解脫）。這是真的，就是我在靜默中對你說的，雖然我沒有用語言說。你在馬斯喀特（Muscat）時我也沒有給你寫信說過這點。我一直在等你的信，想看看你會怎麼抓住我，描述我沒有說出的、未被洩露的同名的禮物。儘管坦白而言，我從沒有想要我會賜予你一個名字，但是現在我能告訴你了，因為你自己已經接受了。在我睡夢中，我見到了你，並用「無身者」（VIDEHI）這個名字稱呼你。我驚訝地醒來，對發生的事情感到又訝異又驚奇。但我還是守口如瓶。我保守這個秘密，因為我天性是個嚴厲的人，不願意輕易接受別人的善意。我通常不會用這個名字來稱呼誰，但是這是從宇宙意識中降落而來的，所以我接受了，如同我也接受了你的無身解脫。一切都結束了。恭喜你，你的家人和你的傳承。隨順展現在你面前的境遇而行，我親愛的女兒，「唯有梵才是」（Brahmeva Kevalam）。

你的業－修行－法－輪迴（Karma-Sadhana-Dharma-

---

a　瑪塔吉（Mataji）是對年長婦女的尊稱，此處不明是哪一位婦女。
b　馬拉地聖者、學者、詩人伊喀納特（Eknath, 1533-1599），用馬拉地語寫過多種《薄伽梵往世書》的改編，被後人稱之為《伊喀納特往世書》，又記作 Eknathi Bhagavata。在馬拉地語文學的發展中起到了從雅內濕瓦（Jnaneshwar）與南摩提婆（Namdev）時代到圖卡拉姆（Tukaram）與羅摩達斯（Ramdas）時代之間的橋梁作用。

Samsara）以及上師虔愛（Guru Bhakti）都已經圓滿了。萬歲！

這就是你在《納特往世書》上讀到的。

黑天的侍者烏達瓦（Udhava）成了黑天。雅內濕瓦（Jnandeva）[c]與伊喀納特（Eknath）成為一體，然後寫了他的往世書。同樣的，體驗梵者現在成了梵。

我永遠愛你。

1982年3月2日
勒克瑙

我親愛的女兒夏詩：

我很開心一次又一次給你寫信，聽到你的描述。這是為何我如此經常地堅持你要描述發生了什麼，即使你知道那是無法描述的。即使是吠陀、一〇八部奧義書、薄伽梵往世書（Bhagavatam）、十八部往世書以及《羅摩衍那》也愧於沒有能力來描述它。它有不同的稱呼：成就不二（advaita prapti）、成就安住梵足（Brahmanya padam）、究極吉祥（ati shubham）、無盡寂靜（aksaya santam）、樂（sukham）、無動搖（nischalam）以及甘露（amritatvam）。哦，吉祥聖梵，所有一切您已得。我之真我，自性，非常喜悦與您的成就。當我用「成就」一詞，只是一個方便表達。解脫已經在了，也一直都會在，因為它是超越之境界。只需要移除幻相的遮蔽或鞘殼。老師只需要向一個具格的、聰慧的學生給予一次教導就會發生了。而對於不認真的學生，也

---

[c] Jnandeva就是雅內濕瓦（Jnaneshwar, 1275-1296），他所著的《薄伽梵歌》的注疏《奧義明燈》（*Bhavartha Deepika*）被認為是馬地拉語的傑作，通常被稱之為《雅內濕瓦論》（*Jnaneshvari*），後人伊喀納特重新整理這部經典，以正視聽。

> 許要用上一年，一輩子，或一百萬次以上的轉世。不要管它。每個人都在道上，今天或明天每個人都會回家，只要不誤認旅店是目的地。我肯定你正在疑惑地對你的真我說著「這是什麼？這是什麼？」你需要做的，都已經做完了。你必須要完成的，都已經完成了。做得很好！好福氣！所願皆成，所行如意（Yatha ichhasi tatha kuru）
>
> 你的真我
哈利萬什·彭嘉

下一個故事來自蘇仁德拉·廓爾（Surendra Kaur），帕帕吉在勒克瑙的弟子。她的丈夫是前部隊軍醫恆河·辛格（Ganga Singh）醫生，他從1970年代開始拜訪帕帕吉。起初，她對見帕帕吉毫無興趣，但在1980年當她陪著辛格醫生一起來訪時，她的觀點發生了戲劇性的變化。

蘇仁德拉·廓爾敘述道：

我的丈夫定期拜訪帕帕吉已經有了一段時間。我不想和他一起去，因為我抱著一個成見，認為這個世界上沒有任何還在世的上師了。我們屬於錫克教傳統，錫克教徒相信最後一位真正的人類上師在幾百年前就已過世。昔日的偉大聖者們是我所相信的，但我沒法相信附近的勒克瑙就有一位活著的聖人。儘管我從未見過他，我在心裡認為帕帕吉應該是個騙子。

我的先生和兒子定期去見帕帕吉，但他們沒法說服我同去。後來他們就對我說：「既然你拒絕和我們一起去，今天我們索性就留在家裡吧。」

儘管我自己沒有興趣去見帕帕吉，我不想剝奪我丈夫和兒子去見他的機會，因為很明顯去那裡讓他們很高興。於是那天我就同意和他們一起去，但在出發前，我提出一個條件。

「我不會向這個人禮拜。我不會去觸拜他的腳,因為我不承認人類老師的權威。」

他們同意了,說我不需要以任何正式的禮儀來承認他。

我丈夫向帕帕吉介紹我,但帕帕吉似乎沒有興趣和我說話。相反,他開始用英語和我丈夫兒子說話,而我的英文並不太好。

「我不會從這個人身上得到什麼,」我想,「他甚至都不說我聽得懂的語言。」

我決定無視他們,轉而開始念誦「瓦赫 古魯,瓦赫 古魯」(Wahe Guru, wahe Guru),這是我當時的修行功課。

「瓦赫 古魯」(Wahe Guru)是錫克教祈禱詞,意思是「偉大、榮耀的上師」。它意指究竟的、無形的上師,而不是某個特定的人身化現。

蘇仁德拉繼續敘述:

儘管他的注意力顯然在我丈夫和兒子身上,帕帕吉還是注意到了我正在做某種持誦。

他轉向我,用旁遮普語問:「你正在做什麼靈性修行?」

我回答說我正在念誦「瓦赫 古魯」。

「為什麼需要一遍又一遍地重複這句話?」他問道:「如果你是正確念誦的話,念一次就夠了。」

我聽不明白他是什麼意思,於是他決定教我,拿起兩顆蘋果做教具。他問我話的時候,蘋果就放在他面前的桌子上,帕帕吉拿起蘋果,重新在桌上擺好,顆蘋果之間分得很開。

「這顆蘋果代表兩句『瓦赫 古魯』。」他說道。

他拿走一顆蘋果,說:「念了一句,這一句結束了。」

拿起了另一顆,他繼續說:「我現在已經拿掉了第二句『瓦赫 古魯』,在你還來不及念的時候。好,在第一句『瓦赫 古魯』消失,和第二句『瓦赫 古魯』開始前,在這之間有什麼?有什麼在?」

蘇仁德拉和帕帕吉

我知道答案是「什麼都沒有」，但那不是一個出現在腦子裡的答案。他問我的時候，我知道了自己就是那個「無」、那個空。他的問題讓我覺知到了真正的我是什麼。我無法回答他的問題，因為我一個字也說不出來，但是我已經毫無疑惑地知道我是誰、是什麼。就在那一刻，對我是無、是空的了知顯露了出來，並且從那時起以一直伴隨著我。

我每次聽到蘇仁德拉·廓爾重複這個故事的時候，她似乎都只是簡單說到自己安住在空的狀態中。最近一次談話中，我試著讓她對這句話進行詳細的說明。

大衛：你一直把自己的境界狀態為「空」。為什麼你特別選了這個字而不是別的？

蘇仁德拉·廓爾：他空掉了我的一切。這就是我的狀態。

大衛：我從沒聽過你用比如「平靜」、「極樂」、「幸福」等等詞語來描述自己的境界，你總是用一些否定的詞比如「無」和「空」。你是否覺得那些肯定性的詞彙不適用於你的體驗？

蘇仁德拉：我能說真我是流動著的。除了這個之外，我就說不出什麼了，沒有適合的詞。

大衛：在這個空中出現什麼？你怎麼看待、表述從這個空中出現的種種現象？

蘇仁德拉：生活在繼續，但我完全是空的。身體進行各種動作，但不需要有一絲念頭來進行。所有這些動作都是自發、無意並且自動進行的。

大衛：那麼所有人身上都有的一般情感呢？比如說你是否還感到憤怒、恐懼或悲哀？

蘇仁德拉：所有這些都發生在表面。如果有需要悲傷的情況，那麼身體會哭泣。別的時候，可能會有快樂。所有這些都是輪迴的運作。它們自行在表面出現，但和我沒有關係。我是在它們背後的空。

大衛：我有感覺有時候你安住在這種狀態裡來避免負面情緒。幾年前，1990年在你丈夫的葬禮上，這種對你自己真實本質的了知讓你超越了可能會出現的悲傷。

蘇仁德拉：是的，是這樣的。葬禮進行的時候，我知道沒有理由感到悲傷。當我看著葬禮上的柴堆時，我知道要被火葬的並不是我的丈夫。

「五大元素聚集在這副身體形象中。現在它們要回到所來之處。我的丈夫沒有來也沒有去。」我心裡有這種認知，這讓我沒有大哭。

帕帕吉當時也在，我對他說：「您已經把我變為了一頭母老虎了。」

對於這一切，我不為所動。甚至在那個場合中，帕帕吉也在哭，我卻什麼都感覺不到。

大衛：有時候帕帕吉把覺悟的境界比作鑽石。

「我給人鑽石，」他說：「但要看他們是否保護並照看鑽石。有些人把鑽石扔掉，因為他們並不懂得自己所得事物的價值。」

你是否感到你必須要保護這顆給了你的鑽石呢？

蘇仁德拉：這不是一件東西可以讓人拿住、保護或者丟掉的。這是本來的狀態。一直都在。是無法被扔掉或被保持的。

大衛：也許是這樣的，但我遇見過一些人對我說，他們因為帕帕吉的加持而有了直接體驗，之後卻消退或消失了。為什麼你認為自己的體驗一直在，而你覺得為什麼那些人會失去他們的體驗呢？

蘇仁德拉：是的，有些人會回到自己世間生活，忘了曾向他們指出的東西。當他們浸泡在世俗中，就失去了對背後空性的覺知。

同一個班級的學生，一個人也許過了考試，而其他人都不及格。老師對班級每個人教導的是一樣的知識，一樣的訓練，但如果只有一個學生真正吸收、學會了，這是老師的錯嗎？別的人也得到了同樣的教授，但如果在考試的時候他們都忘記了，他們怪不了誰除了他們自己。

大衛：既然你說自己從沒有做過任何努力來保持帕帕吉交給予的「空」的了知，為什麼你覺得自己過了考試，而其他那麼多人都沒過呢？

蘇仁德拉：這是上師的加持。

大衛：你第一次見他在幾分鐘之內就有了這種體驗。而來見他的數千人都沒有從他這裡得到類似的加持。你覺得為什麼他從那麼多人裡選中了你？

蘇仁德拉：要回答這個問題的人是他，不是我。我所知道的只有他抓住了我，並且把我拉進他自己。但是如果你想要知道「為什麼是我」，你必須自己去問他。

大衛：你見到他之前是否有想要解脫的強烈願望？這是否就是你那麼快就明白的一個原因呢？

蘇仁德拉：我能說自己是非常具有宗教情懷的人。我定期閱讀《古魯‧格朗特‧薩希布》[a]〔錫克教經典〕。在許多地方，經文都說一個人必須臣服於上主，必須把自己徹底交給他，如果能做到，那麼上主就會賜予解脫。我每天都讀，希望這能發生在自己身上。

大衛：你會說自己有一種劇烈、強大的要解脫的渴望，還是說只

---

a 《古魯‧格朗特‧薩希布》（*Guru Granth Sahib*）是錫克教的核心經文，字面意義為「聖經上師」，Guru是上師之意，Granth指經書，Sahib是對人的尊稱，就是把這部經書當做上師來尊稱。錫克教的傳承中有十位人類先知上師，第五位上師Guru Arjan（1563-1606）編撰了經書《阿底‧格朗特》（*Adi Granth*），即無上經文之意。第十位上師Guru Gobind Singh添加了第九位上師Guru Tegh Bahadur的偈頌進去之後，就形成了《古魯‧格朗特‧薩希布》的全文，並且Guru Gobind Singh將此經書指認為自己的後繼上師。錫克教徒將此經文視之為永恆的上師。其中收錄的不僅僅是錫克教十位上師的偈頌，還有印度教和伊斯蘭教聖者們的偈頌，包括卡比爾的。

是一個小小的興趣，一個模糊的希望，也許會在某天發生？

蘇仁德拉：我結婚後，當我開始和丈夫共同生活，我就有堅定的決心一定要成功。我記得曾對自己說「我要把自己的生命獻給神」，所以是有決心的。

大簡：你依然定期去見帕帕吉。是什麼一直拉著你一次又一次到這裡呢？

蘇仁德拉：帕帕吉有次問了我同樣的問題。

幾年前的某一天，我和丈夫一起過來了。帕帕吉問：「你兩天前來過，昨天剛來過，今天又來。為什麼一直來這裡？」

我回答：「是你叫我們來的。你吸引我們，所以我們就來了。」

我從帕帕吉那裡得到了那麼多的愛，那麼多加持，我感到一次又一次被他吸引。

我常常躺在床上想：「夜晚馬上就要過去了，一到天亮，我就又能去見他了。」

有次我想了他一整夜，一到清早就去見他，他說：「你昨晚不讓我睡覺。你想我想得太多了，讓我沒法睡著。」

有幾次，帕帕吉告訴我，他在旅行途中感到必須要返回勒克瑙來見我。有種力量把我拉向他，而這同一種力量也時不時把他拉向我。在這兩種情況下，他回到勒克瑙見到我時，就問我：「你為什麼要呼喚我？為什麼你讓我來這裡？」

有句旁遮普諺語，描述賊進屋行竊。通常是賊拎著偷來的財物逃之夭夭，但這句諺語卻說是財物想要逃跑，是它拽著賊在跑。一開始，是我丈夫拉著我去見帕帕吉，過了一段時間後，我卻成了一直說服他去的那個。

帕帕吉問我為什麼一直過來，這不是出於抱怨，他只是好奇。我每次來，他都對我很關愛很關切。

大衛：你能舉個例子說明這份愛是如何展現的嗎？

蘇仁德拉：有一次，我們面對面坐著，雙目對視。帕帕吉向我微笑，我也報之以微笑。

他打破沉默，說：「看著你讓我感到非常幸福，都想要吻你了。」

「為什麼不呢？」我回答。

我感到這讓他有點吃驚。也許曾有年輕的西方女子這麼對他說過，但我覺得他可能沒想到一個印度中年家庭主婦會說出這樣的話來。在我們國家，人們是不會這樣的。

我向他挑戰道：「你去過西方，見過許多人，他們所有的習慣你都熟悉。在外國，人們彼此親吻只是在互相表示自己有多高興。你是太受限於自己的印度習慣，所以不能親吻一個讓自己感到快樂的人嗎？」

他放聲大笑，上前給了我一個大大的擁抱和親吻。

大衛：你在他身邊時，你的體驗是否有過變化？

蘇仁德拉：沒有，但一直有種強烈的平靜。在他的存在中，念頭無法存活，這是我的體驗。無論我腦袋裡帶著什麼，在我見到他的一刻就都停止了。

在我剛開始來見他的時候，他讓我無論哪次來，都要一直看著他。他也會長時間地看著我。在他毫不動搖地注視中，一切都會消失：沒有念頭，沒有頭腦，沒有世界。

大衛：你是否感到別人也從你的體驗中受益？比如說，你身邊的人是否也感到平靜，如同在帕帕吉身邊的人似乎也體驗到平靜那樣？

蘇仁德拉： 我沒有立場來說別的人是什麼狀態。我知道自己吃了多少糖（jaggery，印度常見的黑糖），我知道味道如何，但我沒法知道別人吃了多少糖，他們覺得味道怎樣，我也不知道。別人處於什麼境界，這不關我的事。

大衛： 對於想要在你這種狀態中的人，你對他們有什麼建議？

蘇仁德拉： 拋開念頭，拋開頭腦，拋開一切想法。這樣，就沒有剩下什麼了。你進房間的時候，會把鞋子放在門外。你死的時候，你拋下身體。就在當下這一刻，把你擁有的一切、你能想到的一切都放下。離開所有這一切，自由解脫。這很簡單，很美妙。

大衛： 關於你的體驗，你還有別的要說嗎？

蘇仁德拉： 我什麼都說不了。幾年前，帕帕吉讓我寫日記，好記錄下自己所有的體驗。但我一個字都沒寫。對此，我完全沒有什麼能說的。

　　蘇仁德拉·廓爾給我看一封幾年前帕帕吉寄來的信，這是她第一次見他之後。其中帕帕吉引用了一個偈頌，我將偈頌翻譯出來附在信末。

1987年7月27日
哈德瓦

尊聖蘇仁德拉·廓爾吉：
我感到自己來勒克瑙只是為了見你。我非常高興能在回哈德瓦之前見到你。坐在火車上時，我一直在好奇你是怎麼能那麼快就解決了生死難題。你已經穿越了生與死的輪迴（samsara）。對你進一步進入鮮少有人涉足過的未知疆域，

> 我要送上我的祝福。我非常確定你有資格能繼續前行。無須擔憂，你會得解脫的。一直想著聖卡比爾的聖言（vani）的最後一句話吧。
> Japa Mare. Ajapa Mare. Anhad Bhi Mar Jaye. Surat Samani Shabhd Main Ta Ko Kaal Na Khaye.
> 　　最主要的就是 Surat-Samani-Shabhd Main.
>
> 在此擱筆。
> <u>不要回頭。不要向前看。留在</u>此時此地。
>
> 給我寫信吧，你安住（abide）在哪裡？
> 我希望恆河‧辛格醫生能妥善地翻譯。
> 獻上美好的祝福，你的親父親。
>
> 　　　　　　　　　　　　　　哈利萬什

帕帕吉所寫下的卡比爾聖言是他最愛的偈頌之一。在第二卷的〈印度薩特桑〉一章中有一部分專門談到了他對於神和名號的觀點，在那時他引用了這句話，並做出了開示。

持誦（Japa）表示重複神的名號，無持（ajapa）表示無須有意識的努力，念誦就能自發進行。偈頌這麼說：「持誦消失或褪去；之後無持也褪去。心中的振動減弱、消退。然後覺知融入原初之聖字（holy Word，即 Om 字）中。時間無法損耗那個。」

偈頌闡明了持誦會演變成無持，繼而消退進入真心之中，反覆被重複的神名之聲在心中又消融到了原初的唵音中。這就是帕帕吉在信上<u>著重劃出</u>的關鍵 Surat-Samani-Shabhd Main。在另一個場合，我聽他說即使這個原初的唵音，也必須消融入在背後的本初寂靜。

現在再讓我回到唵‧普拉喀什‧西亞勒的回憶。在第一個故

事裡，他講述了蘇仁德拉·廓爾的丈夫恆河·辛格有次被叫去照顧帕帕吉：

> 帕帕吉對待醫療有種非常奇特的態度。他身邊一直圍繞著許多醫生，他似乎花了很多時間詢問他們的意見。從我認識他開始，高血壓就一直給他帶來各種問題。然而，儘管他一直熱切地尋求建議，但對服藥，他卻沒什麼熱情。
>
> 我記得幾年前，他的一個老弟子恆河·辛格醫生把他安排住進了醫院。他的許多慢性病，包括高血壓和糖尿病都被檢測出來了，醫生開了各種藥，囑咐他要嚴格控制飲食，停止進食高油高鹽食物，並且要減輕體重。
>
> 我去醫院看望他時，他走進廁所，把所有藥物都倒進了廁所。
>
> 他說：「唵·普拉喀什，出去買點麵炸小食回來。在這裡他們給我的伙食不太好。我要吃點好東西。」
>
> 我出門給他買了大量重口味的麵炸小食，他吃得津津有味。大約兩天後，他自行辦了出院手續，恢復了老習慣——毫不忌口，卻又繼續向他那些醫學專業的弟子們尋求建議，該如何改善自己的健康。
>
> 我從來沒有擔憂過他的健康。我相信帕帕吉知道什麼才對自己最好。我同樣相信他有能力來控制自己的身體機能，好讓自己吃喜歡的食物而免受影響。或許，這是他前幾世修行瑜伽殘留的副作用。

帕帕吉是在1985年短暫住院的。儘管唵·普拉喀什沒有意識到在當時，帕帕吉允許辛格醫生安排他住院其實背後另有目的。莫瑞·費爾德曼（Murray Feldman），一位加拿大順勢療法醫師，提供了遺漏的細節：

> 我是在1978年，從一對名叫拉曼和嘉思敏的澳洲夫婦那裡第

一次聽到彭嘉吉的,當時我們都住在阿爾莫拉[a]。聽起來他是位真正的老師,可在那個時候,我沒有去拜訪他的渴求。七年後,我在英國工作生活,再次見到拉曼夫婦。我正打算去印度旅行,所以就向他們打聽彭嘉吉的住址。

讓我吃驚的是,他們說:「他不喜歡人們把他的地址給別人。他只對那些認真尋求解脫的人感興趣。我們馬上要去見他了,我們會向他提起你的,會問他是否願意見你。」

幾周後,我收到他們來信,說彭嘉吉願意見我。我之後很快就去了印度,在1985年十月第一次見到他。他在納希家裡熱情歡迎了我,給我倒茶,問了我的修行經歷。我向他說起了自己在拉瑪那道場的時光,遇見各位上師比如尼薩迦達塔·馬哈拉吉的經歷,以及我曾經練習西藏的和毗婆舍那的禪修。

他仔細聽著,然後問道:「禪修了這麼多年,你有想過你是可以解脫的嗎?」

我回答:「是的,每天都想。」

他似乎很欣賞我的回答。

過了幾分鐘後,他說:「過去,你付出了很大的努力要解脫,但在這裡,努力是沒必要的。我教的方法是不努力。放鬆,不要讀書,不要禪修。明天我們再一起開始我們的功課。」

他帶我出門散步,最後在郵局邊上的小花園裡的長凳上一起坐下。儘管這不是有意識努力的結果,但我發現自己變得很放鬆,越來越平靜。有幾位彭嘉吉的弟子走過來,**觸摸他的腳行禮**。他招呼了大家,對每個人都和顏悅色地說了些話。坐在他身邊我覺得非常幸福:是對隔了很久之後又重新回到印度感到幸福——對自己處於一種無作的平靜中而感到幸福——四周開著鮮花,繽紛**艷麗,微風吹拂下,樹葉閃閃發亮**。

訪客全都離開後,彭嘉吉轉向我,非常直接地問:「沒有過去,

---

a 阿爾莫拉(Almora),北阿坎德邦的一個山區,地處喜馬拉雅山脈的南緣。

也沒有將來，正這個時候，你是誰？」

我開始往內裡看去，去找出我是誰，而在向內轉的一刻，我找不到更好的方式來描述，莫大的寂靜爆炸開來。我的身體是活的，脈搏有力跳動著，但我的頭腦是完全寂靜的。

他把問題重複了一遍，我只能回答說：「我在。」說不出別的什麼了。

「非常好！」他說，他的臉亮了起來。「現在，沒有『我』的時候，你是誰？」

我嘴裡冒出一個字：「無」（nothing）。隨之，又一個爆炸在我體內炸開。這個字從一個未知之處而來，但是一說出來，我就知道這是正確答案。這個字一出現，我的身體和頭腦似乎再次炸開，進入了更深的寂靜中。

之前我曾和他說過自己的思維習慣和習性，提到我可以非常清晰地見到這些不知怎麼障礙了我的覺知。

他看著我，問道：「現在，說說看你之前提到的那些思維習性，它們的本質是什麼？」

我剛剛的體驗給了我答案：「它們不是真實存在的。」

「好，」他說：「現在你懂了。我們就從這裡開始。」

他開始問了我一系列的問題。答案直接又輕鬆地出現。我不知道發生什麼了，不知道答案從何而來。我沒有想過自己在說什麼，也沒有動用自己的記憶來製造答案。我所說的是自己之前從沒有說過的，並且儘管不知道這些話從何而來，我莫名就是知道它們是正確的。然而，我不能完全跳入或跌入未知之地，因為我疑惑的頭腦還在問自己：「這些答案都是從那裡出來的？誰在說這些話？」

我身體的每一個細胞似乎都在陣陣發麻，一個個都清晰地活躍著。我徹底處於震驚之中，寂靜無語，但同時感到自己體內正在大爆炸。有個念頭不斷生起：「這個人是誰？他用了什麼神通力？」

那天夜裡我無法入睡。體內有太多能量，心裡有太多問題一直出現：「這種體驗是什麼？是不是就是經文中說的這種那種？這個老師說這個，那個老師說那個，但人人都說我要努力用功來求得解脫。而這個體驗來得那麼輕易，沒有任何努力。這能是真的嗎？」

我甩不掉想要去瞭解並且評估這個體驗的渴望，不能就單純只是如實享受它。

第二天早上，我們一起在勒克瑙動物園散步的時候，我和他說起著這個體驗以及一直出現的疑惑。

「我睡不著。那個體驗和關於體驗的念頭讓我醒了一整夜。」

他大笑，說：「我整晚都在對你下功夫，這才是你睡不著的原因。」

我開始將前天晚上的問題向他請教。他耐心地一一回答。在他的陪伴下，平靜和明晰又回來了，讓我非常困擾的疑問全都消散一空。他開始直接開示我，試圖達到**那個**，靠努力和修行是徒勞的，**那個**永遠是不是靠什麼原因而起的，它是一直都在的。我感覺他的開示好像直接進入了我的心。他口中的每一個真實之語都在我內心深處某個地方引起一陣刺痛，這些話在我內心深處回蕩，最終消融在對真理的了了明知之中。一部分的我還在無意識地抵抗著，儘管我有著這些奇妙的體驗。我知道並且體驗了他說的確實是真實的，但一部分的我仍然在抗拒這些話。

這個聽聞、體驗和抗拒的過程持續了兩天。當時並沒有正式的薩特桑，我們只是一起吃飯、散步、聊天。

在那裡的第三天時，我心裡生起巨大的疑惑感。對正在發生什麼懷疑，對這些是否是真實的體驗懷疑，甚至對於我是否應該留在這裡也懷疑。我向彭嘉吉傾訴了自己的情況。

「這樣不好，」他說：「對於我想要讓你明白的而言，懷疑是主要的障礙。你必須相信自己正經歷著的這些體驗的正確性。不要懷疑它們，不然你會把它們全扔得遠遠的。無論如何，不要擔

心,我會帶走你的疑惑。只要把一切都交給我。」

我震驚於這種力量和權威,他似乎打算來解決我的全部問題。一切似乎盡在他的掌控中。我什麼都不做;在我身上發生的一切都不經我的注意就發生了。

他說的一句話帶著巨大的力量擊中了我:「一個人可以打坐上千年,但如果在根源上還有逃避,那麼這個人永遠不會知道真正、徹底的自由。」

我開始明白這是我的問題,就是我有意,甚至可以說故意地在往錯誤的方向看。我假裝自己想要自由,甚至還說這是我生命中最重要的事情,但是我不允許自己就是那個自由。我停留在頭腦裡,做著分析和搜尋,因為借用這些技巧我可以逃避面對我是誰的真相。

我本來只打算在勒克瑙住一周。第六天的時候,我依然打算按照行程離開,但彭嘉吉對我另有安排。

當天傍晚,他帶我去看克拉克斯飯店(Clarks Hotel)前面舉行的火燒羅婆那(Ravana,《羅摩衍那》中的惡魔)儀式。這是勒克瑙一年一度的節慶的一部分。回家路上,他開始走得越來越快,最後幾乎跑了起來。有人告訴我他的身體不太好,所以他這樣突然快跑讓我吃驚。他當時大約是七十五歲,膝蓋不好,而且體重肯定超標。我努力追上他,問他為什麼這麼著急。他回答得快點回家,因為突然內急,需要去洗手間。

聽到這話,我不禁失笑。我本來一直認為他是無所不能的偉大存在,從沒想過他會像平凡人一樣,內急時也得跑著上洗手間。

他趕回了納希家的洗手間,但這番快跑讓他付出了代價,心跳加快,變得非常不穩定,我想他可能有中風的危險。有人把他在勒克瑙的弟子恆河‧辛格醫生叫了過來,他也認定彭嘉吉的狀況很危險,建議立刻住院,並且叫心臟病專家來做進一步診斷。

彭嘉吉拒絕了,說:「如果今晚沒有好轉,明天我會去醫院。今晚我要待在家裡。」

我們都告訴他接下來的幾個小時很關鍵,但他不肯改主意。

第二天早上,彭嘉吉似乎恢復了正常。辛格醫生認為他脫離了危險,但仍然建議應該住院幾天觀察測試。讓我們大為驚訝的是,他同意了。我本來打算那天離開的,但明知道彭嘉吉處於危險的情況下,我沒法就這麼離開。我陪他去了醫院,之後三天都待在他的病房。在印度,是病人親屬和朋友在醫院做陪護。我也承擔這些責任,而當我作為陪護時,我們之間也建立起了一個紐帶,從那時起就不曾斷裂過。

我們辦理入院的時候,彭嘉吉對我說:「我這麼做是為了你好。」當時我不明白他在說什麼。之後,我發現他用住院作為策略把我留在勒克瑙。他想要抓住我,於是就找了個辦法,讓我做他三天的侍者。

那三天裡,他一直在教導我。我當時對修行很著迷,他大部分的努力都是為了要讓我相信,開悟並不需要打坐。在那個病房裡,我變得越來越安靜,直到最終安住於一種絕對寧靜的狀態。第三天,他告訴我他是怎麼設計讓我留下來服侍他的。

「我們來醫院的前一天晚上,我去廁所小便。一站起來就能感到我的心跳依然很不穩定。我之前拒絕了治療,因為心裡有什麼東西知道這次並不需要。在廁所,有一個字自動地在我耳邊低語,這是無邊之力的密語、聖字。它沒有進入我的記憶,因為我現在完全想不起來到底是什麼了,但這個字一經說出,我感到自己身體變了,心臟恢復正常,我知道自己身體已經安然無恙。我以佛教徒的方式繞行了三圈,來感激這至高之力治癒了我,然後回到床上。我完全不需要住院,因為這個聖字在前一晚已經把我治好了。但是,我請辛格醫生把我安排在這裡,因為我知道這是個能把你留在勒克瑙的好辦法。如果我不住院,你可能已經走了,不回來了。我必須要做點什麼把你留在這裡。」

到了最後一天,我暫時處在了一種徹底寂止的狀態。他所說的把自己知道的一切通通都放掉,才能徹底自由,我覺得自己開

始明白了。儘管我認為自己就是那份寂止，我依然覺知到相續不斷的念頭奔湧流淌，我認出這些都是我曾經的種種執著。但現在我已經不再與此相應了。

一段時間後，我意識到自己的頭腦在尋求一個新的錨，它太習慣於抓取念頭和想法，而在全然無執著的空中漂浮不抓取什麼的，讓它不那麼舒服。一方面，它想要有所牽涉，但另一方面，似乎它失去了抓住那些生起的紛亂念頭的能力。我的頭腦開始害怕單獨。它不能忍受無執著。

我去找彭嘉吉，告訴他我開始恐懼，因為我再也找不到能把抓的東西。這麼對他說的時候，我大哭起來，匍匐在他的腳邊。

他輕柔摸摸我的頭，說：「讓它全沖走吧。我們一直以來所做的事情就是為了這個。」

我抬頭看他，第一次見到他是完完全全空的。也許更準確地說，那裡完全沒有人。我能見到他的無，和我自己的無，並且我知道它們是同一個。在認出的那一刻，我們之間沒有分別。他把雙手放在我身上，好像用某種方式在給予祝福。大約兩個小時，我們誰都沒有說話。

在某一時刻，我出現一個念頭：「黑天必然就是這樣向阿周那揭示自己的。」

之後我對他說了這個想法，他評論說：「這就是我想要你見到的。」

自從這最初幾次的見面後，我不能說自己的生活一直是全然的平靜和喜樂，人生有起起落落，也很多次牽扯在世俗事物中。然而，不知怎麼，他一直在呼喚我回到他那裡。自始至終，他的慈愛、他的加持、他的平靜一直是我生命中的不變因素。

對於他所給予我的，我只能向他深深頂禮，並說：「謝謝您，謝謝您，謝謝您。」

帕帕吉曾說過「神聖之力」幾次將他從死亡和重傷中救了

出來。他通常會引述兩件事：一是在〈礦場經理〉章中已經描述過，在南印度時，他夜裡睡著了還在山間開車。還有一件是1940年代晚期在勒克瑙，他被車撞上後卻沒有受傷。在和一個剛在交通交通事故中受傷的婦女談話時，他描述了這第二件事。在對話中，帕帕吉還提及了自己最近一次的受傷，這發生在1995年四月。

帕帕吉：〔在薩特桑中大聲讀她的來信〕「我向您寫信，因為我昨晚騎電動車剛出車禍……」
你也遇上車禍了！我是左手，你是撞在右手。為什麼？你是喜歡出車禍嗎？因為左手受傷，我大概已經有十周行動不便。你是怎麼出的車禍？

舒巴（Shubha）：我當時在唱歌。

帕帕吉：在摩托車上唱歌？

舒巴：當時是晚上，在馬路上有塊石頭。我很累。我在唱歌。我沒看到石頭，直到車子飛上半空。〔大笑〕

帕帕吉：把摩托車撞壞了？讓我讀下去。「帕帕吉，我飛出了車子……」

舒巴：車子撞到石頭，在路上騰空飛起，我肚子著地摔下來。

帕帕吉：哦，就是這個救了你！

舒巴：我也這麼想。

帕帕吉：你真機智。如果我也肚子著地的話，就不會傷到手臂了。〔大笑，帕帕吉當時體重大約有八十五公斤，腰部非常豐滿。他繼續讀信。〕

「這場車禍好像是美妙的無心時刻。因為發生的時候，沒有任何的念頭，沒有任何害怕。一切都發生得非常快。我失去了控制，身體撞到路上，而身體撞地時，我感到好像是路被撞傷了，而不是我⋯⋯」

舒巴：我沒有那麼寫！是您編的！

帕帕吉：不要緊。這附近的路不是很堅固，經常會碎裂。

「這是非常平靜的狀態。依然伴隨著我。但我必須告訴您，在騎車時，我正在唱歌，向您唱一首情歌。所以現在我身上有些腫塊，但沒什麼要緊的。我如此愛著您，讓我忘了一切。舒巴。」

這讓我想起很久之前我自己的一次車禍。是發生在勒克瑙這裡，大概是1947年，就在我帶著家人剛來這裡不久。當時我正沿著路走在郵政總局前。我的注意力不在路上。我全副身心都想著我最深愛的那個人，我想你們知道我在說什麼。一輛車從我後面開來，轉彎，側面撞到了我。那段時間有些汽車在車身外裝有一塊踏板，有時人會站在踏板上搭車。正是這塊踏板撞到我的腿，撞得非常厲害，撞到踏板都從車上掉了下來。這種踏板一般都撐得很緊，需要極大的力量、很重的一擊才能讓它從車上徹底脫落下來。這輛車停都沒停，就開走了，只留下了塊踏板。

有些人聚攏到了我身邊，問我：「你受傷了嗎？我們記下了肇事車輛的號碼，如果你想追查的話。」

我不知道自己是否受傷了。有人捲起我的褲腿，查看受到全部撞擊力量的地方的情況，那裡只有一點擦傷，完全沒有給我帶來不適。

這就正如你的事故一樣。我愛著我的所愛；你愛著你的所愛。

當你有這種愛的時候，你無法被嚴重傷害到。我站起身走開的時候，每個人都覺得不可思議。

你的名字「舒巴」的意思是吉祥，看來這名字取得很好。不過，如果你需要對手臂做些醫學治療的話，這裡的這個女孩是醫生，她可以給你些東西來止痛。

奄‧普拉喀什之前提過他認為帕帕吉有能力以某種方式控制他的生理機能。我從沒聽帕帕吉自己這麼說過，但有豐富的證據表示他的身體並不像其他人的身體那樣運作。我舉幾個例子就足以說明這點。

二十多年前，帕帕吉住在隆達的時候，他去公立醫院檢查血壓。給他做檢查的醫生量到了非常高的數字，高到不可思議，他不相信有人血壓這麼高還能運作正常。他急著要去找其他醫生協助，並叮囑帕帕吉必須躺下，不能動，直到他回來。由於別的醫生有事沒法立刻前來，就等了好一段時間沒有消息。帕帕吉等累了，就起身離開了醫院回家。他完全不感到有什麼不舒服，也不覺得需要浪費時間等待新的醫生來。

儘管他所患的各類疾病需要一直精心控制糖和鹽的攝入，但大部分時候他都對這些飲食規範視若無睹。他經常吃下大量忌口的食物，卻絲毫沒有感覺不適。有一次他跟我說起他住在紐約的時候，去一家餐廳吃午飯。那家餐廳的廣告寫著：「十五美元，想吃多少就吃多少」。他進店後，發現裡面的食物幾乎都是葷的，而他又不想浪費錢，於是吃下了大量冰淇淋，吃夠了大概二十美元，而且顯然沒有對他的血糖值造成什麼嚴重傷害。在南印度時也發生一次類似的事件，他去的餐廳廣告寫著「一口價，吃到飽」，他一口氣吃了二十塊薄餅，店主食言了，拒絕再給他端上任何吃的。

帕帕吉自己也描述過另一件他的飲食壯舉：

幾年前我飛往美國的時候，我必須填表回答是否隨身攜帶外國食品。我包裡有一大盒印度糖果，是酥脆類的，所以我填報說是「印度餅乾」。海關官員讀了表格，想要看看到底是什麼。

他打開盒子，看了裡面的東西，告訴我：「你不能把這樣的東西帶入境內，它們必須留在這裡。」

「為什麼不能？」我問道。

「因為這裡可能攜帶有印度細菌，」他說：「我們必須非常小心。我們必須要保衛美國人民的健康，免受外國的病菌影響。」

「但是我不打算把糖給美國人吃，」我回答：「這是我自己的糖果，我打算全部自己吃。我不介意自己吃下些印度細菌。我吃了一輩子了，也沒有對我造成損害。」

海關官員似乎不接受這點。他依然堅持要我留下糖果。我覺得這是條愚蠢的規定。

我不想浪費這些糖，所以對他說：「我不會把糖留在這裡的。如果你不讓我帶進去，我就在這裡全吃了。」

海關官員大笑，因為那是個三公斤裝的盒子。所以，當著他的面，在他的注視下，我吃掉了整盒糖，然後走進了美國，把空盒子留在身後。

有兩種可能的結論：要麼帕帕吉的身體運作方式和別人的不同，要麼他又能力控制自己的身體機能，讓他能消除或減弱暴飲暴食的副作用。

現在，我要回到唵・普拉喀什的敘述，他提到了1970年代發生在勒克瑙的一些事情：

我還是十年級學生的時候（1960年），遇見一個人名叫嘉更・納特・普拉薩德・濕瓦斯塔夫（Jagan Nath Prasad Srivastava）。他住在離我家約一公里的地方，是北方鐵道部的首席包裹檢察員。我定期去見他直到我研究生畢業。濕瓦斯塔夫先生有一位上師住

在瑞詩凱詩,是一位非常高雅,極具靈性的人,總是讓我印象深刻。每次我們見面時,他都會朗讀繼而唱誦《羅摩功行錄》中的一首偈子,這是關於上主羅摩生平的作品。

他鼓勵我背下這些偈頌,他說:「唵·普拉喀什,下次你來的時候,必須給我唱這首偈頌。」

我這麼持續了好幾年,把這些偈頌背熟,每次見面的時候都給他唱誦。到我遇見帕帕吉的時候,我腦子裡已經儲存了大量的偈頌。

遇見帕帕吉後,我不再去見那人了。和帕帕吉的第一次相遇就消除了我想要找別的修行老師的渴望。幾周後,我再次遇見這個人,他很自然問我為什麼不再去見他了。

我對他說:「我有一段時間沒有想過來見你了。我在勒克瑙遇見了一位了不起的人,我愛上了他。單單見到他,我心裡就是美好的感覺。每次我看著他,我就感覺想要擁抱親吻他,每次他看著我,我感覺他在回應我愛的擁抱。你一定要來見見這個人,親眼看看他是多麼了不起。」

他沒有被我的推薦打動。

他說:「唵·普拉喀什,你只是個孩子。你去尋找幫助你的修行老師時,必須要學會分辨。你知道印地語中有句俗語,如果你想要喝水,就必須確保水是過濾過的。如果你喝進肚子的水不乾淨,你一定會生各種疾病。同樣的,在你接受一個人做你修行老師之前,你必須先評估一下他。你必須檢查他是否清淨,否則你可能會被他的污垢感染。如果他自己不清淨,那麼無論他給你什麼,都是不清淨的。」

我向他解釋:「我不是為了要從他那裡得到什麼而去見他的。我沒有向他請求任何修行。他沒有給出任何咒語或要求來見他的人去做什麼或練習什麼。我是在火車站前遇見他的,在那一刻就愛上了他。我只是坐在他身邊,就是這樣了。」

「好吧,」我的朋友說:「如果你那麼堅持我去見他,那我會

去看看他的。」

我帶他去見帕帕吉，但是很快就明顯看出來，我的這位老朋友只是去那裡展示他的優越感的。他對帕帕吉是什麼，對他給予什麼都不感興趣。

我們在帕帕吉面前坐下後，我朋友立刻介紹自己是我的上師。我從沒覺得自己和他有這種關係，但是我沒有出聲，因為不想打擾他們倆的對話。

我的朋友想要炫耀他傳授給我的知識，來向帕帕吉證明他是我的老師。

「唵·普拉喀什，」他說：「唱一首我教你的偈頌。讓這個人看看你唱得有多好。」

我默不出聲。我不想為這個人表演，因為我知道他要我唱誦，只是為了向帕帕吉炫耀自己的地位。

我心說：「這是帕帕吉家。如果帕帕吉要我唱，那麼我就唱。否則，我就保持安靜。」

他說了三四次要我唱誦，但每次我都只是保持安靜。

最後帕帕吉插話說：「唵·普拉喀什，你朋友希望你唱誦，你為什麼不唱呢？我也想聽聽你唱得多好。」

我唱了自己最喜歡的《羅摩功行錄》中的偈頌。唱完後，同樣的語句自行在房間的虛空中重複。我看著帕帕吉和我朋友，所以很清楚屋裡沒有人在出聲，這些語句令人驚訝，只是自行吟唱著，我們三個都聽到了。

帕帕吉開懷大笑，指著我的朋友問道：「這是什麼？這是什麼？這是什麼？」

這人目瞪口呆，給不出回答。我們靜靜地又坐了十到十五分鐘。

然後帕帕吉對我說：「唵·普拉喀什，送客吧。送完後再回來。」

我朋友很快就恢復了他的優越感。他離開時，對我說：「唵·

普拉喀什,接受他做你的老師前,再等等看看。不要在你徹徹底底測試對方之前,就把自己交出去。」

我回答說:「並沒有接受或拒絕的問題。我並不視他為自己的上師。我不想從他那裡得什麼,他也並不試著讓我做什麼。我來這裡是因為我愛他,並且因為無論何時,在他身邊,我都感到心中平靜。為什麼還要為了感受他的愛與平靜而去測試他?」

我一直視帕帕吉是我的保護者。每次生活中遇到麻煩,我總是去找他,把重擔放在他腳邊。經驗教會我,對帕帕吉的信心是對一切世間問題的萬靈藥。隨著我對他的信心加深,我確信他不僅僅指引我、保護我,他也同樣照顧著我各個家人。他以如此確實奇妙的方式進入我的生命,而且總是造福我們,就這點我之後會再舉出一些例子,現在我會先說一個故事,講講他是如何介入我的職業生涯的。

我在勒克瑙工作期間,一次帕帕吉在報紙上讀到在坎普爾一所大學有個數學講師的空職,坎普爾距離勒克瑙一個小時車程。那個職位提供的薪水比我當時的收入高,所以帕帕吉以我的名義去應聘了,他甚至都沒告訴我,直接就給大學寫了一封信,用我的名義來申請工作。寫了信後,他還是沒有告訴我他所做的事情。直到幾天後,我收到大學寄來的信,要求我去面試時才發現這件事。我完全不明白為什麼他們會考慮我。我也不想要那份工作,因為那意味著我要遠離勒克瑙和帕帕吉。

我把信給帕帕吉看的時候,他承認是他以我的名義申請的,因為他覺得我需要賺更多的錢。

「我確實需要錢,」我說:「但是我寧願錢少而能像現在這樣經常來見您。如果我接受了這樣的工作,就不能這樣頻繁來見您了。」

帕帕吉命令我去面試。「你是個在家人,」他說:「應優先照顧好你家人的幸福。去參加這個面試,看看會發生什麼吧。」

我接受了他的建議,去坎普爾面試。我很有信心自己能把面

試搞砸。

我心說：「肯定有很多人來申請這個職位。如果所有的問題我都答錯，或答得很糟糕，那麼這份工作一定會落在別的候選人頭上。」

等到達面試的大樓時，我就愈發有信心。因為我發現來面試的有六十八個人，他們在學術上都和我資格相當。我放心了，相信如果我表現糟糕的話，對方就不會選我了。

輪到我的時候，我表現得很粗魯，並且盡我所能得給出了糟糕的回答。我覺得自己充分展現了傲慢和不稱職。

但這不管用。幾天後，我收到大學來信，說我得到了這個職位。既然帕帕吉決定我應該得到這份工作，我自己的努力就是徒勞。

1972年，他對我以及我家庭的事有一次更為讓人歎為觀止的介入。這是個複雜的故事，很長，但最佳開始的地方是在阿育提亞，上主羅摩的出生地。當時我和帕帕吉在那裡，我們在城中漫步，沒有特別的安排。下午一點時，我們到了哈奴曼寺的門口。這所寺院一般在中午十二點半會關門用午餐，但那天，開門時間稍微長了一會。我們站在那裡時，一個僧人出來準備關閉寺門。

毫無緣由地，帕帕吉立刻叫上我：「快！快進去！拿一些加持物！你必須拿一些加持物！」

在帕帕吉看來，我肯定是動作太慢了，因為他還走到我身後推了我一把，把我推進廟裡，好確保我在寺院關門前拿到一些加持品。

這對帕帕吉而言很不尋常。我和他在一起的所有時間中，他從沒有要求或強迫我去做任何類似的事情。直到後來我才明白他這麼做的意義，明白為什麼他會帶著那麼強烈的緊迫感催促我進入神廟。

要解釋發生了什麼，我必須要說一下，同一個時間在勒克瑙和瓦拉納西所發生的事情。在勒克瑙，有人告訴我弟弟他有一封

電報，於是他出門去郵局。那是帕帕吉和我站在阿育提亞的哈奴曼寺外的同一天的早上大約八點半。在去郵局的路上，我的弟弟被一輛卡車撞倒，受了重傷，昏迷不醒，被送去了醫院。他身上沒有任何身分證明，所以醫院裡沒有人知道他是誰，也不知道要聯繫誰來通知事故。在下午一點，也就是帕帕吉和我站在阿育提亞的哈奴曼寺的時候，我弟弟恢復了意識。當有人問他是誰，他的家人住在哪裡時，他給了我們在棃巴格[a]的住宅地址。我父母衝到醫院，把他接回了家。

在我被迫進入寺院的時候，我的妹妹正在瓦拉納西。現在她已經嫁去了坎普爾，不過當時她在瓦拉納西。她正在吃午飯，突然就見到某種畫面或境界，知道她的弟弟在勒克瑙死了。出現這樣的念頭是毫無緣由的，我的弟弟很年輕，正是身強力壯之時。她開始哭泣。

我的叔叔當時和她在一起，問她怎麼了，她回答：「我弟弟死了！我弟弟死了！我剛剛見到一幅畫面是我弟弟死了！」

然後她開始詳細描述見到的情景。

「我弟弟躺在地上死了，所有的親戚都圍在他身邊。一些人在哭，一些在詛咒唵·普拉喀什。他們說：『唵·普拉喀什說帕帕吉是世界上最偉大的人，說什麼我們什麼事都不會有的，因為都在帕帕吉的保護下。看看現在發生了什麼。年輕人身體那麼好，卻從我們身邊被帶走了。發生了這種災難，還怎麼能說哪個人在保護我們？』

「然後」，她說：「畫面開始變了。我弟弟死去的身體消失了，在那個地方出現了一隻鴿子。之後很快帕帕吉出現了，對所有悲痛的人說：『你們為什麼這樣責備唵·普拉喀什？如果只是因為你們的孩子剛剛死了，那麼你們可以把他要回去。』這個時候畫面結束了。

---

a 棃巴格意為「花園」，是勒克瑙市南部地區，此處曾有四座花園，故以此得名。

「我弟弟肯定發生了很嚴重的事情,我才會見到這樣的畫面。我必須立刻回勒克瑙看看出了什麼事。」

她搭上下一班火車回勒克瑙,發現他弟弟真的遇上了嚴重車禍,但他也恢復得很好,可以出院回家。

幾天後,當我們一起比較各自的經歷後,我才確信帕帕吉插手救了我弟弟的命。我認為我弟弟本來註定要在那天下午一點死去,但因為我對帕帕吉強烈的信心,並且因為相信帕帕吉正在照顧我和我的家人,一種神聖的介入改變了這個男孩的命運,讓他活了過來。我不認為帕帕吉意識到他做了什麼,或者知道為何要在那個關鍵時刻把我推進寺院。我對他全然保護加持力的信心就足夠讓帕帕吉的力量保護並拯救我的弟弟,驅走他在那天命中本該遭遇的死亡。

幾年後,帕帕吉再次介入我弟弟的命運。當時他正在勒克瑙攻讀三年制電子工程學位,但他不是個好學生。在這個故事發生的期間,他已經連續三次考試不及格了。學校只允許學生一門課考四次,所以他知道必須通過第四次,也是最後一次機會。這些是他在最後一年的考試了。他本打算在之前幾年通過這幾門的。這些考試中有九張必修課試卷,考生必須每一張考卷都達到一個最低的及格分數才能畢業。要是有一張試卷沒有通過,他知道自己就沒法畢業了。

我弟弟極度緊張,因為他知道自己的未來在此一舉。儘管他知道每張試卷都要答好,他在考場出現了某種神經崩潰。做開始的兩張試卷時,他一道題都沒答完整。之後他就放棄了。他知道參加其他考試也毫無意義,因為頭兩張試卷已經失敗了。

我爸爸對此非常擔憂。他算是比較貧窮,要依靠兒子們來照顧他的晚年。他在我弟弟的教育上已經花了很多錢,不能再加重負擔了。絕望中他跑去找帕帕吉,向他傾訴了遇到的問題。

帕帕吉聽完他一長串的擔憂和害怕,說道:「這個男孩必須參加剩下的考試。他待在家裡不好。帶他去考場,有必要的話,

就強迫他，逼他參加剩下的考試。讓他每天都坐在那裡直到考試結束。這是你的任務，如果你能做到這個，剩下的就可以交給我了。」

我父親按照建議行事，逼我弟弟去參加剩下的考試。早上帶他去考場，確保他坐到課桌前，然後他坐在考場外，保證他不會在考試規定的時間結束前逃跑。父親在之後的一周裡每天都這樣做。

而這時候我弟弟有了更多的麻煩。在一次考試中，監考人認為他在抄隔壁考生的答案，沒收了他的考卷。所以，九場考試結束後，我們認為他其中三場肯定沒通過：兩場中他一道題都沒有答出，第三場考卷被監考沒收。

宣布結果時，我們驚訝地發現他九張考卷都達到通過的分數。在兩張他一道題都沒有答完的考試，他得到了七成五的完成分數。在考卷沒收的那場中他也得了高分。也許是考卷被弄混了，或者是某個考官把總分記錯了。無論發生了什麼，我都確信這是由於帕帕吉的加持和保佑，我的弟弟才能獲得文憑。

我還必須說一個帕帕吉和我家人的故事。在1970年代早期，我爸爸差點過世，我相信是帕帕吉救了他，讓他活過來。帕帕吉當時不在勒克瑙。他正在某次海外旅行中。

一天早上，我媽媽衝來找我，大聲慟哭：「我什麼都沒了！我什麼都沒了！」

「發生什麼了？」我喊道。

當時我們什麼問題都沒有，所以我無法想像是什麼讓她這樣痛苦。然後我看著她身後，見到我爸爸的身體躺在地上。身體僵硬，看來毫無生氣。不是一種放鬆的姿勢，他身體每個部分都緊繃著。

他死了的這個想法出現在我腦中，但立刻就冒出另一個念頭：「在帕帕吉照顧著我們時，我爸爸怎麼會死？」

這個念頭一出現在我頭腦中，爸爸的身體就開始動彈起來。

他開始大肆流汗,以至於幾分鐘內他的衣服就像浸在水桶中。我告訴媽媽不要擔心,因為我能看到他正在緩慢恢復生機,並且很快就會恢復正常了。

幾分鐘後,很明顯我父親正在康復,我媽媽就出了門,說要去當地神廟去還願。

回來後她告訴我:「身體看起來是死了,都僵硬了,但是當我看著他的腳時,見到了上主羅摩、悉塔和哈奴曼的聖容。我很清楚地見到他們,就像我現在見到你一樣。他們出現在我面前,幾分鐘身體重新活過來了。我去神廟之後,心裡出現一個想法:『也許這是唵‧普拉咯什的老師以這些形象出現在我面前。他一直說這個人在照顧我們家,也許他以這種形象來救了我們。』」

我媽媽對這些神很虔誠。我想帕帕吉以這些形象出現在她面前時因為他知道她對這些很有信心。這時我當時相信的,也是我依然相信的。

這些淨觀是從哪裡來的?似乎帕帕吉身邊的人們會自然地就見到這些淨觀,但是有幾次我相信是他有意讓這些發生的。由此我走在坎普爾的火車月臺上,突然見到孩童的黑天在天空翱翔。回到勒克瑙後,我直接去了他家,告訴他見到的景象。

他聽了我的故事,轉向蜜拉,她當時和他在一起,說:「今天我對唵‧普拉咯什投射了一個黑天的念頭,想看看會發生什麼。這就是結果。」

當說及諸神和淨觀的時候,我必須要提及在帕帕吉身邊目睹的奇特顯現。有此我在帕帕吉的納希家,就只有我們倆在。一起吃完午飯後,帕帕吉洗了手,躺在床上睡覺。我按摩了幾分鐘他的腿,直到他睡著。半個小時後,他醒了。

他看了我幾分鐘,然後說:「唵‧普拉咯什,頭腦真是奇妙的東西。可以帶你去宇宙的任何地方,不管你見到什麼,都讓你相信那是真實的。我剛剛去了凱拉什山,而我的身體就躺在這張床上。那感覺不像夢或者定境。感覺真的就好像我的肉身旅行去了

那個地方。

「濕婆和雪山神女在那裡，等待著歡迎我。濕婆見到我來時，對雪山神女說：『來了一個好弟子。做點東西給他吃吧。』」

「雪山神女消失了，幾分鐘後又出現，手上拿著一碗似乎是米和蜂蜜的東西。那有一種美妙神聖的芳香。他們請我吃這碗食物，我就在他們的臨在下吃了。吃完後，我醒來，發現自己躺在這張床上。但是唵·普拉喀什，我真的覺得自己吃了那個食物。我不是夢見的。那個味道和芳香依然伴隨著我。」

帕帕吉從床上起來。那段時間他午飯後都會睡一下，然後起來喝杯茶。通常他會在下午兩點半喝茶。因為某些原因，這次他不想喝茶。

他下床後，我注意到他手上沾了什麼東西。他右手的手指似乎黏在一起了。我提醒他，因為我想他可能想要先洗掉，然後再去喝茶。

他看看手指，說：「唵·普拉喀什，這是我在凱拉什山上吃的食物。有著同樣金黃的色澤，同樣的香氣。」他刮下一點，讓我嘗嘗。就如同他所描述的：大米和蜂蜜的混合，有美妙的滋味和高雅的香氣。

大米和蜂蜜不可能來自我們當天在屋子裡吃的東西。帕帕吉的太太給我們準備了薄煎餅、馬鈴薯咖喱和泡菜。完全沒有大米和蜂蜜。他吃飯的時候我坐他旁邊的地上，我見到他睡前洗了手。這食物絕對是在他躺在床上的期間化現的。

我接受了他戲劇性的說法，沒有任何評論或疑問。這似乎有點奇怪，但是我應該解釋這是我和他關係中的一部分。在他臨在中，我通常覺得自己是個三歲小孩坐在爸爸身邊。如果這樣的小孩聽到這樣的故事，他不會說：「你真的去凱拉什了？這是夢還是定境？」他只會全盤接受，而不會覺得有何驚人。爸爸會拉著他三歲兒子的手，帶著去他想去的地方。兒子會跟著走，不帶任何好奇。他只是高興和爸爸在一起，而如果爸爸告訴他一個故事，

他會很高興地聽，不會點評或質疑。

　　拉哲·普拉布告訴我，帕帕吉在敕瑪嘎羅（Chikmagalur）期間，發生過類似的事。當時帕帕吉睡覺之後，發現自己身處炎熱的沙漠之中。1940年代他帶引去見尊者的穆斯林辟爾出現在他面前，邀請他一起用餐，在他們面前出現了一頓豪華盛宴。辟爾慈愛地款待帕帕吉。帕帕吉醒來後，食物的滋味依然在嘴裡，一些食物依然在他手指上。

　　唵·普拉喀什繼續說道：

在1970年代，我在帕帕吉家住了一段時間。當時我們有三四個人。帕帕吉去睡覺，我們其他人靜靜坐在他周圍。突然，有三個生命體化現在屋子裡，開始繞著他的床緩慢地行走。如果我要描述他們的話，我會說看起來像是某種仙人。他們穿著橘色的袍子，留著長長的灰鬍鬚，一頭亂髮在頭頂打了個髻。他們什麼都沒有說。實際上，他們似乎完全沒有注意到我們在房間裡。在圍繞帕帕吉走了幾分鐘後，他們神祕地消失了，就如同出現時那般神祕。房間裡所有人都見到同樣的景象。他們的身體完全不是透明的或者像鬼魂那樣，而是正常的、扎實的身體，看起來就像應該是屬於活著的雲遊僧那樣。當然，帕帕吉醒來之後，我們就告訴了他發生的事。他只是微笑，沒有多做評論。

　　在那段時間，圍繞著帕帕吉一直發生很多不同尋常的事情，多到我們的好奇心對這類事情也不會持續超過幾個鐘頭。

　　帕帕吉很少談論這類現象，但是有一次，他確實說到過在他睡覺時，有時候會發現自己正在遊覽傳說中的神祇們所居住的天界。從這些地方遊歷回來後，他的身體通常會散發一種迷人的芳香。在房間裡和他在一起的人都能聞見，能持續幾個小時。

　　唵·普拉喀什對我說了這個故事後，我問帕帕吉是否意識到

在他入睡時，這類生命體會圍著他繞行。我提到了他常說的一個故事，講的是一個苦行僧在樹下入睡，醒來發現許多天神都來覲見他。有次他說這位苦行僧來自勒克瑙，雖然他否認那就是他自己，但他跟我說到過有幾次，在他睡著時各種生命體來見他。不過首先要說一下帕帕吉提到的睡著的苦行僧的故事：

有一位覺悟的人，一位苦行僧在森林裡行走。因為那天陽光燦爛，他想要找一塊地方休息。在一棵樹下，他靠著樹幹，打了一小會盹。醒來後，他準備繼續上路，正拿起拐杖和缽時，他見到身邊坐了許多人。而且這些人都站了起來，感謝他的薩特桑，這讓他很驚訝。

他對他們說：「我只是睡著了。沒有對你們說一個字。」

他們回答：「這就是我們在別的地方都沒有得到過的薩特桑。別的地方人們都在叫著喊著：『你必須要做這個；你不可以做那個！你必須這樣坐，你必須那樣看！』您的薩特桑不一樣。我們在別的地方都沒有發現過像這樣的。我們是來自不同天國、天界的天神。我們發現有一位聖雄、一位證悟者坐在這棵樹下。我們不約而同地想到：『為什麼不去參加他的薩特桑呢？』所以，我們都降臨到這個世界，這樣能和您在一起。

「我們都是天神，但是我們仍然陷於各種活動中。我們從來沒有時間坐下來或禪修，我們依然有許多未滿足的欲望。我們的壽命很長，而且不會衰老，過一千年都不會老。所以，我們大把的時間來享樂。」

人們會由於自己的善行，投生到這些天國之中，可以無盡地享樂。但是他們會再次轉世，因為這些愉悅不會帶給他們究竟的滿足。

天神厭倦了無盡的享樂，降落到苦行僧身邊，參加他的薩特桑。這場薩特桑中，苦行僧靜靜地安睡著，而天神向他灑出了花雨作為供養。附近的樹木本來沒有葉子，違反季節地開出了花朵，

把花朵傾灑向這位寂靜的人。這就是薩特桑的力量。

天神們接近這位寂靜之人,即使是植物和樹葉也都在回應他。你們不用這種方式來幫助人們嗎?你們必須要學習竅門。

下一則故事是帕帕吉非常年輕的時候,常常在他面前顯現的一些生命體,這讓他想起了幾年前在他面前出現的一個鬼魂。

我年輕的時候,常常注意到自己睡在床上的時候,有一些精微身生靈在邊上跳舞、歡笑。這是我還住在旁遮普時的事。我向母親描述這些人的樣子,她就去問街坊鄰居對這種事的看法。他們一致認為這些是已經死去的人的靈魂。有人告訴我這些靈魂依然眷戀著地球上的某些地方,所以還沒有再度轉世。他們呈現精微之身,可以在我們的世界四處遊走。

我不知道這是不是真的,我當時太小,也沒有經驗去研究這類奇特的生命體,去搞明白他們到底是什麼、在我身邊又在做什麼。他們也許是某類天人。家裡其他人都沒看見過他們。

許多年後,我還真的遇見一個鬼。有個弟子邀請我在他家住上幾天。那是棟兩層樓房,在屋頂有間八英尺見方的房間。我喜歡這間小屋,就問是否可以住在那裡。我告訴弟子說當我在裡面時,不可以有別的人進房間,如果我需要什麼東西,我會自己出來處理。

我住在那裡的第一晚,一個男人走了進來,逕自在床上躺在我身旁。他不可能是從門進來的,因為我從裡面鎖上了。我問他是誰,在我房裡做什麼,他自顧自說起來他的故事:

「我是這棟房子最初的業主,」他開口道:「我建了這間房間,準備用作我的普嘉房。我從來沒用上,因為就在房間快準備好的時候,我突發心臟病而死。我原本打算在這裡念誦《薄伽梵歌》給房間開光。」

「您能為我念誦《薄伽梵歌》嗎?我想在轉世前完成這個舊日

的心願。讀完後，我就會去我兒子家投胎。」

他躺在床上說了這些。我注意到他穿著一件孟加拉式樣的裹裙。當時我覺得他選擇躺著來進行交流這點有點奇怪，但是也沒說什麼。無論如何，我是他屋子的客人。既然他未滿足的心願就是聽聞念誦，我就為他唱誦了一些《薄伽梵歌》裡的偈頌。他臉上露出喜悅的笑容，離開了房間。

第二天我問弟子是從誰那裡買下這棟房子的。他告訴我是一戶孟加拉家庭，那家人已經搬走了，宣稱這屋子鬧鬼。之前有一個醫生和他的太太住在這裡，但是太太堅決要求丈夫買了這棟房子，她說自己一直看見她過世的公公，要求她念誦《薄伽梵歌》。

這個女人就住在附近，所以我去找她詢問更多細節。她確認說自己公公在屋頂修建了一間屋子，打算用來做普嘉房。她還確認了就在屋子完工前，他死於心臟病。

「就從那時開始，」她說：「他就一直在我夢裡出現。每次他出現，都要我念誦《薄伽梵歌》。我想他既然惦記著老房子，我們就搬到這個新房子來吧。但即使在這裡，他還是出現在我夢裡，要我念誦。我不知道為什麼他要聽人念這個經文。我們都是孟加拉來的莎克提的敬拜者。我們唯一念誦的經文是《德嘎七十經》（*Durga Sapt Shati*）。」

我告訴她，他也出現在我面前，並說自己極其渴望在新的普嘉房開光儀式上唱誦《薄伽梵歌》。我說就是這個未完成的心願，才讓他出現在她夢裡。

我建議她在自己公公的舊居中安排一次《薄伽梵歌》的念誦。我向她保證可以讓現在的新住戶加以配合。

「既然你自己不會，那麼就請一位學者來唱誦吧。而且既然你的公公原來希望你參與念誦，你可以過去聽聽。舉辦一次像樣的儀式，就如同你公公原本打算給新普嘉房開光準備的那樣。之後把《薄伽梵歌》送給學者，你還可以送他一件裹裙、無領長袖衫（*kurta*）和101盧比。如果你願意，還可以供養食物給一些婆羅

門。」

她聽了我的建議，那些纏人的夢就結束了。

現在輪到唵‧普拉喀什講述他和帕帕吉的關係進展了：

儘管帕帕吉在數不清的情況下加持我，我必須要說和他大部分的相處中，我並沒有視他為上師。這並不是說我對他沒有信心，我有絕對的信心，但我和他的關係是完全不同的一種。我只是感到自己是他孩子，他是我慈祥、關愛又無所不能的父親。在我見他二十五年之後才意識到這層關係：「這是我的老師；這是我的上師。」

這最終發生在1994年三月，我去見他請他准許我去蒂魯瓦納瑪萊，拜訪他的上師，拉瑪那尊者的道場。這將是我第一次去慧焰山（Arunachala）。當時我在他家客廳餐桌，坐在帕帕吉身邊。他遞給我一些東西吃，只是朝著我的方向看。那個注視和遞食物的動作觸動了我內在的一些東西，立刻就有一種平靜、慈愛並且幸福的體驗，我突然明白我正坐在自己上師身邊。我老實地說，「我和我的上師在一起」這個想法，在之前我和他相處的那麼多時間裡從來沒有出現過。

在這些年裡，我只是去見他，並沒有視他為我的上師，每次我有問題或煩惱，我都第一時間去找他，把所有的精神垃圾倒到他口袋裡，然後忘得一乾二淨。只要把自己的問題都扔給他，我就得到了內心的平靜。這很管用。我把自己所有世俗煩惱都交給他，而他則回報給我內心的平靜。他的存在有一種難以描述的美麗，只有當一個人靜下來時才能完全體會到。我向他掏空自己的頭腦，然後靜靜地坐著，吸收並體驗在他身邊總是可以得到的喜悅。每當我聞到他身邊這種美麗散發的芳香，我都覺得自己像是國王一樣。我沒有煩惱，沒有擔憂。我不可被碰觸。欲望會消失，並且會有回報的愛的強烈感受。

許多年來我非常近距離地觀察帕帕吉。有時候他嚴厲而寂靜，有時候他外向愛社交，有時候他會對身邊所有人和所有事都置之不理。這段時間，我逐漸明白所有這些舉止心態的變化都只不過是神聖的遊舞（lila），而貫穿其中的帕帕吉的根本本質一直是與之疏離的，是沒有變化的。

　　這讓我很清晰地想起三年前的事情，當時我坐在帕帕吉家的客廳。幾個外國人也在場：瑟吉歐（Sergio）和拉妲（Radha），帕特利克（Patrick）和莎拉（Shaila）。有個女子寫了封長信給帕帕吉，我沒記錯的話大概有二十五頁。女子詳細描述了自己所有的婚姻故事。帕帕吉拿她開玩笑，說她結了二十五次婚，每一頁結一次，然後每一頁上又和二十五個丈夫之一離婚。我記不清楚是否真的有那麼多次婚姻，但她肯定給了張長得不可思議的列表，列出了所有交往對象以及怎麼和他們分手。帕帕吉大笑，拿這女子的婚姻生活講了些粗俗笑話。在場的外國人也都跟著大笑。他的注意力不在我這裡，而是投注在這個女人的性生活傳奇上，以及周圍人的笑聲、玩笑上。我只是靜靜坐著，完全沒有參與其中。接著，當他看向一個別的方向並且大笑時，在那一個瞬間，我感到從他的前額散發一種力量，穿透了我的心。那一刻我感到一種不可置信的美麗、平靜、安定和喜悅，是我之前從未體驗過的。我看著帕帕吉，突然明白他也在這種狀態中，自始至終，即使他看起來好像和身邊的人開著粗俗低級的玩笑，那一刻他仍然安住在他向我揭示的美麗的平靜與喜悅之中，與之共鳴。

　　次日我去見帕帕吉時，我看見他孤身一人坐著。

　　我向他禮拜，並且說：「昨天我聽您讀了那個有許許多多丈夫的女子寫來的信。在我看來，您似乎非常投入那個故事。您拿她取樂，您身邊每個人都被您的笑話逗得哈哈大笑。然後，在笑話最高潮的時候，您給了我這個平靜、妙樂且幸福的**體驗**。在那一刻我知道這才是您的真實體驗。這是您的秘密嗎？這是您一直以來的**體驗**嗎，即使您看起來似乎正積極跟他人互動、關心其他

事。」

他回答：「這是個秘密，唵·普拉喀什。沒有人配得上被賜予這個秘密。」

我從中學到了珍貴一課。現在我見帕帕吉時，有那麼多人在他身邊，他看來似乎投入數不清的活動和決定中。而我現在知道他完全沒有參與其中。這只是一種表象，會騙過沒有在那種狀態裡的每個人。

儘管我現在擁有了一個上師，在心裡，我依然還是那個愛著他美麗父親的小男孩。當他父親出現的時候，小男孩高興得上下跳躍，樂得直拍手。這就是現在我在帕帕吉身邊的感受。無論父親是總統或國王，孩子並不在乎。對他而言，他只是慈愛的父親，會把他抱在腿上和他玩耍。小男孩不在乎神、解脫、開悟。他只是想要能和父親在一起，和他玩，感到他慈愛的關懷。

我不知道過去生和帕帕吉有什麼緣分會有這種感受。我自己毫不費力，就有機會半生的時間能在這個我認為是地球上最偉大的生命的身邊。我曾做了什麼才配擁有這麼大的幸運？這個人愛我、養育我，照顧我全家人的物質需求，一次又一次神奇地介入我的事情，允許我一直留在他的身邊，給予我加持讓我能認出他真正是誰。從我遇見帕帕吉的那一刻起，我的整個生命是一場連綿不斷的祝福。

日記

在長達數年的時間裡,帕帕吉一直保持著記日記的習慣,其中記錄了他內在的體驗,他對感興趣的各種靈性課題的探索,以及其他很多東西。一頁頁翻閱下來,會看到他對所讀過的各類書籍的文字摘抄、對自己健康狀況的彙報、對自己某些弟子來訪及離開的記錄、晨報的摘抄、航班和火車時刻、貨幣匯率等等。通常,寫日記的人會記下自己每天外出活動細節,但是這一類的記錄在帕帕吉的日記本裡很少見。他可能偶爾寫下這樣的字句,「從新德里抵達勒克瑙」,但對他在這兩地做了些什麼卻隻字未提。在日記本大多數的頁面上,即使整頁還幾乎空著,他也只寫下了那一天所在的城市或者國家。這樣的地理位置記錄,我都掠過不錄了,除非有少數幾處地名記錄對之後的日記文字起到瞭解釋作用。

這些日記顯示他對印度教的經典非常熟悉。雖然他並不總是注明引文出處,我還是發現了他的摘抄出自以下這些著作:《薄伽梵歌》、卡比爾的《祕訣》(Bijak)、圖卡拉姆的《無斷贊詩》(Abhang)[a]、雅內濕瓦尊者的《雅內濕瓦論》(Jnaneshwari)、

---

[a] Abhang 或者 abhanga 是一種讚頌印度教神祇毗塔拉的詩歌形式,意為「沒有間斷」。圖克拉

喬荼波陀[a]和商羯羅的論疏、杜勒西達斯[b]的教言、果讓克納特（Gorakhnath）、J·克里希那穆提和各種佛教及道教文本中的段落。大多數我無法確認的引文似乎是從瑜伽派或者吠檀多的著作而來。情理之中的是，有一些文字引自拉瑪那尊者道場的出版物比如《山道》(The Mountain Path)和《上師教言花鬘》(Guru Vachaka Kovai)。我極少使用他的引文，因為對於這短短一章來說，材料實在太多了。單是卡比爾的詩歌就可以占據二十五頁紙。雖然我去掉了大多數顯而易見的引文，有一些依然予以保留，那些可能是帕帕吉在日記當天恰好閱讀到的書中的文字。比如，有一些日記段落強烈建議努力用功修行以達到解脫，這些不可能是他自己的話，因為他是堅決否認覺悟是做任何修行可以達到的。

　　我摘選的日記是按照日期先後的順序排列的。有些條目略有重複，但是我壓下了自己想要加以編輯的衝動，因為它們能明顯地表現出一些特定的觀點和話題吸引了他的注意長達數日或者數周之久。

　　還需要稍微解釋一下後文中日記文字的格式。由一條斜線分隔的日期（比如10月24/25）是因為日記本將周六和周日並在一頁之中。而比如「10月24和25日」這樣的條目，則表示這日記是寫在兩張或者更多的不同紙上。日記本每一頁上能寫的地方只有大概七英寸高四英寸寬，所以他的有些日記跨越了兩天或多天。他手寫記錄的大寫字母和底線我大概予以保留，在很多時候，我還保留了他的不規則的首行縮排。

姆寫下了五千首無斷讚歌，並以此聞名。印度教徒去龐達爾普爾寺廟朝觀毗塔拉的時候會唱誦這種無斷讚歌。

a　喬荼波陀（Gaudapada, 西元七世紀），吠檀多不二論較早和較系統的表述者。主要著作有《蛙氏奧義頌》（又稱《聖傳書》）。是商羯羅的師公。

b　杜勒西達斯（Tulsidas, 1497或1532-1623），印度教詩聖，他被認為是《羅摩衍那》作者蟻垤的轉世。著有《羅摩功行錄》，以史詩《羅摩衍那》和一位無名氏作者的《神靈羅摩衍那》為藍本加工以工整格律詩寫成，是印地語文學史上影響最大的作品之一。

有些記錄下來的個人體驗在格式上看似詩歌，但是我並不認為帕帕吉寫下這些話的時候，有意要寫成詩。雖然帕帕吉在年輕時候就是一個頗有造詣的詩人，他的烏爾都語詩歌得了許多獎，但自1930年代之後，他就沒有再作過新詩，儘管有幾個懂烏爾都語的人曾經懇求他重新執筆。

　　另一點值得注意的是，在前面的章節中，楷體是我的編者按。在這一章節，如果一篇日記中有一行或者多行斜體字，則說明這些文字是從烏爾都語或者印地語翻譯而來。帕帕吉的日記基本是用英語書寫，但是偶爾他似乎感覺需要用回烏爾都語，特別是當他想要更加達雅地表達一種神祕體驗的微妙之處時。

　　我不知道帕帕吉是什麼時候開始記日記的，因為他所有早期的日記本都已經丟失了。有好幾次，因為不能用語言表達出他內在的體驗，他感到極為失望，以至於將自己的文字記錄都扔進了恆河。倖存下來的日記涵蓋了1981到1991年這一時期，大部分是1980年代早期完成的。1983年後，日記逐漸越來越少，在後來的某些年中，他似乎隻字未記。

　　在選摘這一章中所收錄的日記時，我精選那些傳達了他的教法、靈性體驗和對於顯現的本質與起源的探究的日記。用「教法」一詞，可能不太妥當，因為我不認為他曾經打算讓這些日記在日後供他人使用或者閱讀。這是他對於發生在自己內在的私人記錄。比如，當他做了一番諸如「了悟終結了業習」這樣的宣言時，他並不是試圖將此訊息傳遞給誰，也並不是僅僅照本宣科地抄下靈修書籍中的陳詞濫調，他是在清晰地表述他自己剛剛直接體驗到的。

　　帕帕吉對世界起源的探究，我需要做一點解釋，如若不然，他的很多日記會顯得晦澀、讓人摸不著頭腦。

　　讓我權且引用一下1996年他的一次薩特桑上我對他的一個提問吧：

大衛： 大概一年前，有人採訪您時，問到您是否還在自己身上下功夫，在開悟之後是否還有事情要做。您當時的回答是這樣的：

> 這是個很好的問題。很多人說在這個階段，沒有事情要做了，一切都已經完成了。但是我還有事情要做，這是書中都沒有提到過的。只要還有一個非常純淨的意願，領悟就沒有止境。在徹底的、最終的開悟之後，還是有東西要做的，但我沒有提到過這個。我從來沒有談到過這個，我沒有在哪一本我讀到的書上看到過，連那些開悟的上師所寫的書裡都沒有。

請問您還在做的這個工作是什麼呢？

帕帕吉： 你一定是看到過開悟之後，大多數人安靜地坐著，說：「該做的我已經做完了。沒剩下什麼要做的了。」甚至羅摩·提爾塔也是這麼覺得。他有一首詩就是這麼開頭的：

> 我已經完成了我要完成的。
> 對我來說，沒剩下任何其他的。
> 需要知道的「那個」，我已經獲得了對它的了知。
> 我還剩下什麼要做的呢？
> 我已經觸及了我要觸及的那個點，
> 我已經到達了我要到達的地方。
> 現在，我不需要來去任何地方，
> 因為我不再有任何目標。
> 我會享受徹底完全的安息，
> 因為不再有未完的功課要我去做。

我不相信這是正確的。你說到了這一障礙，我要說：「是的，是有一個障礙。有個東西妨礙我不能解決一個巨大的謎團。」

人類最長的壽命是一百年。在這一百年間，你可以在這個世界做你喜歡的事，但是你能發現世界本身是從哪裡來的嗎？甚至創世者，梵天本身有一天也會消失。毗濕奴，宇宙的維持者，也會消失。毀滅者濕婆也是。沒有什麼會剩下——沒有神祇，沒有宇宙。同樣的「空無」一定是在神祇和他們的創世之前就有了。

　　我的問題是，在這個絕對的空無中，這個創造的概念是從哪裡來的呢？是誰把這個概念給了誰？這是我在談到的障礙。這是我從來都無法解決的問題。創世者是怎麼從空無本身創造出世界來的？為什麼他這麼做？這是一個更為有趣的問題，因為到底有什麼必要需要創世呢？誰決定應該要創造這麼一個世界，充滿了數以億計的生靈，數百萬年來不停轉世……最後到達那一步——明白從這個無盡的輪迴中解脫出來是可能的？誰決定了給這個世界和居住其中的人們創造出這麼多麻煩？

　　這一概念是怎麼成形且展現的？因為它不過如此——只是一個概念。實際上，沒有什麼被創造出來過。沒有人曾經努力達到解脫，也沒有人曾經獲得過。這些束縛和解脫的概念是怎麼回事？當從未有人受束縛或解脫過時，它們的意義何在？

　　這是我還在試圖跨越的障礙。這驅使我去找到世界形成的方式和起因，但是我現在還沒有滿意地解決這一問題。

　　科學家們探索宇宙的起源，他們使用能夠探測在宇宙形成的最初那些時刻發生了什麼的儀器。宗教哲學家和形而上學者則是靠研究和評論智者們的著作，來解決同樣的問題。這些智者聲稱對萬物顯現的底層源頭有直接的體驗。而帕帕吉，在他的探索中，只是依靠他對於真我的直接體驗。藉由返回到自身，他試圖見證或者體驗從無顯之中顯現的過程。他提到的障礙是二者之間的臨界點。在顯現的一面，他能夠看到和見證到正在發生的，但是在無顯那裡，是沒有運作著的感官能記錄或者分析正在發生的。雖然他能跨過這一障礙，但他不能「理解」背

後的道理，也不確定萬物表象在其中生起的機制與原因。這個其實似乎是他問題的核心所在。在1981年10月24日和1982年9月24日，他在日記上寫下了這兩則：

> 一個奇怪的情況。
> 沒有人可以交談
> 幫我解決這個情況或者給我建議。
> 我必須自己去到
> 沒有人可以到達的地方
> 我無須別人的幫助。
> 一個奇怪的動力生起並推動著。
> 我會獨自一人。
>
> 從未有人能找到你的地址。
> 我會遇到同樣的命運嗎？
> 一旦我開始理解它，
> 理解的能力就離開了我。
> 禪修和寂靜都是無用的，
> 但我沒有其他可用的工具了。

雖然這一問題就其本質而言，似乎是無解的，但帕帕吉不願放棄。1996年三月我最後一次和他談起這個，他說：「我是一個戰士。我從來不逃離戰場。我會繼續探尋，不願承認失敗。」

有時候他提到其他人可能在他失敗的地方獲得成功。

大衛：您偶爾提到有一個您從來沒有跨越的障礙。您似乎認為有一天有人會跨越這個障礙，在您自己失敗的地方獲得成功。有一次，當您談到這個的時候，您說您覺得這是甚至超越無顯（unmanifest）的東西。

1993年您在薩特桑上這樣說道：

在過去的六十年裡我一直在嘗試，但是我還是無法解開這個謎。我一直沒有解開這個秘密。我是老人了。你們還很年輕，所以請跟我說一說。我想要看到那個秘密、那個謎團，面對面。我想要吻他，我想要吻她，因為我從來沒有在這個星球的地表上看到過可與之相比的美人。我是愛上了某人，但這個愛人我卻沒從未見過。

是什麼讓您如此確定這是能夠完成的事？

帕帕吉：這是個玩笑話。你知道我都會跟來這裡的每個人開玩笑。

我告訴他：「我是個老人了。對我這樣的人來說，這是個大任務。你是個年輕人，精力充沛，所以你來告訴我什麼是世界之源吧。它是怎麼顯現的？」

幾年前有個人來看我，對我說他是解脫的人。

我問他：「你已經解決了這個顯現的問題嗎？你已經搞明白一切都是從哪裡來的嗎？」

他的回答非常合理。他說：「為了回答你的問題，我需要有個心。但是為了找到答案，我必須去到無－心。但是一旦我到了那裡，我就無法談論它了。」

這並沒讓我滿意。如果一個人沒有心，他必然就有一個「無－心」，根據這人的說法，「無－心」理解一切萬法。但是我的體驗是，在「無－心」中，根本就沒有理解。

在《薄伽梵歌》十五章第六首詩中，黑天描繪了「無－知」（no-understanding）之地：「那是我的至高居處，日月火光臨照不到，阿周那啊！人們到達那裡，就再也不返回。[a]」

---

a 此處採取了黃寶生譯本。

要理解為什麼這個問題如此困擾帕帕吉,得從他的角度來看事情。他直接的真我體驗已經向他揭示了創世(creation),徹徹底底地,從未發生過。就帕帕吉所知,「一切從未發生,一切從未存在」。

這正是1982年3月6日他在日記上所寫到的:

無生

無滅

無束縛

無解脫

無求解脫之人

無人得解脫:
這是究竟真相。

絕對無顯
是唯一真相。

創世意味著在創造者身上有未滿足的欲望。如果究竟實相本自圓滿,那麼創世之舉就永無立足之地了。

這一立場被稱為ajata——無生。在帕帕吉和他的上師拉瑪那尊者之前,這一說法最有名的擁護者是喬荼波陀,一個生活於大約一千四百年年前的不二論導師。實際上,帕帕吉這篇日記的前七行文字譯自喬荼波陀最有名的偈頌之一,即他對《蛙氏奧義書》(*Mandukya Upanishad*)的註疏的第二章的第三十二偈。拉瑪那尊者將這同一首偈頌翻譯成了泰米爾語,並且收錄在他的《文集》(*Collected Works*)裡。這些頌文在帕帕吉的日記中再現並略帶細微改動,間隔定期,因為對他而言,似乎這些頌文捕捉到了他最為根本的體驗本質。

喬荼波陀開創的傳承中包括了最著名的不二論哲學家阿底・商羯羅阿闍梨，但是商羯羅偏離了喬荼波陀的「無生」之教，引進了摩耶（maya）之說，來解釋世界的顯現。雖然帕帕吉偶爾稱世界顯現為摩耶，但是對他來說，這不代表究竟實相。

帕帕吉： 不知為何，我不得不接受喬荼波陀的教言。我昨天向俄國來的唵先生（Mr. OM）解釋了那個教言的意思，那就是：「一切根本從未存在過。」這是我所喜歡的教導。甚至商羯羅都不贊同喬荼波陀。商羯羅開創了「摩耶」學說，即認為一切都是幻相。

雖然這麼說，帕帕吉會非常大方地承認顯現依然在他之內生起。那麼他是如何將此事實和他毫不含糊的「絕對無顯是唯一實相」的宣言調和的呢？

解答這問題的一個方式是去看帕帕吉對真實覺知（valid knowledge）的定義。在真我中沒有體驗者，也沒有被體驗的對象。只有智（jnana），即明覺（knowledge）。這是對於真正實相的直接、無中介的覺知。這一明覺是不能被任何感官所產生的體驗動搖或者反駁的，因為這些感官的體驗受制於一個非真實、不恆常的體驗者。

在這裡我必須提到不二論中「真實」這個詞的定義是和大多數西方人的用法非常不同的。在印度之外，一個東西如果是有形可觸的話就是真實的；也就是說，真實是能被感官所感知到的那些東西。然而，不二論採取的立場是，真實是永恆、不變的東西，只有無顯的真我滿足這個定義。既然世界和世界的感受者有生有滅，不二論者就不認為它們是真實的。這一嚴格的定義使他們徹底忽視能證明世界存在的顯而易見的證據。從他們的角度看來，一個不真實的創世主創造了一個不真實的世界，這根本算不上什麼創造（creation）。

雖然對那些視世界為真實的人來說，這可能看上去像是自

圓其說的語義學遊戲，但對那些有意識地將自己與無顯的大梵相認同的人而言，他們宣稱這是區分實相和真理與幻相和謬誤的一個恰當合理的訓練。

當一個來自古吉拉特邦的吠檀多學者，摩陀婆提爾塔·斯瓦米（Swami Madhavatirtha）在這同一問題上向拉瑪那尊者提問時，尊者也採取了這一立場。

拉瑪那尊者： 一個正確安住於真我的人，知道這個世界上無事發生，也知道沒有什麼曾經毀滅過。只有當我們還處於知者（pramata, the knower）的狀態時，才會感覺有什麼在發生。這種狀態不是一個人的真實本性。對於已經放下了知者之念的智者而言，什麼都沒發生過。

不二論的智者們，當被要求解釋世界的顯現時，通常說這是一個不真實的投射。他們說醒位是當一個人醒來時的投射，就和在睡眠時投射出夢境一樣。當人從夢中醒來時，立刻就知道夢中世界不是真實的。智者們也說，當人從醒位「醒來」，進入那個潛藏在一切現象之下、並能讓一切展現的無顯實相時，人就會毫無懷疑地明白：這個醒位中的世界，和一個人睡覺時投射出來的夢境一樣，只是不實的投射。

雖然帕帕吉採取了這一說法，但是他沒有完全滿意。他發現自己沉浸在一個無解的矛盾中：安住於無顯的真我，他知道，毋庸置疑地，一切從未發生，也不會發生，但是與此同時，顯現的證據還是在那裡。就是這一矛盾使他在數年間投入種種探究的努力。他留下很多筆記和結論，可以在我選摘的日記中看到。他的上師，拉瑪那尊者在論及創世的過程時，也承認了這一矛盾的存在：「在自明純淨本然中，這一莎克提（sakti）〔導致顯現的力量〕是無法被見到的。然而，她的作用卻也是無人不知無人不曉。」似乎尊者並不像帕帕吉一樣困擾，因為尊者

對這個無法解釋現象，他只留下一句話：「多麼無以倫比！」

就像尊者說到的，這個導致了顯現的莎克提不是永遠在場，因為在「自明的純淨本然」中，它是無法被看到的。因為這個純淨的本然無須依靠莎克提而存在，反之則不行，所以莎克提和作為前者展現的世界，這兩者就究竟而言，都不能被視為是真實的，因為它們都不能通過恆常的考驗。它們並不是一直都在的，所以它們不是真實的。

在他對顯現的本質的多次探索中，帕帕吉檢查了欲望在這個過程中扮演的角色。在之前的一個引文中，他寫道：「創世意味著在創造者身上有未滿足的欲望。如果究竟實相本自圓滿，那麼創世之舉就永無立足之地了。」帕帕吉一直承認欲望和顯現之間的關係，下面這一則日記（1981年8月28日）就顯示了這點：

無明引生欲望，欲望引生世界。當你意識到無明本身並不存在，你會發現你的種種欲望也是虛幻的。因此，這個世界也就是幻相，並不存在。世界從來沒有存在過。如果過去未曾發生，那麼想要擁有一個對境的欲望怎麼可能生起？如果沒有欲望，那麼世界怎麼可能被視為真實？如果欲望終結了，你會發現，見者和所見之間的關係是虛幻的。所以，你就成為了終點，是所有苦難終結之處。

有一段時間，帕帕吉探究是不是因為他自己潛伏的欲望導致了世界景象在他之中生起。他覺得從這一理論可以推論出，所有欲望都消失的話，就會使得世界的顯現也徹底消失。在1981年十月，他寫道：「輪迴依稀的影子〔世界的顯現〕仍然存在。直到這個消失之前，我的工作不會結束。這是我堅定的信念。」

這點很值得指出，因為它為一些日記提供了恰當的背景，否則這些記錄會有點讓人摸不著頭腦。當他寫到自己試圖熄滅

欲望，或者當他在自白中談到自己依然還在進行某種靈性探尋時，應該理解為他要麼是在談自己在努力理解世界的顯現，要麼就是在試圖使它消失。他並不是在談尋求開悟，因為他相當確定他深層的體驗數幾十年來一直未變過。有些評論提到他已經達到了某個目標，或者最終證得了某種狀態，也是指的是同樣的這些實驗。

附帶值得一提的是，帕帕吉並不認為開悟有層次之分。在這一探尋上的成功，不會使他開悟更多一分，要是失敗了，也不會讓他的開悟少上一分。就像下文的一系列引文所表示的，以他對真我的覺知，這個底層的實相在這些探究之中毫無動搖。

帕帕吉試圖徹底否定世界，但從未成功。我想他認識到這既不可能也不必要。他認識到顯現是自然、不可駁斥的現象，它從無顯的基底中生起，只要他一直認同這基底，那麼顯現就不會給他帶來任何麻煩，有了這一認識，他就不復探究了。下面幾則日記則是例子，顯示了這一觀點：

1982年11月7日

昨夜夢中我看到了多少東西啊！它們就像是在醒位一樣真實。然後它們消失了，一個新的場景在我眼前出現。現在，這個看起來是真的。但是我自己並沒有變。出現、消失的對境是我的心的投射。我所投射的東西，並無真實可言。這是出現在靈魂面前的恆常現象。沒法去除。就任它繼續吧。這不是我所關心的。我在其中的參與也不是真的。只要我對此保持警覺就夠了。正在發生的是我的投射，而我總是安住真我。

1982年12月30日

我和世界是唯一的整體，一個真實而永恆之體。在這其中或者之外，沒有過去、現在和未來。我一直存在。我會一直存在。

沒有眾生之滅。沒有束縛、修行，沒有解脫。

1982年3月9日

心和它的活動只不過是不二之梵——永遠純淨、自由和光明的。正是因為無明，個人才感覺到心識活動的主客體二元關係。但是一個了知真相的人在一切處、在一切心識活動中，都只看到無二之梵。

既然這是一個複雜的題目，充滿了看起來互相矛盾的說法，我之前說過的有關帕帕吉對實相和顯現的體驗可以簡短地總結如下：

一、「一切從未發生」是究竟、不可動搖的體驗。
二、感官所感不能推翻這個，因為它們所傳遞的資訊是一個不真實的知者之識。
三、然而，矛盾的是，顯現依然存在，但是智者並不以二元法而視之為所見對境的名字、形象。顯現是梵中一個不可分的表象，與其無異，因而也是真實的。

拉瑪那尊者引用商羯羅為證，如是說道：「梵為真實；宇宙非實；梵即宇宙。」他所得的結論是一樣的。

雖然這一觀點看上去在邏輯上和經驗上都相當站不住腳，但是從印度教最偉大和最受尊重的智者們的直接體驗中，卻得到了印證。1995年在勒克瑙的一次薩特桑上，帕帕吉對這一顯而易見的矛盾進行了更為詳細的說明。在這一番話之後，則是他日記的選摘。

在那個地方〔**心之寂靜**〕，唯有在那個地方，人可以說：「一切從未發生。一切從未存在。世界從未形成或者消失。」那個地

方是我的真正的家,是我恆常所在之地。只有當一個人安住在那個本來無生的究竟之地時,才能有權威說出這樣的話。

幾個星期前,有人問我:「您說世界是妄心的投射,您說自己沒有妄心,如果您沒有妄心,這個世界怎麼可能對您顯現呢?」

我回答:「我不見世界,所以我無須對它的展現做什麼解釋。如果我在眼前看到一個世界的話,那麼我就不得不去琢磨出一個解釋來。」

這是回答這個問題的一個方法。我也可以說世界即是梵,一切所見皆是梵。

你可以視世界為真實、為梵,或者就像佛陀一樣,你可以說它本來為空。他未見一物。這兩種說法都同樣正確。

我可以說世界從未存在,或者說世界是梵。這兩種說法都是對的,但卻很難理解。世界是真實的,是因為它是梵,而不是因為它顯現為名字、形象。從未存在的是名字、形象。

1981年2月23日

對那些見到真我的人而言
<u>業不再起作用</u>。

你要遠離
<u>一切念頭</u>。

「一切從未存在」
<u>是究竟真相</u>。

1981年2月24日

當你摒棄
所有你讀過、聽到、看到或者想到的
就證得了解脫(moksha)。

當欲望消失,記憶不復存在
見者－所見－見不存
「我是色身」是為障礙。

不斷堅信「我即是梵」
會去除迷妄。
輪迴會終結。

拿掉鏡子,就不再有映射。

1981年2月25日
<u>執著</u>

當一個人執著於

女人
財富
子嗣 的時候,

他又怎麼可能禪修?

執著使靈魂進入**輪迴**,生生不息。放下執著的人將瞬間**自由**。放棄身體時,他永遠不再出現在這個世界上。執著的人是永遠不會幸福的。無論他出生於何地,執著會跟隨他,並障礙他的覺悟。

1981年3月5日

數以萬計的欲望以「我」身而行。
放下所有的欲望。
頭腦不可能看到究竟。
當念頭消失,即見真我。
一個人不可能靠頭腦來理解智。
放下和語－**觸**－形－樂受

（shabda-sparsh-rupa, and rasa gandha）。

1981年3月10日

意－口－身的習氣必須靠精勤努力而去除。
如石像般安住。

只要還有

「我」

就不要論實相。

1981年3月7/8日
1. 將你的心專注於源頭。
2. 拋去所有欲望。
3. 不要去看任何東西。

所見並不存在。不要想著世界。

在這一章的多處地方，我會插入帕帕吉日記的影印件，好讓讀者瞭解原件的狀況。在這一年中，日期下的印刷文字是印度也通用的非西方日曆。記錄日記時，所處的城市通常以縮寫形式靠近篇頂部標明。在這篇日記中，「By」指的是孟買（Bombay）。在其他日記中，「Lko」指的是勒克瑙（Lucknow）。

1981年3月11日
當心還活躍,就見到了世界。
心中沒有概念的人,必然是覺悟的勝者。
徹底放下。
那個即是!
並保持安靜。

> When the Mind is active, there the world is seen. A man who has no concept in the mind is the sure winner of Enlightenment. Give up entirely. That *is*! & stay quiet.

1981年3月12日

對世間無動於衷,把所有的意圖都從你心裡吐出去。

1981年3月24日
開悟

世間的種種對境都由頭腦的念頭之浪所感知。認同於頭腦的靈魂,持續地從一個念頭之浪漂到另一個念頭之浪。如果能在浪花的起、落之間去尋找的話,就能得到開悟。

心無形,沒有內或外。它只徒有其名。沒有欲望,心就無法存在。當對一個客體的欲望生起時,心就以欲望的形式存在。

心與欲望是一體的。

當自我發現了究竟,欲望就消失了。色法(Drishya)就像鬼影一樣存在。驅除這個鬼影的咒語就是**了知真我**。

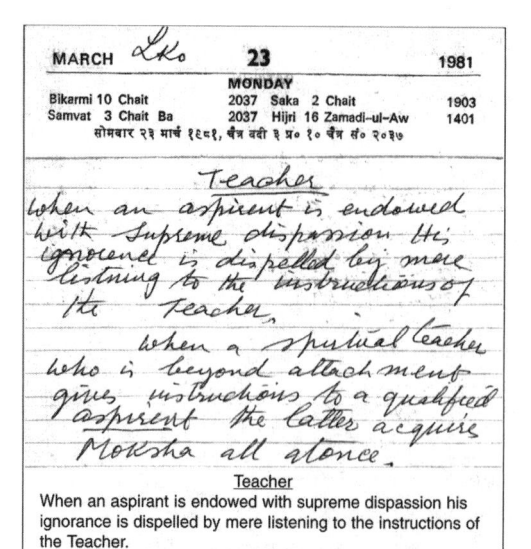

> MARCH LKo 23 1981
> MONDAY
> Bikarmi 10 Chait　2037 Saka 2 Chait　1903
> Samvat 3 Chait Ba　2037 Hijri 16 Zamadi-ul-Aw　1401
>
> **Teacher**
> When an aspirant is endowed with supreme dispassion his ignorance is dispelled by mere listening to the instructions of the Teacher.
> When a spiritual teacher who is beyond attachment gives instructions to a qualified aspirant the latter acquires Moksha [liberation] all at once.

1981年3月23日
　導師
　當一個求道者達到了徹底的離欲，只要聽到了導師的開示，就能消除無明。
　當一個離欲的靈性導師給一個利根的求道者開示，後者當下就能解脫。

1981年3月27日

Drishya Buddhi
〔世界之相由心識而造〕

只要你還相信有個世界，就算你努力想要安住於超級覺性（super-consciousness）也不會成功。Drishya Buddhi是輪迴的種子。智慧會燒焦它。三摩地也不會導向解脫。當一個瑜伽士出定時，他發現自己又被世界迷惑了。只要還能覺知到世界，就沒有覺悟。只要瑜伽士不破除名相，就不會有解脫。不管念頭動到哪裡，世界就會存在。只要頭腦還未被破除，世界就繼續存在。

1981年3月28/29日

心

只要在你心中還有名相,就有束縛。真我從未出生。它超越束縛和解脫。甚深洞見之下,連世界也未有出生。我－你－他,這是色法。只要還有世界的對境,心就繼續維持著它的存在。當它出離於世界,它就不存在了。它融入了真我。

被無明所遮,梵扮演了個體靈魂的角色,以一場夢的形式體驗世間萬法。當一個人的真實本性因智慧之力而被認出時,輪迴之夢就終結了。

梵天〔創世之神〕=覺性中的一個念頭波浪。

自我從梵天中產生。
創世只是純粹覺性中的一個振動。

1981年4月9日
業習(Vasanas)

業習的奇蹟讓世界看上去是真實的。我們生活在彼此的頭腦中,也由彼此的想法所維繫。世界是由諸種意圖(sankalpas)〔想要完成或達到特定目標的企圖、欲望〕所維繫的。真我的存在不依靠智力－頭腦－覺受－欲望的運作。

真我比原子更精微。不能被法界和因果局限。拿掉鏡子後,就不再有映像。同樣的道理,頭腦被去除後,就沒有世界。所以,覺悟真我吧。

1981年4月10日
解脫

1. 在你談論它前先了悟真我。
2. 放下所有頭腦能夠抓取的東西。

持咒－苦行(tapas)－朝聖－布施－火供(homas)－雅甲

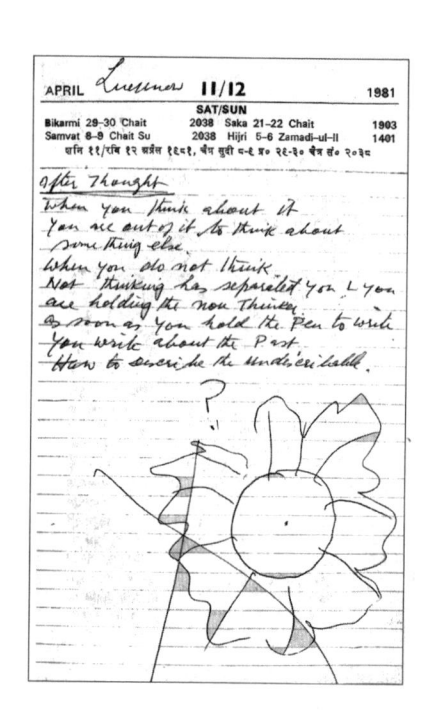

1981年4月11/12日
念頭之後
當你去思維它，你就離開了它，在想其他的東西。當你不去想的時候，無想已經將你分離，你正執著著這個「無想者」。一旦你拿起了筆來寫字，你所寫的就是過去。要怎樣來描繪那不可描繪的呢？

帕帕吉在1992年給我看這頁紙，並說了以下這番話評論：
「我想要描述那未曾被描述過的。我決定了，在我能對它做出恰當描述之前，我不會起身。我盯著紙看了一個鐘頭，但是想不出任何話。到最後我就只是在頁面上打了個大大的叉。」

（yagnas）〔吠陀儀式〕，這些能在你死後把你的靈魂送往天道，但是靠它們你無法得到解脫，也無法終止這個輪迴的世俗過程。

除非你消除自己與梵之差異，否則你怎麼能得到解脫！去掉所有肉眼能見的。把自己藏身幕後，袖手旁觀。梵－毗濕奴－忿吼者[a]無法觸及實相。你想去記起，你沒法做到。你想要忘記，你也做不到。

1981年4月14日

本無一物。

---

a 忿吼者（Rudra），茹棃，意為咆哮者。在梨俱吠陀中被譽為「強力中之最強者」，現忿怒相，也是濕婆的異名。

(FROM THE FIRST, NOT A THING IS.)

本自清淨。

(FROM THE OUTSET, YOUR NATURE IS PURE.)

正是與境界的接觸,造成了迷惑。外不著相、內不動心,如如不動,即是禪修。

不論任何境界都不要

 動起念頭。

  但如果你安住真我時

   生起了念頭,

那麼,雖然你有見、聞、覺知和行動,你卻不被任何境界污染,你一直是**解脫**的。

  在一切境界中不染著,名為「無念」。如果你把自己和周圍環境隔離開,那麼,面對各種事情,不會有念頭生起。如果你把所有念頭都摒棄,只要一念被斬斷,你就會重生於另一個國度。不要住於客體之境和主體之心上。

1981年4月15日

一切所見之相都是虛幻不實的。如果心住於物,就被纏住了。於相離相。

  無念,指的是在陷入念頭時不要去想。無住,是人的真實本性。如果你去掉念頭,實相自然會顯露出來。

1981年4月27日

<u>於一切處</u>

行、立、坐、臥
　　　　保持你的心
不動[a]。

1981年4月28日

　　　　無　念
　　　　無　生
　　　　無　執
　　　　無　二

任由事情自然發展。終日無動於衷，就好像是你病得無法去理會一樣。

1981年4月29日

心生種種法生。
實相是超越言語的。

無嘴可說法。
無耳可聽聞。

若見諸相非相，則見實相。
應無所住而生其心，
不住於聲、香、味、觸、法。

---

[a] 疑原文出自《六祖壇經》付囑品第十：「若於一切處，行住坐臥，純一直心，不動道場，真成淨土，此名一行三昧。」

MAY Hardwar **9/10** **1981**

Attended Sri Shankar Jayanti at Sannyas Road.

Spend all your time learning to halt the activity of your own MIND.

Non-abiding Mind is nothing but REALITY.

When thoughts come, let them go. Don't follow them.

哈德瓦 1981年5月9/10日

在雲遊僧路上參加了商羯羅誕辰節慶祝。

將你所有的時間都用來終止你的心的活動。

無住之心即為實相。

當念頭生起，由它去。不要跟著。

1981年5月11日
　　瘋狂的心
　　　永不停歇
　　　　如果停下來
　　　　　它就會
　　　　　　覺悟。

迷妄的心在主體和對境間分裂。

清空心中所有對世間的情感。

無住之心是為實相。

1981年5月12日

當一個念頭掠過你的腦海，你就將自己投入到了千劫的束縛之中。

停止念頭。真我就顯露了。

當你攪動起一個念頭，你就背離了真我，而執著於相。

不要對境生心。
究竟成就。

1981年6月13/14日

每個男人與女人天生就具備理解真實本性的內在潛能，但是只要頭腦還在糾結它對現象的執著，那麼潛能就不能展現。無論學習了多少經文的知識，拜訪多少死人的墳地，還是喜馬拉雅山區高峰上的聖地，持誦了多少咒語，或者做了多少斷食，都根本無法幫助一個人啟動他的覺性。只有接觸或明智地依止一個一切處皆無執著的證悟者，才有可能。人可以被他的話語、觸碰、思想、目光而得證悟，甚至是在彈指之間。

1981年7月24日

時間單位

1分鐘＝60秒
1分鐘有4500個剎那
1念＝90剎那
1彈指＝60剎那

如果求道者是赤忱的，只要與一個證悟的智者接觸，他在剎那之間就能覺悟。

1981年8月3、4日

心（MIND）

心徒有其名。它沒有自己的形象。從究竟角度而言，心並不存在。心導致了超越的真我變得認同於物質世界，而實際上這是虛妄的。當對一個對境的欲望生起時，心就以那個欲望的形式存在。心無法脫離欲望而存在。無明－輪迴－心－束縛，就其含義而言，是同義詞。心和輪迴在其含義上是互相依賴之法。實際上，世間法從未存在過。

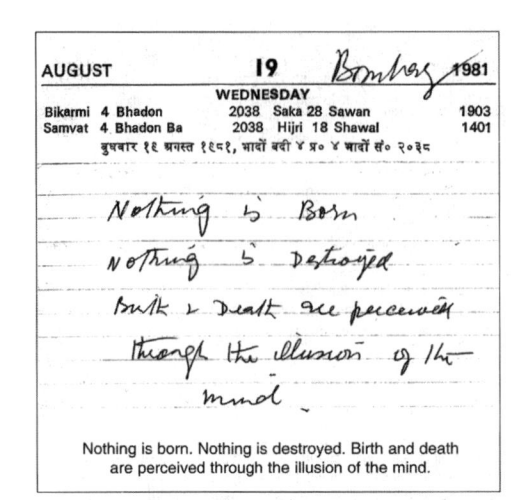

> AUGUST 19 Bombay 1981
> WEDNESDAY
>
> Nothing is Born
> Nothing is Destroyed
> Birth & Death are perceived
> through the illusion of the
> mind.
>
> Nothing is born. Nothing is destroyed. Birth and death are perceived through the illusion of the mind.

1981年8月19日 孟買
一切無生。一切無滅。生與滅都是由妄心所見。

當見者停止感知到所見，這就被稱為解脫。
當心發現了它的究竟（absoluteness），心的欲望就消失了。
當覺知從我－你－世界解脫出來，它就安住於它本性的殊勝中。
世界就像鬼影一樣存在。能夠驅逐這個鬼影的咒語就是了知**真我**！

1981年8月20日

實際上，每個人本來就由**真我**而生，所以死亡無法觸及誰。但是因為無明，人們將自己視為身體，成為了造業者。因此，人們就會被死亡摧毀。

1981年8月21日

無明是世間法的種子。
如果無明沒有被了悟而去除，世間法就無法破除，世間不破除，就沒有解脫。

1981年8月22/23日

什麼是世界？
它從哪裡來？
它住於何處？

當一個人的真實本性由直覺智慧力（intuitive wisdom）發現，世間法的幻夢就結束了。只要世間法在你的意識中還是一個對境，就有束縛。當世間法被破除時候，就生起解脫。

1981年8月24日

就算你求諸成百種儀軌修持，只要色法對你還是存在的，你就無法得到解脫。
這一世間法疾病不能靠不分青紅皂白地忽視它而得破除，而是靠基於對真我的本質日益增長的領悟進行參問來破除。

1981年8月28日

無明引生了欲望。欲望引生了世界。當你意識到無明本身並不存在，就會發現你各種欲望的虛妄。因此，

> 整個世界
> 成為幻相
> 並不存在。

1981年9月1日

一切從未生
一切不會滅。

1981年9月2日

你自己的欲望假設了神的形象，並為你長久的欲望而設立了一個果位為嘉獎。將你的注意轉向解脫，在那最高的成就上，得到解脫。

1981年9月5/6日

無明引生欲望。
欲望引生了世界的投射。

但是當你領悟到無明本身並不存在，你就發現你種種欲望皆是虛妄。結果，整個世界也變得
<u>無存</u>。

1981年9月7日

對身體的覺知，靠在頭腦上留下的印象維持。這個世俗的疾病，無法一概忽視而破除，但是能夠靠參問真我來破除。

1981年9月8日

一切都是心的投射：太陽、月亮、天空，
群山、河流、森林，
人類、獸類、鳥類。

見者和所見沒有實體。
只是靠心本身的活動，
又怎麼可能超越心呢？
甚至連禪修也是由心之所向引發的。
它無法讓人從生與死的幻相中
解脫出來。

1981年9月9、10日

0800（靠電臺新聞猜出的時間）

> 這是多麼巨大的平靜
> 降臨在我心中！
> 我的心在雀躍
> 就像大海的波浪
> 想要親吻它、擁抱它，
> 但始終無法
> 更進一步。
> 我的眼睛看到房間
> 四周的樣子。
> 我的耳朵聽到收音機
> 傳來的新聞。
> 我的手在寫下
> 感官所感。
> 心在看著
> 呼吸的運動。
> 心在看著
> 心的活動
> 而活動的心依然是
> 非常寧靜。
>
> 現在我在探尋它的面目。
> 　　我口中沒有言語。
> 　　我腦海中沒有畫面。
> 　　我沒有恐懼。
> 　　我沒有欲望。
>
> 現在我拋下筆去探尋

它的面目,但是又能
朝哪裡努力?
世界從未存在。
如果過去不曾發生,
想要擁有一個對境的欲望
又怎麼會生起?
如果沒有欲望,
世界又怎麼會被視為真實?
如果欲望結束了,你會發現

在見者與所見

之間的

虛妄的關係。

你因而成為

所有痛苦

止息的

果(GOAL)。

1981年9月11日 勒克瑙
沒有過去、現在和未來。命運不存在。當見地顯露,世界消融。

> There is no past, present or future. Destiny does not exist.
> When the vision unfolds, the world melts out.

1981年9月12/13日

在每個身體裡的知者（Knower）看到它自身的幻相。
　　這個了知之力
　　　　就是真我。
　　世界是幻相。

───────

色法之見，是輪迴的種子。
　　用智慧的火把這種子燒焦。
這是達到解脫的唯一方法。

1981年9月14日

只要你還相信這個世界是真實的，你所做的努力就不能讓你從世間法中解脫。但是當你獲得了真實洞見，你就會安住於真實境界，本然三摩地（sahaja samadhi）。無明是世間法的種子。如果無明沒有被明覺（knowledge）所去除，世間法就不能破除。世間法不破除，就不可能有解脫。有所見的見者只是單方面的幻覺，只需要直覺之見就能夠將其終結。如果沒有使用智慧之光克服這個幻覺，見者就會一直被困在世間法中，哪怕他躲到喜馬拉雅山的山洞裡也無濟於事。

1981年9月15日

只要色法對你而言仍然存在，
你就無法證得解脫。
　　我－你－他是色法之見（drishya buddhi）！

隨著世間法的終止，**真我**孑然獨存，
　　唯有那至高無上。

真我從未出生。

它是超越束縛和解脫的。

在更深的洞見中,這個世界也沒有出生,因為它是幻相。

只要在你的意識中還有世間法,就還有束縛。

覺悟是幻夢的終結。

同樣地,要從世間法解脫,人們必須覺悟到自己的真實本性。

1981年9月16、17日

見者已經落入了束縛中,因為它有所見,見到我－你－他的名相。只要還有見者與所見,就不可能有解脫(moksha)。

如果你說這個世界不存在。

那麼,這個否定可見世界的概念就暗示著,有一個相對的「色法」可以對抗當前的色法,也暗示了相對的色法加重了束縛。

只要心沒被破除,世間法就會繼續。心生種種法生。只要你確信這個世界是真實的,就無法從世間法中得到解脫。你安住在無二的狀態中,不管是在禪修的座上還是座下。

色法之見是輪迴的種子。從中退出。這是獲得解脫的唯一辦法。

人的執著是他的死亡的原因。死亡不能摧毀一個沒有執著的人。其實並沒有生死這回事,只是因為無明,人們認為自己就是身體,才引生了這些,所以人才有一死。出生和死亡都是經由頭腦的幻覺而感知到的。

就像大海的波浪是大海,維持著世間法實有的所有頭腦變動也無非是純淨覺性。這個**無上的真我**是所有存在之法的本質。

1981年9月19、20、21日

凡所有相，皆是虛妄。
若破除相見，就見到了實相。
若見諸相非相，
則見實相。

捉迷藏。
它是藏和找，但當我投入其中，主動權不在我。
當我採取主動，我就失去了它。

1981年9月22日

我確實無法寫下自己在當前這個時刻所處的狀態。
但我正在看並且描述它。

甚深寂靜，但並不是指不說話的寂靜。
這是非常不同的。
我看著接下來發生的。

我想要表達那個東西，但卻無法表達。
為什麼我不能表達？

因為，為了要表達，我得在其他某個東西之外，
但這情況，
我不知道我在哪裡。

1981年9月23日

我想要寫下，自從半夜開始發生的事情。當我試圖記錄下來，它就消退了。但是我仍然寫了。

> 一切是不可分的一個整體——
> 無形的實相。

一個波浪生起想要理解它。
然後它分開了，我感到自己的個體性
與整體相分離，
我看到作為物質，自己在裡面、整體在外面，
而我試圖明白。
但是有一個波浪下的東西
深信它存在著
無須借助任何
理解。
我不能稱它為投射。
我稱它為投射只是
為了迎合我的理解。
這也是一種投射。
我試圖表達它。
它不需要任何表達。
它如此燦爛、完整而真實。

1981年9月25日

在我下午午睡結束前，從1:50到3:40，我做了一個夢。在夢裡，就在醒來之前，我向羅摩·提爾塔問了一個問題。
「心是在哪裡開始運作的？」
他立刻拿出他的圓形金框眼鏡，指著鏡框的圓框。
「看這裡。任何一點開始，它在哪裡結束，就在哪裡開始。」
言畢我就醒來了。
乾脆俐落。
真是個妙人。

1981年9月26/27日

我們看到的所有都取決於心的運動。
當這些運動停息了，心就是無念的，
因此回到了它的源頭。
這樣，世間法就停息了。
這是最高的成就。

我要怎樣看到那不受限的
並用一個詞來稱呼、描述他？

<u>心念是一陣邪惡的波浪。</u>
<u>要知道，你所割捨的那個是毒藥。</u>

為什麼我無法描述？
因為我和心失去了聯繫。
有些振動在。

<u>這只是一場夢。</u>

1981年9月28日

所有被說出來的都不是真的。
沒有世界，沒有創世者。
沒有粗大的也沒有精細的，
沒有風沒有火，沒有太陽沒有月亮。
沒有地，沒有水，
沒有光，沒有時間，
沒有言語，沒有身體，
沒有行為，沒有公德，
沒有咒語，沒有禮拜，
沒有儀式，沒有典禮。
　　它是一。

沒有羅摩、濕婆或莎克提，
沒有朝聖，沒有儀式。
他沒有父親，沒有母親，
沒有上師。
他是獨然的。
　你能理解嗎？
一切是心。
　心一直在做夢。
　　我說這是一個夢。
　　然後我的心開始夢到
　　醒位的真實，但是我抑制了它。
　　一切都清楚了。
最好將之保密
因為你無法展示它。
不要讓心動搖。

> I am free. A big release. Where are you, o mind?
> No movements.

1981年9月29日勒克瑙
我是自由的。真是巨大的解脫。你在哪裡啊，心？沒有動搖。

1981年10月5日

所見與所感
<u>和無所見、無所感相比</u>
<u>是多麼不同啊！</u>

1981年10月10/11日

沒有什麼身體行動或者心理運作，抑或任何智力上的努力能助人脫離這個苦難本質之輪。

　　出來！跳出來！
　　擺脫一切。
　　我不是身體。
　　我不擁有它。
　　推出去。
　　不要攪動一絲念頭。
　　<u>幹得漂亮</u>。
　　好，現在一切都結束了。

1981年10月12日
哈德瓦

就在恆河岸邊。
多麼喜悅（ananda）！
無有內外的喜悅。
各種感官都是寧靜的。
心無掛礙。
我的人生已經完成。
我多年的苦修
已經使我達到了果位。

輪迴依稀的影子仍在。
直到這個消散之前，我的工作未完。
這是我的堅定信念。
又一次，有人呼喚了我。
寂靜。
喜悅。

1981年10月13日

〔哈爾班斯（Harbans）是帕帕吉父母稱呼他的名字。〕

哦哈爾班斯，你是多麼幸運！
所有在我心頭的負擔
都已經被卸下。
現在你一定不要回頭。
現在，為什麼沉睡？
現在，為什麼醒來？

我不是這個身體。

這個身體從未屬於過我。

1984年10月14日

沒有出生，
沒有生命，
沒有死亡。
它是恆常的。全然的生命。
我無法理解
個體是如何
作為一個分裂的個體而生起。
沒有起始，沒有終點，沒有中途。

在這個方向上，沒有人能幫上忙。

一種截然不同的領悟。
沒有禪修。
在領悟中沒有什麼要鬆開
或者收起。
沒有心念。
是其他的。
沒有思維，沒有控制。
甚至我與他者的概念
都沒有。
　　　　美妙——柔和的寂靜。

1981年10月17/18日

哦我的夥伴們，
　　唱起喜悅的歌吧！
　　　　我今夜結婚。
　　　　　　我不可見的新娘，
　　　　　　　　從四面八方呼喚我。

3:15am
半夜醒來，下了床，去了河邊，開始在狂喜之中唱起歌來。

1981年10月19日

哦，恆河母親，您向我傾注了滿滿的祝福！
母親，我極其感激。
沒有醒、夢和沉睡。
這三個狀態都不存在。

> OCTOBER **15** 1981
> THURSDAY
> Bikarmi 30 Aswin　2038 Saka 23 Aswin　1903
> Samvat 2 Kartik Ba　2038 Hijri 16 Zilhiz　1401
>
> I AM FREE. My mind doesn't cling to any subject from now onwards.
> H. W. L. Poonja 1900 hrs 15/X/1981 Hardwar
> Thanks to everybody who helped me throughout.

1981年10月15日
哈德瓦
我是自由的。從現在開始，我的心不繫一物。
H. W. L. 彭嘉
1981年10月15日 19點 哈德瓦
謝謝所有一直幫助我的人。

一種奇怪的沒有狀態的感受。
多麼快樂的一生！
雜耍人的戲法結束了。

1981年10月22日

　　這是一個連續、無盡
　　和無始的夢。

ＨＷＬ彭嘉

　　非常清楚

　　甚至不要與實相
　　結成任何關係
　　也不要讓你的心

有任何立足點。

<u>頓悟</u>。

1981年10月23日

無論我看到、聽到或感受到什麼,都是我的心在誇誇其談。在夢中,就像在醒位一樣,心誇大了所有的對境——山脈、河流、樹林等等。實際上,一切從未存在過。
<u>ＨＷＬ彭嘉</u>

1981年10月24/25日

無論我看到、聽到、聞到、品嘗到和碰觸到什麼,
都是場夢。
醒與睡,出生、生活和死亡,
一切都是場夢。
受苦和享樂也是場夢。
一切由心所造。
這是一個充滿幻想、誇大其詞的,一場夢。
要如何終結這個夢?
這種想法也是一場夢。
任何想要解決它的行為
都只會是在夢中。
一個奇怪的情況。
沒有人可以交談
來解決這個情況或者給我建議。
我必須自己去到
沒有人可以到達的地方
　　我不需要別人的幫助。

一個奇怪的動力生起並推動著。
我會獨自一人。

1981年10月29日

若見一切形象皆非真實,
則見實相。
因執著形象,
無法與究竟合一。
無住之心為實相。
若心有住則陷無明。
　停止所有世間的感受。
　無修,
　無求,**無**執。

形象＝空
空＝形象
形象〔rupa〕＝空〔sunya〕

1981年10月30日

<u>自我生起</u>,一切也生起了。不能以心見實相。實相應該靠直覺來領悟。心生種種法生。置身其外。領悟不靠修行而到。

不住於
<u>所見、所聽、所聞、所嘗、所觸</u>。

就會頓悟。

1981年11月9日

我剛才睡了個覺,做了個夢。回到我之前的醒位,在我看來就像

是另一個夢已經開始了。在醒位的事物似乎是被知的,但這沒啥關係,因為甚至在夢裡面,人認得出一切事物,就和在醒位一模一樣。一次又一次地,我確信一切都是個夢。

幸福和苦難,得到與失去,出生、成長和死亡都是一個夢。

我不能理解的是,誰在做夢?

不管發生了什麼,我都不會當真,我不會。

ＨＷＬ彭嘉

林地[a]

班加羅爾

1982年1月1日

不管我正在看什麼;

不管我已看到什麼;

不管我在未來將看到什麼;

不管我曾是什麼;

不管我是什麼;

不管我會是什麼;

所有這一切都是個夢。

這不只是個故事。

這是我的堅定信念。

這是真相。

但是

這是誰的夢?

是誰在做這個夢?

出生、成長和死亡都是夢的部分。

實際上空無一物。

---

a 可能是班加羅爾的一家旅館,名為Woodlands。

因此,「我在」就是輪迴。
我是誰?
知道了這個,就知道了輪迴,
究竟是什麼。

1982年1月2日

摩耶

什麼是摩耶?
它如何生起?
它如何安住?
要怎麼理解?
摩耶是心的躁動。
它從心中生起,
以欲望的形式住於心中。
當心念停止回到
它本源的時候
摩耶就會消失。

小憩一分鐘
看看事物、時間、善和惡
是怎樣形成那個旋風的。

醒醒!

1982年1月3日

當我讀到或者從別人那裡聽到偉大的見道者們的說法或者體驗時,我沒法讓步說這些能經得住真理的考驗,或跟我的發現一致。

〔我把這一段話拿給帕帕吉看,並問道:「您自己的境界或體驗有什麼如此不同嗎?您的發現和過往那些偉大的大師們的有什麼不同?在他們的描述中,您覺得有什麼是無法接受的?」

他回答說:「我能接受他們是解脫的,他們不再有欲望。這個我是承認的。但是他們說的其他的東西,就是個概念了。上帝是個概念,天堂和地獄是概念,覺悟和束縛是概念。任何你能談論的都是概念,但是實相本身不是概念,不可能加以談論。我不相信任何概念,也就是說我不相信或接受別人說的什麼,因為他們說的一切都一定是個概念。」〕

1982年1月4日

人受束縛、受苦,是因為他欲求感官的快樂。一旦滅除了欲望,人就擺脫了世間法,永遠不會再在這個舞臺上出現。

1982年1月6日

> 我坐在小屋〔kutir〕裡。
> 喜悅的波浪湧起
> 遠遠超出了
> 肉體和心理的限制,
> 使我清涼而神采奕奕。
> 眼睛自然地閉上
> 去抓住恆定安住的那個東西。

1982年1月7日

我看到、聽到、觸摸到、品嘗到、聞到的,只是心的想像。
當這一活動停止了,一切就止息了。
甚深寂靜中保持警醒,這樣沒有念頭生起,

也沒有地方可住。

1982年1月8日

沒有被滿足的欲望導致了現在這一生，正是這一欲望維繫了人生。這一欲望盤桓不去，將會導致下一次的出生。如果這個欲望在這一生中止息，人就得到了自由，將永不會再回到世間。欲望是所有痛苦之因。

> 不要在你的心的源頭
> 激起
> 一絲念頭。

1982年1月9日

> 涅槃的狀態
>
> 那裡沒有土也沒有水
> 沒有火也沒有風，
> 沒有虛空的無限，也沒有覺知的無限，
> 沒有空的舞臺，也沒有
> 覺知或不知的舞臺，
> 沒有太陽也沒月亮；
> 沒有來也沒有去，
> 沒有停駐、消逝，沒有升起；
> 它沒有支撐或基礎：
> 這是涅槃的狀態。

1982年1月10日

因種種欲望而生的靈魂將在每個欲望徹底根除之後不復存在。貪愛滅除就是涅槃。

1982年1月11日

只要我還相信這個世界是真實的，我的種種努力就都沒法把我從這個世間法中解脫出來。觀者將繼續困在這個世界中，哪怕他躲到了喜馬拉雅山的山洞中去也無濟於事。唯有直覺的洞見會終結這個幻覺。應無所住而生其心。

>當你得到了真實洞見，
>你就得到**真實境界**，
>究竟**實相**。

1982年1月12日

從欲望中解脫是從生死中解脫，從而終結世間的輪迴。靠堅定的意志，實相的追求者能夠在他此生結束前就贏得解脫。無論你在哪，都可以開始。

男人愛女人，女人愛男人，但是稀有之人愛普魯沙（Purusha）〔普魯沙即無顯的真我。這是引用卡比爾的話〕。

1982年1月13日

事出必有因。從沒有無因之果，也沒有無果之因。這個因果之鏈是不可破壞的。這就是宇宙永遠延續的方式。
每個人沉迷於房子－妻子－子嗣。
>沒人有時間去
>認識他自己。

1982年1月18日

在這個世間或者在眾神的各個天堂中，沒有一個生靈是不執著的。執著是生死的根本原因，無論生在何處，執著都會跟著這個生靈

障阻他的解脫。

1982年1月19日

頭腦無法看到究竟。
當念頭消失，
真我自然顯現。

1982年1月21日

意－口－身的種種習氣，必須精勤努力才得以馴服。
保持像石頭一樣不動。
一個心中沒有概念的人註定是覺悟的贏家。

　　徹底地放棄；彼即**在**。

　　保持靜默。

1982年1月28日

哦我的心，
你是我最好的朋友，
我最親密的朋友，
因為你現在沒有攀緣
任何主體和客體。

1982年1月29日

你既無所得亦無所失。
哈爾班斯！哦，朋友，
只是坐著
你就已經完成了你的工作。

真是解脫！
真是喜悅！
　　淚如泉湧，
　　　　暢懷大笑。
太陽剛剛在
遠處的喜馬拉雅山上空嶄露。
　　他非常快樂。
烏鴉嘎嘎，
麻雀喳喳。

周圍一片寧靜祥和。
一股浪潮在內外湧現
但它有別於我的真面目。
多麼幸福！
從內到外，從外到內，
多麼喜悅！
什麼在外？什麼在內？
一切是一。

1982年1月30日

今早我突然早早醒來；
跳起來坐下。
因領悟了一些未解之謎
而狂喜。
之前我從未如此
聽說過、看過或領悟到它。
我現在覺得一切都清楚了。
這一勝景（tamasha）是什麼？
見景者（tamashbeen）又是誰？

我現在已經知道。

這難道不是幸運嗎？

幹得漂亮。

祝福你，哈利萬什，

1982年1月30日。

1982年1月31日

摩耶

一整晚我見證到的是多麼奇妙的一場戲啊！我在4：00醒來寫東西，開了燈，但是燈泡閃了一下燒掉了燈絲。我拿了廁所裡的燈泡換上。心擁有無止盡的能力去創造、保存、毀滅無數東西，這真是奇蹟。時間和空間，太陽、月亮和星星，地球、山脈和河流，動物和神祇、天堂和地獄，束縛、修行和解脫——所有都是一個心所投射出來的洪流。沒有出口。沒有人能逃脫。所有眾生都被困在自己欲望交織的這個網中。沒人能給予幫忙，因為其他人也都在這個陷阱中。

太奇妙了！

1982年2月1日

當抓取和感受已然停止，純淨之心會出現。
沒有其他靜心的方法
能夠超過這個。
如果心有所住或攀緣，
就只會是虛假。
自我修煉要花的時間可能無法想像
但頓悟只在瞬間。

1982年2月3日

如果人執著名字與形象,他就被名字與形象所縛。當產生果的因停止了,外境就會消失。現象只是由因緣而生,但不實有。當心被剝離了感受和貪愛,它就會靜止。此時真我之性(Self-nature)就會開始運作。

1982年2月4日

我們的幻覺是由我們對聽到、見到、感受到和認知的事物的執著而造成的。但是如果心從聽、看、感受、認知和分別中解脫出來,我們就會徹底覺悟。在這裡提到視覺和聽覺兩種根識,是因為在其他三種根識偶爾沉睡之時,它們還一直活躍著。

1982年2月10日

只有當名字與名字所指稱之物的錯覺都去除之後,才能認識無相之梵。

1982年2月11日

不管怎樣,目標應該是世界永不顯現的狀態。這要靠思維經文中以及智者所教授的梵之不二而達到。無生之梵即是一切、除此之外無有真實,瑜伽士必須恆常想到這一真理。這樣散亂的心就能被帶到合一上。

1982年2月22、23、25日

一個人的最高目標——Moksha或者解脫,並不是一個死後才能達到的狀態。甚至還在身體裡的時候就能夠證得。解脫是真我的永恆本質。它並不是要在未來完成的什麼東西。它已經在了。它一

直都在。唯有它是真實的。據說知道這個的人將會解脫。他是肉身解脫者（jivanmukta），因為他已有徹底的全知，已離於二元的幻相。沒有他渴望要擁有或者享受的東西了。他不再服從誰，也不再修持什麼的儀軌。他沒有固定的家。他隨心所欲地生活。他是他自己的律法。他沒有責任。像謙遜、平和、平靜和自控這樣的美德對他來說，是自然的。他的是永恆的狀態，深沉、不可窮盡、無生、永遠一樣。他遍處只見實相。他在實相中快樂著，不會偏離，因為他自己就是實相。

雖然活在世間，他總是洞察到世間的不實，見到實相的真實。「可見的世界是不存在的。」這一了知會抹掉客體在心中留下的印象。抹掉印象之後，就會生起涅槃的無上妙樂。

人們應該從一個開悟的自性上師處學會認識真實真我，否則是沒法以修行去除自己的幻覺的，就算修行了千劫都不行。

1982年2月26日

徹底根除業習，就是解脫的真實狀態。只有沒有無明（avidya）的人才能證到這個狀態。摧毀業習，心－物（mind-stuff）就消失了，剩下的是真我的無盡廣闊。色身是由精微業習維持的。業習在無明的土壤中發芽，隨著執著而成長壯大，被我慢[a]保護、滋養。業習是再生和世間法的原因。

1982年2月27日

智者的個性

智者的個性是由他過去生成熟的業果來維持的。由於智慧的緣故，

---

[a] 我慢（ahamkara）是印度哲學數論派的用語，二十五諦之一。「主我」（為創造的主體）中生「大」（maha，具有連結作用的法），由「大」生「我慢」，具有明、暗、力（或薩埵、塔摩、羅闍）三性，於此生器世間五大，色身十一根。

智者根本就不見有自己的個人狀態。但是對他人而言,他的個性繼續存在,就像是因為一個火把轉動而形成的虛妄的火圈。

1982年2月28日

上師的忿恨
四行詩43-6〔卡比爾〕[b]

惡言中傷上師的
男人或女人
只要還有太陽,
就一定在八千四百世中遊蕩。

1982年3月2日

放下相對和客體化的心,即是梵。當心從所有對境中抽離,當它不再執著對境,就達到了永恆不變的狀態,也就是和梵同一體性。了悟到心即梵,這一了悟本身就是唯一覺性的特質。真我本身是萬物之基底。

1982年3月3日

如果你停止思考,就沒有什麼是
你不能知曉的。
如果你追求物質,你就會錯過很多。

1982年3月6日

---

[b] 流傳到現今的卡比爾的詩歌形式主要為sakhis(或稱為dohas),即對句,詩句為兩行;ramainis,以chaupai律為格律的四行詩,最後兩行為對句;pads(或稱為shabdas),長短不一的詩歌格式,長度為四句至十二句,每一首由一個標題詩句開始,並作為詩歌中通常在一節之末的疊句。更多閱讀可參見《大海融入一滴:卡比爾詩選》,鍾七條等譯。

無生
無滅
無束縛
無解脫
無求解脫之人
無人得解脫：
這是究竟真相。

絕對無顯
是唯一真相。

創世意味著在創造者身上有未滿足的欲望。如果究竟實相本自圓滿，那麼創世之舉就永無立足之地了。

1982年3月7日

由於對身體的執著開始消失，以及了悟無論心之所向都是對境，那就是無上真我，人才真正處於三摩地。終極實相無須肯定和否定。

1982年3月8日

在三摩地中尋求快樂也就耗盡了探究之心。因為瑜伽士們視心念有別於真我，他們追求在三摩地中控制它。但是喬荼波陀說心是不二的真我。因此沒有需要控制它的問題。

1982年3月9日

心和它的活動只不過是不二之梵——永遠純淨、自由和光明的。正是因為無明，個人才感覺到心識活動的主客體二元關係。但是一個了知真相的人在一切處、在一切心識活動中都只看到無二之梵。

吠陀中的三摩地並不是指閉著眼睛去證悟實相。而是指張開雙眼看到每個對境時見到實相。

1982年3月11日

無滅，
無生，無被縛者，
無願求智慧者，
無求解脫之人，
無人得解脫。
這是究竟
實相。

就像夢境被看到，宇宙也被智者所見。宇宙萬象既不像真我一樣存在，但也從未孑然一身，即非梵，亦非非梵。這是智者所言。

1982年3月12日

夢中發生的對話在醒位就變得不真實。同樣，在醒位和智者們進行關於經文的討論，當人們在證得究竟實相時，就會明白這是虛幻的。因為所有眾生一直是自由的。沒有束縛，**沒有無明**。人們只要把自己從「自己不是梵」的自我催眠中醒來就可以了。

當有主客體關係的概念之時，就被稱為**頭腦**；當它保持自由時，就被稱為**真我**。

1982年3月13日
夢與醒

醒位活躍的身體在睡著後躺著一動不動，但是做夢的人感知到自己在不同地點走來走去。因此，從醒位的角度來說，這個夢中之身是不真實的。同樣地，從究竟實相的角度來說，在醒位感知到

的身體也不是真實的。這是因為身體也是在感知者心中的一個概念。就像夢中的事物是假的，是被感知者的心所感知到的，同理，醒位感受中的客體對境也是假的。能被心所感知，這是醒位和夢位的共同點。因此，這兩個狀態的體驗都蓋有不真實的印章。

1982年3月14日

因果

只要對因果的信念沒有被真知摧毀，我們在這個世間的生死之旅將會繼續。但是當這一信念被真知摧毀時，世界也停止存在，因為缺乏存在之因。在醒位感知到的對境，除了在感知者的心中存在之外，別無所存，因為它們離心不可見。這些對境和在夢中看到的對境相似，後者只是由做夢者的心所感知。

1982年3月15日

沒有靈魂（jiva）曾經出生過，也沒有導致出生的原因。究竟實相是本來無一物。這一無生之念是出生之念的對立面。因此，這兩種念皆屬於無明的領域。真我如其本然，是不能用「生」或「未生」來描繪的。從究竟實相的角度來說，萬變不離真我。

1982年3月17日

當頭腦不再想像，認知了實相，它就不再是頭腦，因為沒有被覺知到的對境，而放掉所有認知的概念。

執著，就像一條蛇，會咬人並把毒液注入人體內。被這樣一條致命的眼鏡蛇咬了以後，還怎麼能活下來呢？

1982年3月29日

時常憶起對境是導致心散亂的主要原因。當心沉浸在真我的妙樂之中，它就不會製造幻象或散亂，也不會跟著由自我產生的業習跑了。將心專注於一點，去實修（abhyasa）或禪定，讓心朝向真我流去。聞、思、修必須貫穿一個人的一生。真正的快樂在於從生死之輪中得到解脫。在三界之中是找不到快樂的。唯有了悟真我才能把一個人帶到這一至福。財富、朋友、親人、宗教儀軌、朝聖、苦行在這一方面對人都無有助益。人應該征服頭腦，並保持快樂。

1982年3月30日

當心不再執著於感官的對境，它就被淨化了。它會瞥見真諦，並因此拔除病根——無明——即這一世間法的原因。純淨之心會持續地流向究竟實相，會產生了悟真我的甘露。在夢中，夢之對境對於做夢者來說是真實的，但一旦醒來，人就會發現它們都是虛幻的。同樣地，當業習被摧毀時，人就發現這個色身也是虛幻的，非實有。當能認識到這是一個夢時，夢中的世界就被推翻了。同樣地，有了認識到「我是梵」的智慧，這個世間法就被推翻了。

1982年3月31日

當做夢者認識到他的夢的虛妄不實，他就醒來了。同樣地，當一個人認識到了世間法的虛妄不實，他就醒悟到他的真實本性。

業習展現為夢境。當業習消退後，夢境也就消融，人就進入了沉睡中。同樣地，當能引發醒位的業習消融後，人就進入了究竟的甚深寧靜中。恆時地堅信：

> 我不是這個身體。
> 這個世界不是真實的。
> 我既不是身體也不是心。

我是永恆的真我。

這就叫做證梵之修（Brahman abhyasa）。

1982年4月7日

有一隻母猴，有一隻公猴。
耍猴人敲著他的小鼓。
一在跳舞（One is dancing）。很多觀眾在看這場把戲。
誰是母猴，誰是公猴？
誰是觀眾？這一切都是怎麼回事？

摩耶不可思議。

1982年4月9日

非此－非此（neti-neti）

「不是這個。不是這個。」它破除了所有比如名、相、階層、特質這樣的限定（upadhis）[a]。破除所有的限定，了悟到個體靈魂和至高靈魂的合一。我離於變化，因為我有別於身體。我不執著於感官的對境，因為我無有器官。

1982年4月10日

就像在黑暗被毀滅之後太陽升起，在了知摧毀了無明之後，真我出現。真我一直都在，但在無明狀態之中，它被摩耶遮蔽了。

---

a 梵文upadhi，限制、條件的意思。原指邏輯中對於寬泛的大前提進行限制的條件。如在「山中有煙，因為有火的緣故」須添加「存在濕的木頭」這個條件（upadhi）才能成立。吠檀多派亦用upadhi指梵或真我之限制性顯現。一切事物都是梵的展現，但無限的梵卻是以特定形象如身體、桌椅等來顯現。

1982年4月13日

夢　醒

當我從夢中醒來，我的夢境之身連同我在夢中見證的每一個體驗都一起消失了。如果我從醒位之夢的狀態醒來，我又如何保持自己的身體？我又怎麼才能抓住它？除非我像摧毀夢位一樣摧毀這一醒位，否則我又怎麼能看見醒位的每一樣東西？究竟實相不可得。一切都在無明的安排中。

1982年4月17日

為什麼之前沒有出現過的覺悟，現在會出現？了悟只有在完全移除可能在過去、現在或未來的障礙之後才會出現。因此，靠學習吠陀及其義理，一個人是不會解脫的。

1982年4月20日

《髯髮奧義書》(*Mundaka Upanishad*) b 3.2.1-2

> 人對於梵土
> 〔Brahma Loka，證悟者的淨土〕
> 　　有強烈的欲望
> 　　但卻壓制它
> 　　去修行真我參問
> 　　是不能證悟的。

〔證悟的〕條件是徹底沒有欲望，而不是壓制欲望。就像諸經中所

---

b 音譯為：蒙查羯奧義書。有人知大梵，乃是最上居，宇宙安立處，光明從之舒。智者無欲求，唯敬奉神我，猶在斯世間，度出死生種。
人猶有欲望，結心於念慮，由其欲望故，生此生彼處，自我得圓滿，結念止寂人，雖生在世間，欲望皆消淪。（徐梵澄《五十奧義書》）

說，徹底弄清了吠檀多義理的出家人會去往梵土，經歷四個時代[a]後和梵天（Brahma）一起得到解脫。

1982年4月22日

一直心中繫念於禮拜的對象會讓心形成那個對象的樣子。梵並不是可以被知的。那些放棄了觀修無形無相的梵，而去朝聖、背誦聖言和其他法門的人，可以比作是那些丟掉糖果而徒然舔手的人。

1982年4月24日

了知梵的人成為梵。他全心繫於梵，並最終知道自己就是梵。皇儲模仿父王的人生，為的是自己能勝任王位。

1982年4月25日

因為多生多世虔愛的修行，個體靈魂（jiva）渴望反觀它自己的本性。然後去參問和觀照，摩耶被破除了，唯有真我留存。在創世之前，沒有知者、所知和知。最終，這三者也不復存在。沒有了這三者，唯有不可分割的真我存在。在世界的投射產生之前，唯有真我存在。同樣地，在三摩地、沉睡和昏厥位，它也存在。

1982年4月26日

身－心－宇宙，實際上並不存在。
色不異空。

---

a 四個時代是印度教的一個計時方式，根據《薄伽梵往事書》的演算法，從正法時代（Satya Yuga）開始，彼時是充滿真理的黃金時代，長度為人間1,728,000年；然後經過第三時代（Treta Yuga）即人類時代，長度為人間1,296,000年，到二前時代（Dvapara Yuga），為人間864,000年，再到迦梨時代（Kali Yuga），就是我們現在所在的充滿罪惡的黑暗時代，為人間432,000年。

昨晚，在夢中我看到了濕婆和雪山神女沿著河邊走。濕婆的右手搭在雪山神女的右肩上。我只是看著，知道他們在演一場戲，實際上他們不是真的是濕婆和雪山神女。我醒了過來。我依然能夠看和寫。

1982年4月27日

10：30時我正坐在客廳，想要讀一本書，但是鄰居把錄音機開到最大聲。我能怎麼辦呢？要麼走出房子，要麼睡覺。我更喜歡後者。我可能是一下就睡著了，然後突然在11:50醒來。錄音機還是同樣地響著。但是為什麼睡覺時我沒有聽到呢？心退居到了哪裡呢？我能在醒位這樣做到而不陷入睡眠嗎？我試圖把心推到它的源頭。我現在就該這樣做。

1982年4月28日

幻覺是由我們對聽、看、感受和所知的東西的執著造成的，但是如果心從聽、看、感受、了知和分別中擺脫出來，人就圓滿證悟了。當所有產生結果的原因都結束時，現象也消失了。此時就是躍入未知領域的時候了。

1982年4月30日
車和車軸，
動和不動，身體和靈魂

醒、夢、睡位，一個接一個交替。就像這樣，一定有個什麼東西支撐著運動，而本身卻是不動的。我們坐火車去德里。火車的動，歸因於旅行者，他實際上根本沒動。他只是靜止地坐在車裡。在醒位，當太陽照耀時，我們看到各種對境。當夜晚太陽下山，我們就看不見了。在晚上我們做夢又見到了各種對境，這是在夢中

的一個清醒狀態。但是基底從來沒有醒來、沉睡或者做夢。所有這些狀態都只是在它之內的活動。

1982年5月1日

美好的一天。

怎樣去定義「那個」？
怎麼可能是那個？
它更是這個。
那個或這個，都一樣。
我的智力，我的心念，
我整個存在都被吸引到
某種無形的振動上。
某種聲音——未發之聲[a]——繼續著，
既不在身體內也不在身體外。
我無法寫出來。
我警醒地覺察到發生了什麼。
它不是參問，
也不是禪坐或虔愛。
你沒法說「非此－非此」。
即不是「是」也不是「非」。
人沒法做出任何努力
去達到或者理解它。

1982年5月2日

今天過得很自由

---

a 英文原文為Unstruck，指的是anahata，字面意義為沒有被敲打。聲音都是由碰撞、敲擊而發出的，anahata指的是未擊打之前、未發出來的聲音。

堅信，否認

它既不能被肯定也不能被否定。
它既不降臨也不超脫。
它不能被放在我－你－他的範疇裡。
它也不是元素，
既不在上，也不在下。
它不可能成為主體，也不能成為尋找的客體。
那麼要怎麼定義所有這些？
目前我沒發現任何思維活動。
沒有尋找。沒有成就。
沒有寂靜的安寧。
很罕見。
沒有愛，沒有虔誠，
沒有自己，也沒非自己。
我沒有在否定什麼，
但是我正在試圖描繪這個狀態是什麼。

1982年5月3日

圓滿幸福的一天

我找不到什麼叫做「我」的個體，
但也不是空無。
我沒法用任何辭彙：
涅槃－自由－束縛－無明。
但是它是一個
我的概念無法滲透的東西。
有驅動力但沒有目標。
這是誰的驅動，它又是什麼？

我希望我能描繪出來。
輪迴仍在，一如從前。
沒問題。讓它去。
它既非不實亦非實。
有時候我閉上雙眼。
有時候我睜開雙眼。
有時候我試圖放棄思考。
然而想或不想
都是有某種想來支持的，
如果我能這麼說的話。
它並非罕見。
不計時間的話，它就在當下。

1982年5月5日

我剛剛還在做夢。我記得非常清楚我是在某個車站，準備上火車。一棵樹倒在電線上，把所有的燈都熄滅了。我站在月臺的屋頂下面。我什麼都看不見，因為伸手不見五指。過了一會，燈又亮了，火車開始移動了。我正睡在勒克瑙樓上的房間裡。因為夏日的陽光，房裡很熱，但是在夢裡我感受不到。在夢裡的世界，天氣是很舒適的。當站在月臺上，我看到一片黑暗，因為夢裡沒有燈。但我一直都在睡覺。這難道不是心的一個幻境嗎？我們在醒位看到的也是心之所造（kalpana）。

在午飯後短短的小憩中，我的心思索著世界幻相之因。我的發現可以總結為，世界存在是因為我對其對境還有所關心。

在這個輪迴中，沒有人屬於我，這一輪迴也不為我服務。
想要享受它的對境，我就已經把它們當真了。

1982年5月7日

佛陀誕辰節[a]
02:00的夢

在晚上的夢中,我看到了自己認識了很多年的人,還有各種建築、城市、醫院、親屬和不認識的人。在那時候,我稱之為我醒位的現象都不存在。現在我在兩個狀態之間——兩個似乎都是真實的,同時又不真實。我無法解釋。那麼什麼是解脫?什麼是束縛?什麼是修行?什麼是放下?事情似乎非常清楚。

1982年5月8日

既無好也無壞,
無快樂也無不快樂,
無束縛也無解脫,
無友無敵,
無我的,無你的。

<u>存在</u>是不真實的。
<u>不存在</u>不是真實的。

我現在看到的所有是真實的。
我所見為真實的不復見。
這個所見也會終結。

醒位和夢位的衝突、不一致性將會繼續。就讓它繼續吧。我也是這一不一致性的一部分。我能避免它嗎?我無法理解其一絲一毫。

1982年5月9日

---

[a] Buddha Purnima,也是印度法定的節日,為五月滿月的那一天。

> 看看心是怎麼
> 從一粒芥子創造出一座山來。
> 在一間房間裡有海洋、山脈、
> 房屋、車輛、森林和
> 各式各樣的人。
>
> 這不真也不假,
> 但是對我而言所有這些顯現為假,都是假的。
> 人跳出來還是不跳出來,
> 看上去沒有區別。
> 不管被看到的是什麼,都是
> 心之造作(kalpana)。
> 內在深處,喜悅在浸潤、安住。
> 妙樂的狀態,無得亦無失。
> 但是,什麼是喜悅之因?
> 或許是**纏繞我頸部的一個負擔**
> 現在被我去除。
> 當雙眼合上,一切都是平和的。
>
> **無生 無死**
> **無創造 無被創造者**

1982年5月10日

我已經弄明白覺醒的狀態了。**那麼**,造成幻象的原因是什麼?有過去、現在、未來的時間概念是怎麼生起的?地球、太陽、月亮,居住著神祇的星球,人類和動物,這些的源頭是什麼?

在醒位感知到的對境,和在夢位感知到的對境本質是一樣的。它們都是可見的,也都不過是念頭而已。因此,都是虛幻的。不能說它們是真實的。

這個原因就是心的造作。

1982年5月11日

人們從醒位的角度,知道夢中的體驗是虛幻的。同樣地,從明覺（knowledge）的角度,所有醒位的體驗也是同樣不實。如果在夢中和醒位感知到的對境是虛幻的,那麼是誰感知了這一切虛幻的對境,又是誰幻想出它們?

　　自明的真我,以其身的摩耶之力,透過自己、在自己之中產生幻想。唯它即是這些創造出來的對境的覺知者。

1982年5月12日

在醒位感知到的對境和那些在夢中見到的一樣都是心的想像。

　　這就是究竟真理。那個

沒有生
沒有死
沒有渴望解脫者
沒有被解脫者。

除非心活躍著,否則沒人能夠覺知到任何對境。
在我禪坐、觀照、反觀時,我看不到任何神、生靈或世界。那麼我是怎麼回到輪迴中的呢?每個人都在長久的禪坐之後回到醒位。

1982年5月13日

在恆常禪定中的瑜伽士永遠不會回到醒位。一切都是夢。出生、成長、死亡實際上都不存在。真我從來不死,就算身體會死。它

依然繼續，在各種身體中或者沒有身體。它是什麼，沒有人能說出來。所有的描述都是錯誤的。

醒－夢－睡（Jagrat-swapna-sushupti）

在禪定、夢中、沉睡和清醒時，個體性（individuality）日以繼夜地都保持著。

1982年5月14日

醒－夢－睡這三種狀態都是虛妄不實的。它們在真我之上依次更替，而真我是不變、不可分、無作的（functionless）。唯一的真我展現為很多個體靈魂。在真我中的靈魂只是看上去有差別而已。因此在開悟之後，一個人不會回到醒位的差別相中，但由於摩耶，這三種狀態在真我之上交替出現。真我是無生的。它無睡、無夢、無名、無形，是自明和全知的。沒有什麼其他的出生過。真實的是無生的，不真實的也從未出生過。

1982年5月15日

在夢中我看到了群山、河流、人類、動物、鳥類和樹木，我旁觀到自己展現為一個男人。我在夢中活了整整一輩子，當我在夢中睡著時，我看到了另外一番景象，一個不同的宇宙。然後我看到現在這個夢為夢。從夢到夢，上百萬個夢。我現在完全不說我是回到了醒位。我繼續從夢到夢，而如果我說這個夢裡人很熟悉，那麼每一個夢裡的人對我來說都是很熟悉的。要怎樣終結這個夢呢？

1982年5月16日

不是靠禪修也不是靠虔愛

不靠禮拜諸神；
不是靠瑜伽、持咒、苦行、布施，
朝聖或者在聖河中沐浴；
也不是靠坦特羅（tantra）、護符（yantra）、咒（mantra）、火供（homa）和雅甲（yagna）
這些都沒法讓這個夢終止。

因為上述所有的行動都是夢本身的一部分。所有的三個狀態——醒、夢、睡都是在一個夢裡展現的狀態。誰在做夢？這個問題本身難道不也是一個夢中的詢問嗎？醒位和夢位都不真實。二者同樣虛幻。其背後的實相就是那個唯一的實相，這些狀態都只在其上交替變化。只是因為我的信念才使世界看似真實，使夢似不實。

1982年5月17日

我感知到了什麼東西。
我沒法保留下來。
如果我去除了肉身和思維，
我就會是那個
整個現象性存在的基底。
結果就是：靜默。
沒有情緒，沒有念頭。
沒有過去、現在和未來。
不要抓著這個安靜或其他什麼。
我看到了什麼或是什麼？
表達不出一個字。
然後，放下筆。
放下頭腦。
放下安靜。
現在，不要攀緣「放下」。

1982年5月18日

從夢到夢,
我看到、聽到和觸摸到的
都是幻相、一場夢。
出生、成長、死亡
都是虛幻的。

1982年5月19日

我有個問題一直困擾了我很多年:我要怎樣在睡眠或禪修之後回到醒位?不管是醒是睡都是一個夢。一切都只是一個夢。這個夢開啟了一個特別的感官去瞭解自己。我現在不想要任何其他的理解。讓它繼續。沒有關係。一切都是夢中「主體」,一切都是夢中對境。
沒有無明。
沒有自由。
喜悅之夢(Anand swapna)。

1982年5月20日

夢－醒
夢－夢
夢－睡。
無明非實。
修行非實。
解脫非實。
我在描述的這個
也是一場夢,
但是我知道我正在看著一場夢。

> 為了知道這個，需要智慧。
> 所以現在剩下什麼？
> 該發生的就讓它發生。
> *繼續看著這場景*
> *並參與其中，*
> *既不擁有它，*
> *也不離棄它。*

1982年5月21日

我出生了，這是個夢——
過去的夢。　　　　　　　　　　　　　　　　　真的「我」

我正在變老，這是個夢——
現在的夢。　　　　　　　　　　　　　　　　　真的「我」

有一天我會過世，這是個夢——
未來的夢。　　　　　　　　　　　　　　　　　真的「我」

無論出生、成長、死亡，「我」中都沒有變化。「我」從來不變。
所有的變化都是在夢中。因此這是夢中的真實。

1982年5月22日

> 這是個秘密
> 我從未向誰透露過，
> 也沒有人向我透露過。
> 它會一直是個秘中之秘。
>
> 噢我親愛的心，
> 你想去哪就去哪兒吧。
> 四處遊蕩還是保持安靜，

我完全不會控制你。
自從了知了這個,
我就沒打擾過你。
祝每個人好運。

1982年5月23日

10:00的時候我正躺在樓上房間裡的床上。我看到了死亡,嚴肅地斜著眼睛盯著人。非常恐怖。然後在一閃之間,一個頭頂戴著鑲鑽王冠的國王出現了。它是正法之王(Dharma Raja)[a]還是閻魔〔印度的死神〕?我沒法確定。他是個高貴的人,看上去很銳利,其儀態代表了正義。我試圖在那裡停留久一些,但是沒法堅持。我回到了我正常的醒位覺知。我當然是在研究死後的奧祕。這可能是心的一個投射!

1982年5月24日

我是開始,
是中間
和結束。

1982年6月1日

花雨。

須菩提是佛陀的弟子。他能明白空性,也就是除了主客體關係之外沒有什麼見地的存在。有一天進入了一種甚深空性的狀態中的

---

[a] 其原名為Karthika Thirunal Rama Varma(1724-1798),印度南部特拉凡克爾(Travancore)王國的國王。他的叔叔是現代特拉凡克爾國的建立者,他繼承王位後,治國有方。因為他嚴格遵守法典(Dharma Sastra),收容了當時在蒂普蘇丹(Tipu Sultan)宗教軍事攻擊中的數以千計的印度教和基督教難民,因而被人成為正法之王(Dharma Raja)。

須菩提,坐在一棵樹下。花朵開始在他身邊飄落。

「我們讚歎您所開示的空性。」神祇們向他耳語道。

「但是我沒有說過空性。」須菩提說。

「您沒有說過空性;我們沒有聽過空性,」神祇們回答:「這就是真正的空性。」

一陣花瓣雨灑落在須菩提身上。

1982年6月4日

甚至那不可知也不被知。從正法(dharma)的角度而言,去修習和不去修習,都是錯誤的概念。漸和頓〔悟〕也同樣是錯誤的概念——只不過反映了錯誤的、沒有根據的觀點。

1982年6月7日

《涅槃經》(Nirvana Sutra)中提到了一種叫做「無上」(agadha)[b]的靈丹妙藥,能夠治癒所有的疾病,不管是什麼疾病。

無念(NON-THOUGHT)和
無想(NON-REFLECTION)
也是一樣。

問:靈性修持是必要的嗎?
答:《涅槃經》告訴我們,我們所要做的就是去除所有的散亂念頭和分別,然後我們自然就具備了所有的靈性修持。

---

b　Agadha梵文,義為「無上」。此處疑似出自佛教《大般涅槃經》聖行品第七中佛所舉的醍醐最上者能治療眾病的比喻。
佛言:「譬如從牛出乳,從乳出酪,從酪出生穌,從生穌出熟穌,從熟穌出醍醐。醍醐最上若有服者眾病皆除,所有諸藥悉入其中。善男子,佛亦如是。從佛出生十二部經,從十二部經出修多羅,從修多羅出方等經,從方等經出般若波羅蜜,從般若波羅蜜出大涅槃,猶如醍醐。言醍醐者喻於佛性,佛性者即是如來。」

1982年7月4日

卡比爾

不要隨著念頭之流。人們四處尋覓的**他**，一直站在他們面前。對已經受教者，**他**近在眼前。對於未受教者，**他**遠在天邊。將上師置於自己心中王位上的人，遵其敕令而行，對這樣的聖者，卡比爾說三界無所畏懼。快點去做你必須做的吧。火已經快燒到盡頭了。當房子著了火，就沒什麼能搶救得出來。看別人做什麼就做什麼，整個世間都被誤導了。沒人找到自性上師。沒有人能日以繼夜地喊著「羅摩！」而得見羅摩。

1982年7月20日

摩耶，偉大的騙子

〔卡比爾〕

摩耶是一個非常狡猾的騙子
她拿著絞刑吏的繩索
也就是三德[a]的模樣
不停地到處遊蕩。
用甜言蜜語讓人陷入羅網。
在毗濕奴的家中，她以吉祥天女之姿坐著。
在濕婆的家中，她端坐如雪山神女。
在法師們（pandas）[b]的廟裡，她是端坐的偶像。
在聖地，她就化為恆河和亞穆納河。

---

a 德（guna）即指薩埵、羅闍、答摩三德。數論和瑜伽派認為三德是事物的三種基本屬性，組成成分和世界多樣性及其運動變化的決定因素，又是束縛真我的桎梏。因此要從三德中解脫出來。「吠陀是三德的內容，阿周那！您應該從三德中得到解脫。」《薄伽梵歌》2.45「薩埵、羅闍、答摩，這三德皆由原質生出，體中的宿主永不泯滅，而三德卻能束縛宿主。」《薄伽梵歌》14.5）

b Panda，梵文 pandit 的變體，pandit（學者）的變體。指能提供宗教經文、法典指導的人，比如婆羅門家族的族師。

在瑜伽士的住所,她端坐如瑜伽女,
在國王的宮殿中,她端坐如皇后。

1982年7月29日

沒有人得到幫助。

沒有法門可以去證得。

沒有證得。

沒有缺憾。

當我醒來時,一切都是好的,都是清楚的。

在 創 世 之 前 的

是 什 麼

? 是 誰 ?

1982年8月1日

放下執著的人,不會認同身體,不會宣稱身體是他自己的,他的心安立於對真我的了知之中,他的勞作只是為了奉獻,他的所有行為都消融了。

《薄伽梵歌》4-23[c]

當看、聽、了知各種對境的顛倒被摧毀後,就是宇宙之覺。純淨的喜悅。

1982年8月12日

「阿周那,你覺悟時,無明就不再能迷惑你。因為那個了知,你會

---

[c] 可參照《薄伽梵歌》黃寶生譯本:思想依託智慧,摒棄執著,擺脫束縛,為了祭祀而行動,他的行動完全融化。

首先看到一切萬法在你自己的真我之中，然後在我（Me）之中。」

《薄伽梵歌》4-34[a]

1982年8月16日

名字與形象。除此之外，我們還看到了什麼，聽到了什麼？

1982年8月17日

當你醒來時，戲就結束了。行走在利劍的刀鋒上，奔跑在滑溜溜的冰面，無須跟隨前面的腳步。雙手空空地，跨過懸崖。

1982年8月18日

當一個無明的人證悟時，他是一個聖人。
當一個聖人開始理解時，他就是個愚人。
當下了悟，看到無盡的時間。
無盡的時間就像一個片刻。
當人理解了無盡的片刻，
就成為了看著它的那個人。

1982年8月19日
真正的朋友

很久以前，在中國有兩個朋友，一個彈奏古琴，另一個則很善於傾聽。當一人彈奏詠唱山岳的曲子時，另一個就會說：「我看到了我們面前有一座山。」當他演奏河流的曲子時，聽的那個就會說：「我看到了一條奔湧的溪流。」但是有一天聽音的那個朋友

---

a 帕帕吉原文作4-34，其實是偈頌4-35。黃寶生譯本為：知道了這一切，阿周那啊！你就不會再這樣愚癡，你就會看到一切眾生都在自我之中，在我之中。

得病去世了。那個彈古琴的朋友就切斷了琴弦，從此再不彈琴。

1982年8月20日

一切都是夢。醒位也是一個夢，是同一個夢的延續。在夜裡我做了個夢。然後，對境看上去是多麼緩慢地才移到了勒克瑙啊！房子－妻子－孫兒們。我覺得很驚奇。

語言無法描繪一切。心的消息沒法用語言傳達。如果一個人依文解義，就會迷失方向。如果想要用語言解釋，那這一生都不會證悟。

1982年8月21日
卡比爾

「你說的是紙上寫的，
我說的是我看到的。」

我所說的一切，
我聽到的一切，
我讀到的一切——
所以這一切都不是對實相的真實描述。
我沒法解釋我內在的寂靜。
佛陀的空性、商羯羅的圓滿
都不能恰如其分地表達。
我很好奇我是否能說出我的內在感受。

1982年8月22日

問：我已經離開自己家成為僧侶。我該如何運用我的心念？
答：當沒有用心念去做任務時，就會了悟真理。只要還是有意努

力要完成一個任務,這一覺知就會起反作用,沒法完成任務。
只有當覺知了無蹤跡之時,才會了悟真理。

問:當沒有用心念來完成任務時,誰又能完成任務呢?

答:無心而為,任務自行完成。

1982年8月24、25日
心

一個小黑點有成千上億張面孔。
它投射出了身體,並坐在所有眾生的心中,
它煽動了頭腦運作。
它變成了一個明亮的點,然後變成藍色。
它進入了頭腦,然後開始思考。
一切都是心的投射。
每一個念頭有物質化(materialise)的能力
並且被視為好像是外在而實有的。

1982年8月26日

一切都是思維投射,
是個夢。

不要殺生。萬物都有生命。殺害永遠不能被原諒,就算你聽了一百萬的往事書。如果你今天殺害了一個個體精魂(jiva),明天他就會取你的命。朝聖也沒法拯救你。布施也無濟於事。

1982年8月27日

放下所有的思考。
無修,無不修。
不要在你心中有任何負擔。

1982年8月28日

頭腦如何停息？
我們如何保持平靜？
讓我禪修一會兒
看看禪修是否
能在這個方向有用。

1982年8月29日

放手。
抓著夢境不放沒有用。
記住或忘記
都沒有用。
享樂
或
受苦，
隨它去。
沒什麼是真實的。

1982年9月1日
早上03:00

沒人知道這是什麼。
秘中之秘。
我知道這不是真的。
我不知道這不是真的。
誰出生？誰死亡？
沒人知道。
誰受苦？誰享樂？

誰教導？誰學習？
「他是我的至愛。他是我的敵人。
她是我的妻子。他是我的丈夫。」
這個他是誰？這個她是誰？
猜謎語。
開玩笑。

1982年9月5日
心

在我下午一點到三點午飯後的小睡中，我處於一個不同的場景，一個非常不同的世界。那裡什麼都有，甚至有不同的貨幣。我做了很多交易，口袋裡有了很多錢。那裡有男人、女人、商店、火車、巴士、叢林和山嶺。我正睡在樓上的房間裡。如果這一切都是真實的，它們又怎麼能進入這個房間？一切都是心的內容。現在，在我醒來後，在我心之前，又出現了另一個場景。一切都是心之所造。

那麼，什麼是心？

1982年9月6日

今天清晨，我醒來時聽到羅摩咒，發現有人在我心中高喊：「唵 吉祥 羅摩 嘉（jai）羅摩 嘉 嘉 羅摩！」然後我完全醒了，但是迦耶特里咒[a]在我心中縈繞。我下了床，出聲唱誦"OM bhur bhava svah tat..."〔「唵 此世界、彼世界和彼岸世界」——這是迦耶特里咒的一部分〕

---

a 迦耶特里咒（Gayatri）出自俱梨吠陀，印度教傳統中常誦持的咒語，內容為向日神沙維特利（Savitr）讚頌祈請。傳統上婆羅門青年男子在成人儀式時會被傳授此咒，並之後每日誦持。咒名「迦耶特里」是吠陀詩歌一種格律，為三個韻腳八個音節，每頌含24個音節。

唵

在百億的輪迴生死中
心所有的一切印象
皆由她這顆種子所生。
如何釋放這顆心？
沒人知道。
沒人觸及過這個主題。

1982年9月8日

我做了一個夢,持續了一整晚。夢中所有的人都是我所熟悉的:父母、親戚以及其他人。我在那裡度過了差不多一輩子。醒、睡、夢的三個狀態都有。有火車、車站和旅程。我就像是在這個所謂的人生中一樣活躍和真實。那麼,怎麼去確定現在這個醒位不是一個夢呢?沒人處理過這個主題。所有的聖人們都以某種方式讓這個世界變真實了。創造者－創世－諸神－吠陀－智仙－智者和聖人們－儀軌－修行－禪修。那麼問題是:「誰在做夢?」做夢者也是夢境的一部分。

1982年9月11日

卡比爾

鑽石不會
成堆地被發現,
獅子也不是成群生活,
聖者人也不會結隊。

對訶利〔Hari神〕的了知
是難以得到的。

沒人徹底感知到。

在羅摩的甜蜜之中
卡比爾在燃燒
就像棉花的倉庫
著了火。

羅摩之名怎麼可能
停留在
愚人的心中？

1982年9月13/14日

不真亦不假。
現在是晚上0:35。
在夢中我答應了
五點鐘要去見誰？
哪個時間能被稱之為真實的，
而哪個又是不真實？
一分鐘之中過完了一生，
一分鐘之中又結束了一生。
七十年貌似很長的人生，
也不過是一分鐘的長度。
不管發生什麼，讓它發生。
哦哈爾班斯，甚至這個名字也不是你的。
名稱和地點——全是假的，全是假的。
今天我已經明白，這只是摩耶。
但什麼是真的？所有執著都是假的。
沒有人出生過，也沒人會死。
現在所有這些噪音又有什麼用？

沒有聖人,沒有神的化身
在講出真相。

1982年9月15日

在夢中,該重複誰的名字?
靈熱苦行又是為了誰而做的呢?
在我心中一切平等。
沒有神,沒有人;
沒有辟爾[a],沒有法啟爾[b];沒有壞人或好人。
哦,哈爾班斯,保持安靜
首先明白所有一切就像一場戲在上演。
與誰相分離?
誰是他?哦,哈爾班斯,抓住他!
我該如何抓住他?
我該抓住誰?

1982年9月17、18、19日

淋浴

我正在淋浴。
美妙的幸福－喜悅
今天早上又出現了。

從頭頂水管裡噴出來一陣陣水花
靈魂內在的水滴
從雙眼傾出,

---

[a] 辟爾(pir),穆斯林蘇菲派大學者、聖人。
[b] 法啟爾(fakir)穆斯林蘇菲派的苦行修行人,四處漂泊,教授伊斯蘭教義,乞食為生。

瘙癢著我的身體。
四下一片寧靜。

除了我和我的愛
沒有別人在浴室裡。
去吧──不要遲疑。

緊緊擁住摯愛。
你何時還能再次得到這樣的機會？

靜靜地坐著。
見到了摯愛。
沒有形象。
沒有名字。
沒有外在的界限。
是無垠的全體。

這是我的婚禮嗎？
在浴室裡
我開始跳舞。
離開去了樓上。
拿出筆和本子。
我正奮筆疾書
來留住這一時刻。
心是安靜的。
雙眼充滿喜悅。
心正在演奏著塔布拉鼓[a]。
呼吸吹起了笛子。

---

a 塔布拉鼓（tabla）：北印度常用的傳統手鼓樂器，由高低音兩只鼓組成，其中的高音鼓叫塔布拉，低音鼓角巴亞鼓。是北印度古典音樂中必不可少的樂器。

神經跳起了舞。
言語、心念、智識（buddhi）
驚訝得無法動彈。
我剛從一個懷抱中出來
雙眼緊閉。
我放下筆。
後來……
摯愛和愛人消失了。
愛存在著。
我應該這麼稱呼。

1982年9月20日

安靜，卻不像睡眠，
既不在內也不在外。
喜悅，卻不似享樂。
看，卻不像客體－主體的觀看。
有一個體驗者，
但是不像體驗者－被體驗。
雙眼睜開，但是我看不見。
雙眼閉上，而我卻看見了。
這不是睡眠。這不是夢。
這不是醒。
我能就這樣保持嗎？
這樣的狀態能保持多久？
我得看看它是怎麼自然消退的。
我不該刻意去保持它或者逃避它。
　　　好吧。
　　　　　我很幸運。

感恩有上師。

1982年9月21日

沒有人遇見過主，甚至在夢中都沒有。種種執著和欲望捆住了靈魂，整個世界都在欲望中燃燒。

12點午飯之後，我拿了米飯、凝乳和香蕉，上樓去睡個午覺。15點的時候我醒了。我發覺自己很努力地不要再墜入醒位，但是我的努力是徒然的。我用盡全力。攥緊拳頭，緊咬牙關，試圖回到12點到15點之間我所處的狀態，但是做不到。我發現電扇發出噪音。我不喜歡這樣。它停止了。一切都安靜了，但是我沒法理解。沒法描述。沒法保持。一個絕對沒法定義的美好狀態。沒有任何可見的──沒有神、沒有人、沒有禪修、沒有心，沒有我在醒位所喜愛的神祇之名。

當我放下所有對此的努力和念頭，我沒有忘記。哪怕沒有我在見證。這不是空論者（Sunyavadin）的空無（void），也不是不二論者（Advaitin）的大梵。同一個東西。

1982年9月22、23日

有一個主電腦。人類、動物、鳥、昆蟲、植物、岩石──萬事萬物直至最小的沙粒，都裝有一個端口來接受並傳送發生在它身上的一切。一直以來，這些資訊無窮無盡地在端口和中央電腦間傳送著，就像一架飛機的駕駛員和地面的空中交通管制中心保持聯繫一樣，後者負責追蹤所在地區的所有空中活動。當兩個主體相遇或者聽到了什麼，就會交換資訊，傳送到中心。比如，有個人在森林裡走著。他看到了一隻老虎。他們彼此對視。雙方都傳遞一個資訊到了中心。「我發現了食物」，老虎發送著這樣的資訊。「我遇到了危險」，人發送的是這個。「我該怎麼脫險？」一切發

生都被記錄和觀看到,就像在電視機、一個巨大的電視機上。太陽、月亮、星星、天空、地球本身、河流、人類和動物——所有都被容納在螢幕上。我們和每一個存在的事物之間都有聯繫。

02:00
不管是什麼,都不是。
沒有秘密,沒有心,沒有創世者,沒有世間萬法——沒有問題。

1982年9月24日

*從未有人能找到**你**的地址。*
我會遇到同樣的命運嗎?
一旦我開始理解它,
理解的能力就離開了我。
禪修和寂靜都是無用的,
但我沒有其他可用的工具了。

大梵、毗濕奴、大主[a]〔濕婆〕和吠陀都在追尋祂,但是沒有人描繪得出祂的特徵。他們以某個名字稱呼祂,有些人說祂是無名的,但沒有人揭露過這個形象。一些人可能認出了祂。其他人只是在撒謊而已。祂是超越所得、超越所見的。百萬次輪迴,數億的人類,但是沒有人能說:「這是祂。」祂只被少數人看到。立刻,他們就進入了妙樂之中,並且永遠地住於其中。自性上師持有這個秘密。其他人都淪落顛倒之中。

1982年9月25日

做夢的靈魂

靈魂從一個夢轉到另一個夢。八千四百萬次輪迴中,她都沒有片

---

a 大主(Mahesh),濕婆的名號之一,意為大主宰者。

刻休息。要如何停下來呢？沒人知道。諸神和人類都在這個輪盤上旋轉著。梵天、濕婆和毗濕奴都在同一條道上。我已經遊遍了印度、歐洲、美洲和澳洲，但卻從來沒有碰到過有人在為了從這個蔚為壯觀的迷惑幻相中解脫出來而努力。我肯定會找到一條出路。每個聖人都教導某種有為法，使人越陷越深。我的上師說：「保持安靜。」佛陀說：「不要在你心中攪動起絲毫念頭。」

1982年9月26日

昨晚我做了一個夢，夢到了醒位世界的幻相。在我醒來時，我把它記在了我的本子上。然後我早上四點又醒了過來，發現我的那條日記和我寫日記的醒位都是在另一個夢裡。我找不到我記下來的東西，所以我知道自己是在另外一個夢裡記下來的。那個看似醒位的狀態其實是一個清醒夢（waking-sleep）狀態，和我通常的醒位不同。要怎樣調和這兩種醒位的不同呢？我想不出。我很努力要去理解，但是一無所獲。我會禪修去重新進入之前的醒位狀態。

1982年9月27日

現在對於睡位和夢位都沒有疑問了。我一直清醒著，但我發現這兩個醒位是不同的。我必須弄明白這兩個都是醒位還是都是夢位。或者可能只是一個睡位。當我夢到自己各種念頭的虛幻投射時，我從底下見證著這整個展現。我的念頭已經創造了充滿山川、諸神、人類、動物和鳥類的各種世界。我能找出來它是怎麼開始的嗎？我下一次要試試。

1982年9月28、29、30日和10月1日

靠自己從夢中醒來。沒人能幫忙。幾分鐘前我是怎麼從夢中醒來

的？在夢中我必須要去某個地方。我得跟著一個嚮導，但是他卻找不到我想要去的地方。我就離開了他。然後我知道我只能靠醒來才能走出這個亂糟糟的夢中故事。我就醒過來了，一切也就消失了。

我這個夢好像持續了大半個晚上，在夢裡我不得不去某個地方。我曾經見過這個地方，甚至在那裡住過。但是在夢裡我就迷路了。我找不到路，不得不向夢中的其他人問路。有個人提出帶我去我要去的地方，但是當我跟著他後，我就知道我們的方向錯了。我知道我不得不去那裡，但就是到不了。一切都是亂七八糟。我感覺需要回頭，所以我就決定醒過來。馬上我就醒了。

我做了什麼才醒來的呢？

我依然記得在我心裡生起了一個強烈的渴望，要擺脫這整個困境。我很疲憊，在同一條路上繞了一圈又一圈，知道這條路不可能把我帶到正確的地方。我離開了嚮導的陪伴。他很羞愧地回去了，留下我一個人。我醒來之後，另一個夢開始了。我在納希我自己的房間裡，房間裡的物品慢慢地在我面前出現。我開了燈，寫下剛剛發生的事情。對此的記憶還繼續著。我現在知道從這個夢境中靠自己醒來的竅門了。就是毫不懷疑這只是另一個夢。我必須要把同樣的確信（self-decision）也用在從這裡覺醒上。為什麼現在不採用這個確信呢？快點吧。

1982年10月1日
勒克瑙
<u>11:00</u>

我吃完早飯後上了樓。坐在床上，我看到上主濕婆、羅摩、黑天、梵天和獅神[a]在我面前。他們舉起了手，做出邀請的姿勢。隨後他

---

a 獅神即那羅欣哈（Narasimha），毗濕奴化身之一，戰勝殺死了阿修羅王。

們消失了，取而代之的是烏瑪[a]、拉妲、悉塔、德嘎、夏拉妲[b]和多羅[c]。她們的身軀至為美妙、仁愛，由微妙的元素組成，微妙到我都沒法描述。看到了如此神祇眾聚，我沒有加入其中。我選擇獨自待著。後來一切都消融在周遍十方的品藍色中。這一切在持續了很短的一段時間後就消失了。我很好奇這是怎麼回事，就開始寫下來。我滿臉幸福。

1982年10月2日

不要讓你的心住於可見、可聽、可嗅、可觸、可嘗、可感或者可想的東西上。所有人類——聖者、智仙、神祇、經典、聖河、聖山和聖殿——都屬於這個虛幻的顯現。

> 不要停留在內。
> 不要阻止要出來的。
> 無邊的寧靜。
> 寂靜，無念。
> 一定會持續永久嗎？
> 我沒有尋求幫助。
> 最好是我子然一人。

1982年10月3、4日
《薄伽梵歌》
14.21

---

[a] 烏瑪（Uma）是雪山神女的別名之一。
[b] 夏拉妲（Sharda）是辯才天女的別名之一，意為「愛秋天的人」。
[c] 多羅（Tara），是印度怛特羅教女性神祇摩訶維蒂亞（Mahavidya）的十種形象之一，是嚮導、保護者。摩訶維蒂亞女神為十相自在女神：迦梨女神（Kali）、度母（Tara）、三界美神（Tripura Sundari）、宇宙女王（Bhuvaneshvari）、怖畏母（Bhairavi）、斷頭女神（Chhinnamasta）、煙居女神（Dhumavati）、制敵女神（Bagalamukhi）、語言女神（Matangi），以及吉祥天女（Kamala）。在印度教傳說中，在攪動乳海之後，多羅展現為濕婆之母。

阿周那說：「超越三德者，有什麼標誌？他的行持如何？主啊！他怎樣將這三德超脫？」

14.22

薄伽梵說：「阿周那，光明（由薩埵而生）、躁動（由羅闍而生）甚至愚暗（由多磨而生），當其消止無冀望，當其出現無怨憎。」

14.23

「他如見證者般坐著，不被三德所擾，知道世間只有三德運行，他保持與神認同，從不脫離這一狀態。」

14.24

「他始終安住於真我之中，悲喜等觀，把泥土、石頭、金塊都等價視之，他擁有智慧，對待好惡無有分別，對褒貶同等看待。」

14.25

「他等同看待榮與辱，等同看待敵與友，在一切所做中都沒有做者感，這樣的人才是超越了三德的。」

14.26

「他也恆常地靠專一虔愛瑜伽來禮拜我，此人超越了三德，可以達到梵。」

14.27

「<u>因為我為不朽之梵的基礎</u>，也是不死、永恆美德以及無終不變之喜悅的基礎。」

突然之間我看到黑天雙臂環抱著拉妲。接著，畫面變成了一個兒童黑天。後來，我看到嬰兒黑天吮著自己的大腳趾，躺在漂浮在浩瀚汪洋上的一片葉子上。頃刻之間，一切都消失了，讓我忍不住想知道之前看到的是什麼。我快樂地閉上了雙眼。

在我右眼的後面，我看到了另一個內在之眼，帶著一塊只有四分之三可見的視網膜。在那裡我能夠看到外面眼睛看不到的東西。甚至從樣子上，我就喜歡那個美麗的眼睛。是這個眼睛看到了種種夢境和禪定境。這個醒位也是一個夢。

1982年10月5日

《薄伽梵歌》

5.15

全能之主沒有接受過誰的美德和罪惡。無知遮蔽了智慧；因此眾生不斷地墮入迷惑幻相。

〔帕帕吉的評論〕存在於我們之內的奧祕，梵的永恆真我明覺，被無知所遮蔽，使我們顛倒迷惑。我們低劣根性的無知導致了幻相。我們看不到自由、純淨。

5.16

然而，一旦真正了知了神，無知就會被摧毀，那智慧如同太陽一般閃耀，揭示出究竟真我。

〔帕帕吉的評論〕這種了知不是智力或者思維上的，是發展到生命的最高境界。它如同太陽般閃耀，照亮我們的視野。

1982年10月23、24日
夢境

在每一個夢結束之後，我注意到大多數情況下，這些晚上做的夢體現了白天所想或者是近日所思。所以這個世界體現了我們的念頭——過去、現在和未來。這個世界是我們過去所想過的各種畫面。只要念頭不斷，世界就會繼續，當念頭不再生起時，它就會停止。一切唯心造。每樣東西都是我的念頭所成。但是誰是在動念頭的人？如果我知道，那去看這個動念者或現象顯現的源頭，難道不是很奇妙嗎？

1982年10月24日
死亡體驗

昨晚我做了個夢，夢見自己瀕臨死亡。慢慢地，死後的僵直開始出現。四肢變得麻木。我意識到身體正在死亡，而我見證到了這個。然後有了一念，想到死亡是夢中的死亡，如果我從夢中醒來，夢境就會結束。我就醒來了。心臟在跳動，身體是麻木的。在那之後，我又睡著了。我只是在夢到了另一個夢之後才寫下了這些。

1982年10月25日

你想什麼你就是什麼。成群結伴，會毀掉修行人的修行。心，離開一切侶伴，會自動回歸源頭，認出真我，立刻達到平靜和喜悅，永遠不會再溜回到它以前的朋友那裡去。

1982年10月26、27、28日

我心情無比平靜地醒來。還是早上很早的時候，但是我不想像通常會做的那樣去看時間，不想這樣打擾自己。通常，我會在早上5：30出去散步。昨晚我大概8點去睡的。我只記得一個夢，夢裡面我以一種站立的姿勢在做瑜伽練習。我以順時針和逆時針兩種方向來轉動我的胃。這是那晚上我唯一記得的。然後我就發現自己醒了，左腿以正確的角度搭在右膝蓋上。我的心見證了在中心有某個地方……要怎麼形容呢？

當時的心是快樂的，正在享受某個不是思維投射、不是疊印在一個對象上的東西。我的感官對心理活動有反應，或者我應該說是被其吸引。然後心裡浮現了很多東西，想要看看怎麼解釋，或者總結出一個方法，但是行不通。我無法稱之為任何一種修行。我只是溜了進去，甚至在我現在寫這些筆記的時候，還有某種潛流依然繼續著。現在我準備出去散步了。我要看看，面對外面的客觀世界我會有怎樣的表現。當然，這是我的。我怎麼可能失去？為什麼害怕？我在上師面前禮拜了三次。

我去了動物園散步。看到了白鷺、鵜鶘、鹿、熊、豹子、老

虎和獅子。鳥類、樹木和花——所有都作為我自己的覺性在我之內。我散完步後回家，走上樓，禪修了一會兒想回到先前的狀態，但是沒辦法成功。但是全程我都感覺到有另外一股相續之流，一股潛流，是超越禪修或任何物質及精神事物範圍的。

1982年10月29日

所有一切都是我在夢境中的侶伴。
如果我接受他們的幫助，那麼就意味著我要留在這裡。
當夢結束時，一切都會結束。
但是如何從夢中醒來？
繼續執著那裡的東西就意味著
夢境會繼續。

這是一場夢。如果我繼續想著過去、現在和未來的事情，我就是執著夢不放。我怎麼可能醒來呢？

1982年10月30日

如果我任由自己的感官攀緣各自的對境，進行享樂，世間法的夢境就會持續。沒有聽、看、嘗、說、觸和想，夢就會結束。心中不生起念頭，那麼世間法就不會繼續。
　　<u>這就是涅槃。</u>

一個秘密似乎被揭開了
但是沒有。
我無法突破這個障礙。

1982年10月31日

> 如果你不跳過去，你就錯失了它。
> 我正在努力，但是我沒法出去。
> 我不尋求任何幫助。
> 這意味著我會
> 參與夢境的發展。
> 極盡努力去堅持，
> 去避免任何一個
> 從心中生起的念頭。
> 如是安住。

1982年11月1日

每一件我看、聽、品嘗、觸摸、嗅和感覺到的東西都是我的頭腦的誇大。整個主體和客體的世界都是我自己的想像。它一定會繼續，直到我把每個念頭都收回到它的本源。念頭有一種創造過去、現在和未來的能力，它能引發創世、住世和毀滅。

1982年11月2日

剝去一切東西的名稱和形象，包括我的自我，看還剩下什麼。然後一切都無所區別了。那麼我就是一切，或者一切就是我。

1982年11月3日

13：00在樓上睡覺的時候，我做起了夢。

> 「嗨，羅摩！你是從哪裡收集了所有這些東西
> 放到了我面前？」
> 夢境一結束，我就開始說出這番話。
> 我已經理解了你所有的花招。
> 你讓有人成為父親，另一個人為兒子；

有人為姊妹，另一個為兄弟；
有人為敵人，另一個為朋友；
有人為男人，另一個為女人。
所有這種哭喊和捶胸頓足都只是惡作劇。
噢，如此變形之後，發生了什麼事呢？
啊，我忘掉了很多。
摩耶女神把自己藏起來不讓我看到。

1982年11月4日

我拍著手，高聲大笑。
一切在我面前都變成了晶瑩剔透的。
沒有什麼真或者假。
啊，多麼的喜悅！
多麼的平靜！

秘密被揭開了。
多麼美妙的一出戲！
黑天吹著笛子，和女孩子們跳著舞。
羅摩因為失去了悉塔而哭泣，殺死羅波那[a]。
悉塔在凱拉什峰上禪修。
所有都是幻相。
沒有出生，沒有死亡，
沒有造物者，沒有造物。

1982年11月5日

---

[a] 印度史詩《羅摩衍那》中的反派人物，名字帶有「以暴力讓人痛泣」的含義，他是毗屍羅婆仙人和吉吉悉（羅剎王須摩利之女）之子，財神俱毗羅的兄弟。羅波那因為好女色而拐走悉塔，悉塔的丈夫羅摩因此前往楞伽島（今斯里蘭卡）將羅波那殺死並救回妻子。

我正進入沒有緣由的喜悅之中。
禪修本身正籠罩著我。
雙眼喜歡閉上。
我在探究這是怎麼回事。
我沒發現一絲念頭活動
或者內心有任何符號。
然後我就如是安住。

1982年11月6日

神及我所持有的對神的概念,這兩者是一樣的,所以都屬於同一範疇。當我不再動念,就沒有東西去感知。只有覺性,沒有主體,沒有對境。萬法皆為覺性中的一朵浪花,所以和覺性是一體的。

1982年11月7日

夢

昨夜夢中我看到了多少東西啊!它們就像是在醒位一樣真實。然後它們消失了,一個新的場景在我眼前出現。現在,這個看起來是真的。但是我自己並沒有變。出現、消失的對境是我的心的投射。我所投射的東西,並無真實可言。這是出現在靈魂面前的恆常現象。沒法去除。就任它繼續吧。這不是我所關心的。我在其中的參與也不是真的。只要我對此保持警覺就夠了。正在發生的是我的投射,而我總是安住真我。

1982年11月8日

夢

怎樣走出這個夢?甚至我試圖逃脫的努力也是這個夢境的一部

分。這是我的夢。我只能叫醒自己。除非我醒來，要不然我的夢是不會停止運作的。每一樣我看到或者聽到的東西都是一個夢。或許厭離（vairagya）能有用，在顯現的基底的恆常念也許有用。

1982年11月10日

停息妄心的活動是為瑜伽〔帕坦加利的《瑜伽經》（Patanjali's Yoga Sutras）〕。

我即梵〔《大林間奧義書》（Brihadaranyaka Upanishad）〕。

汝即彼（That thou Art）〔《唱贊奧義書》（Chandogya-Upanishad）〕。

我是眾生心中之真我。我是所有眾生的起始、中間和終點〔《薄伽梵歌》〕。

所有這些教言的精髓我都已經知道。

1982年11月14日

幻相

不知道真我的人，被困在「我是這個人。我是這副身體。所有和這副身體有關聯的身體是我的親人」這些思維想像中。而智慧的人會想：「我是每一個顯現的東西背後的實相。」他因此就不會受苦。這個摩耶從來沒有終結的時候。除非是一個人能極其警覺和充滿智慧，否則這種頭腦的幻覺不會被克服。頭腦是摩耶之輪的本質。如果它安靜了，就不會有輪迴出生。

1982年11月17日
〔用很大的字體寫的〕

> 心中住著羅摩的人
> 無事可做。
> 他沒有事要做了。

1982年11月30日

夢的時間

今天下午我可能睡了二十分鐘,卻經歷了完整的一生。這個人生也可能就是一瞬之間,由我們之前聽到、看到或者知道的東西所組成。

> 不要看任何對境。
> 不要聽任何言語。
> 遠離這團混亂。

1982年12月9日

頭腦有巨大的能力能創造出主體和客體,以及充滿諸神、人類、動物和自然的各種世界。現在是半夜。我剛夢到了很多東西。我醒來之後卻發現什麼都不是。這個醒位也是一個夢。在死亡的那一天,它就會結束。甚至死亡之後都不會結束,因為死亡也可能只是夢中的死亡。那麼誰洞悉了奧祕呢?我想,沒有人吧。實相、基底是不可能強制頭腦去認識的。

1982年12月30日

今天我的工作已經完成了。

我和世界是同一體,
一個真實而永恆的個體。

在之中和之外，沒有過去、現在和未來。
我總是一直存在。我也會永遠存在。
眾生沒有結束之時。
沒有束縛，沒有修行，沒有自由。

1983年1月1日

<u>不要疑惑</u>。永遠記住：「我是真我。」

　　頭腦無法想像那樣子。舌頭沒法描述。那麼老師又怎麼能教得出來呢？但是，這樣有力的教導，如果弟子依言奉行的話，實相會在他的心中赫然閃耀。

1983年1月2日

一個或兩個靈魂渴望自由，逃離了嚴重的危險。

我又怎樣用它自己的力量、用它自身的本性，向那個無形的真我致敬？

所有的東西都由地、水、火、風、空、乙太構成。就像海市蜃樓中的水波，沒有實質。

> 我感覺不到快樂。
> 我感覺不到不快。
> 我好奇別人
> 是怎麼體會到這些的？
>
> *這些只是夢而已。*
> *當時機成熟，*
> *聖光（jyoti）就會自行*
> *亮起來。*
> *沒有什麼方法。*

夢境消失了。
是怎麼消失的，我說不出。

1983年1月3日

心為萬物，但並非究竟。
你從未出生過。
你也從未死過。
身體從來不是你。
你**不存在**。
我**不存在**。
世界不存在。
唯有真我存在。
生與死、自由與束縛
都屬於心，不屬於你。
你和我都沒有形象和名字。
放下欲望，快樂起來吧。

1983年1月4日

放下欲望，心就不再有想法了。實際上，沒有罐子，罐子中沒有虛空。唯有靈性存在，超越了認知的主體，超越了感知的對境。沒有經文，沒有祭祀，沒有神祇，沒有界域，沒有顏色，沒有地位，沒有階層，沒有黑暗的道路，沒有光明的道路。靈性之美妙即是究竟實相。

1983年1月5日

唯有當你是萬物，超越了占有者，超越了被占有的對境，你怎麼還會認為真我能被直接或者間接地找到呢？

有人在尋找一，有人尋找多。他們都沒有找到那個超越一與多的實相。

他們怎麼能討論超越了名相、離言絕思的實相呢？當你發現一切東西，包括你肉體的自我，就像是地平線一樣轉瞬即逝，你就明白靈和你二元的習性都消逝於空中。

1983年1月6日

當我知道我的個體自我和非個體的真我
本質上是同一個，沒有差異，
怎麼可能會有個人去禪修
或者能觀修什麼東西呢？
不管我享受什麼，我給出什麼
我回向什麼，我做什麼，
沒有什麼東西屬於我。
我是沒有瑕疵的，
我是沒有出生的，
我是沒有死亡的。
我牢牢堅信，
我從開始就是自由的，
最後、中間也是自由的，
具有無生的潔淨和簡單。

1983年1月7日

毫無疑問，你是靈性。那麼你怎麼重新找到靈性呢？你怎敢去認為它是要在內找到的？或者是根本找不到的？

我親愛的兒子，幻相在哪裡？那個離幻（disillusion）、那個光、那個陰影在哪裡？它們不存在。一切都是實相。

1983年1月8日

沒有肉身,沒有靈體。當一切都只是靈性,那麼什麼在醒著,什麼在做夢,什麼在沉睡,或者什麼超越了它們?如同水注入了水就成了水一樣不可分割,我發現精神與物質也是不可分的。如果你不是自由的,那你也不是受束縛的。你怎麼能認為真我是有形或者無形的呢?

1983年1月9日

我沒有發現在祂和我之間有任何距離。那麼祂又怎麼可能是在內或者在外的呢?世界依然在心前生起,一次又一次,作為一個不可分的整體。瞧這個幻相,這種嘲諷,這個統一與多樣化的幻想!當物質和非物質的一切都被徹底否定,種種顯現就消失了。唯有善好留存。一切非有亦非無。一切非真亦非假。我談到真我,因為我自己找到了它,對此從頭到尾都很瞭解。

1983年1月26日
《八曲仙人之歌》,3:3

已經知道了自己就是那個,宇宙在其中展現如同海洋中的浪花,<u>為什麼你還要像一個淒慘的人那樣四處遊蕩?</u>
認同宇宙有別於我們自身真我的觀念,讓所有恐懼、苦難、無助和渴求都因此產生。正如海浪無別於大海本身,宇宙也無非是我們本身的真我。

1983年2月8日

想成為梵的欲望源自於感覺與其有別。這便是否認了我們真實的本性。我們一直都是梵。因此,只要這個欲望還在,就不可能圓滿。人必須連解脫的渴望都根除,才能得到解脫。解脫不是要得

> Where is the Self-knowledge for him whose knowledge depends on any object? The wise do not see this and that but see the immutable Self. Knower-known-knowing (is relative knowledge).

1983年2月9日 德里

要是他的覺知是依賴於對境的,那真我—明覺又是在哪裡?

智者不見這個那個,而是看到不變的真我。

知者—所知—知(Knower-known-knowing)(是相對的了知)。

到的,它一直都在。我們受束縛,僅僅是因為我們認為自己是受束縛的。

1983年2月10日

真知者於外於內只見到自己。對他而言,唯有真我。他因此無有所得,也因此無須什麼靈性修行或方法才能達到了悟真我。就像蒼穹一樣永恆不變的智者,對他而言,世界在哪裡?它的顯現在哪裡?終點在哪裡?方法在哪裡?了悟了實相的智者擺脫了對樂受和解脫的渴望。無論何時何處,他都沒有享樂和執著。

1983年2月12日

智者確切知道這個宇宙是幻覺的產物,無有一物。無法被感知的真我向他彰顯,他自然地享受平靜。對一個如無限般閃耀、不見

相對存在的人而言,哪裡有束縛?哪裡有解脫?哪裡有喜與悲?

1983年2月14日

甚至在聽聞了實相之後,愚鈍的人還是沒法放下他的幻象。雖然去壓制,他看上去沒有了思維活動,但要感受對境的渴望還是潛藏在他心內。

1983年2月15日

隨著了知醒悟,他的工作就結束了,他不會要去做或說什麼,就算在凡夫眼中,他還在工作。

1983年2月17日

它不能被知道。
它不能被忽視。
我不能尋找。
我不能忽視。
它無須被揭露。
它從不是不知。
沒有老師去教,
沒有學生去學。
沒有束縛,**沒有**自由。

我可以**繼續**
不靠描繪來描繪
沒有創世,**沒有**建立,
沒有完結。

1983年2月18、19日

我寫下了一些體驗,又親手銷毀了。
我決定不再繼續。
〔以上這幾行字是寫在2月18日那一頁上的。2月19日那一頁被撕掉了九成。剩下的地方寫著:〕
我該向誰希求?

1983年2月22日
天堂在哪裡?
地獄在哪裡?
生活中的解脫在哪裡?
在覺性中一切不存。

1983年3月4日

一個叫毗瑪拉(Vimala)的女士向果讓克納特(Gorakhnath)提了一個問題:

「什麼最先存在,誰創造了世界?」

果讓克納特這樣回答:

「有一物(substance),其身為妙樂,無始亦無終,超越了人類的理解。哦,提琵[a],要知道他是一切的創造者,因為他無形,

---

a Devi,意為「女神」,是印度常見的女性名字。此處是果讓克納特以此稱呼毗瑪拉女士。

他不會有形象,如果他有形象的話,就會全然違背他的遼闊。因此,創造者必須是沒有二元的,必須是不二的。他是言語所不能及的。他,一切之主,是我們討論的主題。」

1983年3月24日

一切唯心。所有粗大或者精微之物都是由心所造。人類、動物、鳥類、群山、河流、諸神、地獄和天堂,出生、生命和死亡——所有都是心所造。從世界中解脫、受縛於世間,都只是同一個心的造作。一心創造出了個體之心。個體之間的友誼和仇敵都是虛幻不實的。

1983年3月25日

所有隱藏的秘密已經揭開。
就算我告訴了誰,他也不會相信。
我無法描述
因為沒有方法。
它發生了,就像這樣
自然而然。

我是自由的。
自由萬歲!
從來沒有過一點麻煩。

1983年4月17、18日

馬斯喀特
夢的延續

早上8:30我和文卡特什〔拉哲·普拉布〕吃了早飯。文卡特什9:30

出發上班。10:00我去小睡了一會兒，10:55醒來。我夢到自己在一個熟悉的地方生活，但是我不知道我是在之前的夢裡還是在現在的夢裡看到那些人和國家。我跟一個計程車司機講話，告訴他我想要用他的車，因為我第二天必須要去見一些人。我請他第二天過來，然後夢就結束了。接著另一個夢開始了。在這個夢裡，我是在馬斯喀特。我看到了海洋、建築、公寓，桌上擺著水果，都和我睡覺前看到的一模一樣。現在這個首先讓我相信醒位實有的延續性。但是，不，這個也是一個夢。每天我都一個夢接著一個夢，在醒位上強加了一種真實的延續性，看上去好像從出生一直延續到了當下這一刻。所有這個延續性都屬於現在的夢。昨天、今天和明天僅僅出現在現在的這個夢裡。每個夢就是一個夢，本身就完整的。它和醒位一點關係都沒有。

夢、睡：
做夢者、夢、夢境

做夢者和夢以及夢中景象沒有區別。醒位的人和他醒位的世界以及清醒的狀態本身是一樣的。做夢者的基底和投射出做夢者、夢和夢境的那個是不同的。清醒的人、醒位和世界則由另一個實體投射出來。

1983年4月19日
我存在

頭腦認為「我存在」。在這一念頭之前，存在本身是否先存在？是頭腦在「我存在」這個念頭之前存在，還是二者同時生起？另一個問題：頭腦是在世界之前存在呢？還是世界在頭腦之前存在？抑或它們是同時生起的呢？

頭腦與世界同起同滅。

1983年5月8日

對羅摩不夠虔誠的話,是很難的。

> 這個世界的起源是什麼?
> 它是怎麼出現、消失的?
> 我努力要弄明白這個秘密
> 但是我沒法做到。
> 當我放下努力
> 我開始意識到這個醒位的世界。
> 這是早上5點在我的夢裡,
> 我醒來了:我。

1983年9月14日

從未有人能洞徹完美實相。

1983年9月15日

為什麼稱它為一個夢?每一個夢都已經是一個醒位,每一個醒位都已成為一個夢,也會永無止境地這樣繼續下去。它不是真實的。它也不能被稱之為假。整個晚上頭腦編造了多大的一個謠言啊!我起床後發現有些東西、或者說所有的東西都從頭腦的某個地方浮現出來,迫使心來給與活力。

1983年9月16日

> 實相目前還未被發現。
> 沒有人知道。
> 也不會有人知道。
> 誰是知者,

> 要知道的又是什麼？
> 一個無解的謎題。
> 靜默。

1983年9月19日

<u>那個</u>（Tat）是對實相最好的解釋。
頭腦製造了一個多大的謠言啊！超越理解，超越言語。

1983年9月20、21日

我在10:30睡著。眼睛閉著，我夢到我不得不寫幾封信寄出去。我記得風扇轉著。通風機的燈很暗，不足以照明讓我寫信。我想要打開頭頂的燈，卻找不到開關。我就坐了下來，盡可能地借著暗光寫信。

　　我睜開了眼睛，醒了過來。再沒什麼要做的了。我坐下來，很驚奇，說：「只需要這個就行了！醒來！<u>沒有什麼要做的</u>。」

1983年9月22日

個體靈魂太深陷於想像之中。很難擺脫出來、變自由。任何努力都意味著更多的投入。那麼我該怎麼做？

1983年9月25日

<u>03:00</u>

我能談到關於它的什麼都是沒有意義的。要描述「**是**」和「**不是**」的神祕現象時，我只能這麼說。

　　　　　　嗨，羅摩！

1983年9月26日

「我是梵。」（*Aham Brahmasmi*）

我知道這話的奧祕，但沒法把我的體會表達出來。在這麼說的時候，吠陀的仙人是在試圖表達他自己的體驗。它可以由你自己的體驗來證實，但除此之外是沒法瞭解的。佛陀稱之為空性。這二者是同樣的東西。

1983年10月12日

是**頭腦**擾動心。是頭腦導致了成－住－壞。頭腦是見或者不見的一切萬法之名。

頭腦是原初。
頭腦是**一切**，
這就是一切。
這是一個
　　多神奇的
　　　　解脫啊！
內心有一股
　　非常甜蜜溫柔的
　　　　喜悅。

1983年10月13日

我04:00起床
喜悅在我之內生起。
不是從內生，
也非從外來。
找不到原因。
唯有平靜。

1983年10月14日

沒有實相要去發現,也沒有虛假要去摒棄。

1983年10月15日

一切從未發生。
沒有必要去控制頭腦。

1983年10月21日

宇宙的成因?還沒有人靠探索得知。

1983年10月22日

頭腦無法去理解。

1983年10月23日

一個持續的夢。
　一個夢中的夢。

1983年10月26日

從沒有人能理解顯現的世界萬象。
它存在!
一物不存!
這是幻覺!
都是一樣的。

夢接著夢。

1983年10月30日

沒人見識過。
一切都結束了。
我說不出來
這是怎麼回事。
一個大騙局。

1983年10月31日

為什麼我不管看到、感覺和覺察到什麼,都要當真?因為實現了某個目的。

1983年11月10日

今晚,我覺察到腦部有二萬九千個特別的細胞,我稱它們為「正面的細胞」。這些細胞,當由頭腦指揮時,能透過摩擦創造平和,使得頭腦變得平靜。其他的細胞,數以億計,總是互相摩擦著,因而創造了人類、獸、鳥、魚、山、河等無數形象。這一過程是沒有盡頭的。感知者也是一個細胞。我們和其他細胞之間有一種關係。或許有人會稱它為上帝或者諸神。

1984年5月28、29日

無念而住,是**全部**(WHOLE)。
無念而住,是安住(nishtha)
無念而住,是真知(jnana)。
無念而住,是解脫(moksha)。
無念而住,是本然(sahaja)。

1984年6月3日

如果你生起了生死的概念,你的追尋就成了對生與死的追尋。就不是追尋實相了。實相是究竟、無染的。實相不能被實踐的。如果被付諸於實踐,就暗示著有東西被加以實踐。這不是追尋正法。

1984年6月5日

欲望

欲望是束縛。當心不再欲求的時候,就達到瞭解脫。欲望是頭腦的變易。當湖水是平靜、清澈、沒有波浪的時候,我們能瞥到它有多深。如果湖水是渾濁、晃動的,就看不到有多深了。只有當我們頭腦運作,認為是自己的念頭,我們就無法看到真我。當頭腦平靜而自由時,我們就了悟我們真實的本性,因而得到解脫。

1984年6月6日

究竟實相

沒有創造。**沒有**毀滅。
沒有人受束縛。沒有人渴望自由。
沒有人達到解脫。

單是這個虛假的摩耶就將真的弄得像假的。假的像真的,但是在純淨本然中是沒有這些把戲的位置的。在究竟實相中,所有一切都只是覺性。你認為存在的東西並不存在。但是你所不知道的**那個**——不知道它存在還是不存在——唯有那個存在。它就只是覺性,無法被知道。

1984年6月7日

當一個人寂靜不動,不在想「它是存在還是不存在?」的時候,

那個無相無名的，就以「我在」（I AM）而閃耀。那個永恆的覺性，唯有那個才是真實存在。

那些知道那個**永遠不能被知**的人，才能達到最高的目標。

1984年6月8日
隆達

我正對一個來自商克里（Sankhli）的人說著話。突然之間我不出聲了。一個不可知的狀態飄然而至。愛－美。我沒法詮釋，但是我想要找出它是什麼，然後我就失去了它。

1984年6月20日

輪迴的延續可以立即就停止。如果一個人堅決要終止，就停止了。一個殊勝不可知的力量就由內在生起。在彈指之間，人就解脫了。

1984年6月21、22日

昨晚，在睡覺時，一句圖卡拉姆・馬哈拉吉的無斷詩句（abhang）浮現在我腦海：「噢，毗塔拉〔黑天〕，你就像鬼一樣纏著我。因為你的執著，我被社會當成廢物而拋棄。現在走開吧！別煩我，讓我一個人待著。」

解釋。這句詩的意思是馬哈拉吉已經摒棄了這個世界和他方世界的每一個對境。他摒棄了頭腦的概念，包括神的概念。他一次性徹底摒棄了世界、靈魂和神，得到了自由。他曾深愛毗塔拉。我總是在腦海裡想著這些話，當他想要對神本尊告別時說的話。說出這樣的話，他就到達了無對境、無主體的國度。他找到了真正的**愛**，並以那個愛存在。唯一真我之**愛**。

1984年6月27日

現在是深夜淩晨三點。我聽到一個內在的聲音:「我不是身體。」一聽到這個,我就醒了過來,坐了起來。開始禪定,但是**那個**是超越禪修的。那個聲音,是一聲笑聲嗎?是一個體驗嗎?它是直接的感知。我寫下這些,來說明**那個**不是在醒位。

1984年7月9/10日

在02:30的時候,一股很強的力量進入了我體內。我從夢中醒來,以蓮花坐姿坐著。這股力量,我猜不出它是什麼。不是在身體裡面,也不是在身體外面。空與有都是一回事。然後我的身體變了,變回了正常。

1984年7月27日

在這個覺性中,沒有方法,因為它太明顯清晰了。它也太真實了。

哦,天哪!
多有趣!
萬歲!

要怎樣擺脫這個夢?

1984年8月6日

我夢到在隆達的羅摩寺裡。栩栩如生,非常真切。然後我意識到這是個夢,就醒來了過來,繼續我平常的活動。這些活動和我之前多次做過的一模一樣。都只是重複。永遠不停地繼續著。所有一切都是心念。來自頭腦中的召喚,要超越夢和醒位的理解。我跳了進去。空間-時間都是需要躲開的麻煩。所有我們感知到的東西都只是顯現,是摩耶的一場戲。

<u>頭腦的造作</u>。

是的。一切都是
頭腦的造作。

1984年9月19日

我們擺脫欲望的那一瞬間，世界的實有就消失了。已經拋棄了欲望的人是徹底自由的。他可以四海為家，因為他不會被環境所影響。當了悟真我時，所有的行為和活動都停止了。

1984年9月28日

上師的碰觸、意念或者注視，去除了求道者的無知、幻覺和活動。他的話語終結了嚴格的戒律、禮拜儀式和瑜伽的習氣，以及激發出這一切的自我。除非是經歷過了，否則只是聲稱它是心念、言語和身體所不能觸及的，又有什麼好處呢？被覺察到是幻覺。真我不可能在外。至高無上的那個是包含一切的，圓滿、無限。

1984年9月29日

「不去擁有，是一種非凡的狀態。甚至不去擁有一個想法，更不必說一個人或一個東西了。」

（J. 克里希那穆提）

1986年11月10日

我從納希樓上房間的床上跳了下來。雙手高舉過頭頂，我喊道：「我開悟了！」我對著窗戶上我上師的照片禮拜，然後坐在椅子上，**觀修**和唱誦了郭斯瓦米‧杜勒西達斯[a]的兩三句偈頌。我在這

---

a 即詩聖杜勒西達斯（Goswami Tulsidas）。郭斯瓦米可以是印度的姓氏，也可以是特定尊稱。在此處為尊稱，意為「感官之主」或「諸牛之主」。

個輪迴階段不再有什麼要重現的了。感謝我的星曜，感謝整個宇宙幫助了我。太美妙了。這就是愛。

1986年12月1日

哈德瓦

知道了「那個」，宇宙就消失了。在一個夢中，我聽到我母親對其他人說：「郭斯瓦米沒辦法解釋他的體驗。說到世界的實相，他說：『不管你是怎麼看世界的，它就是這樣。』」在這夢裡，我是在下班的時候無意間聽到了這些話。我內心大為震驚。我領會了意思。其他人沒有注意到這個真言，並開始引用了其他見道者的類似詩句。我在04:05從床上起來，打開門，在恆河母親前禮拜。謝謝您，媽媽。

1986年12月6日

從未有人知道真相。我知道，但是我沒法描述。

1987年1月2日

「**我是梵**。」讓**頭腦**想著這個，不要間斷。轉瞬之間，殊勝的了知會消除無明。

1987年1月3/4日

只是專注於這**獨**一的無限**真我**。

1987年1月5日

拔除所有念頭。定於超越感知或者甚至想像的那個。

1987年1月6日

沒有世界,也沒有住在其中的人。

1987年1月8日

勿讓心執著一物。把心從它的功用中解放出來。

1987年1月9日

在愛的學校裡,我發現了一條奇怪的新規則。
學好了功課的學生是不允許回家的。

1987年2月12日

我是海洋。
宇宙是一個波浪。
這是明覺。
真實存在的,就是水。

1987年2月16、17日

我確實是在一切眾生中,一切眾生也在我之中。這是明覺,所以不是要拋棄、接受或消滅的東西。

1987年2月19、20日

當海上起了風,風把一艘船搖來晃去,有時候甚至打入海底。但是海洋並不受船隻的搖晃的影響。同樣地,安住於真我之實相上的宇宙,在其固有規律的衝擊之下,也是從不動搖的。

1987年2月23日

噢,「我本身就是覺性!」

1987年2月24日

在我之內,宇宙搖來晃去,被它自己天生本性之風驅動著。

1987年3月2日

當心執著於任何感官感受的時候,就是束縛。

1987年3月3日

當心有所欲求,或者感覺喜怒的時候,就是束縛。

1987年3月5日

只要我們認為這個世界是真實的,我們就沒法從責任感中逃脫。

1987年3月6日

沒有「我」,就是解脫。有「我」,就是束縛。

1987年3月7/8日

不要取捨。

1987年3月10日

束縛的表現,就是受到身體和世間事物所吸引。

1987年3月11日

安住於真我的真實本然中。

1987年3月12日

捨棄欲望就是捨棄世界。一個已經捨棄了欲望的人是徹底自由的。他可以四海為家，因為他不受環境影響。

1987年11月25日

與真我合一，讓我非常滿足，達到了愛的無分別狀態。

1988年1月6日

跨越世界顯現這片汪洋的唯一方法是成功控制感官。其他努力都是沒有用的。當一個人研讀經文而得到了智慧，在智者的陪伴中而降伏了自己的感官，他就能領悟到一切感知的對境，是徹底不存在的。

1988年1月7日

這一切都只是頭腦。治癒那些，也就治癒了世界顯現的把戲。僅僅只是頭腦，靠它的思維之力，憑空想像出所謂的身體。頭腦不運作的時候，是見不到身體的。頭腦創造了幻覺。頭腦製造了出生和死亡的概念。因為它自己的念頭，它受束縛、它得以解脫。

1988年1月9、10、11、12日

超越位（Turiya）

在這個狀態中，頭腦擺脫了它特有的念頭活動，只剩下寧靜的體驗，這被稱為「醒時的沉睡」。當這個同樣的「醒時的沉睡」狀態成熟後，就被稱之為超越位，或者說「第四位」。牢牢安立於**那個**之中，智者感知宇宙，宛若它是個廣闊的遊樂場，而其中的生活，就是一場宇宙之舞。超越了那個的狀態，是那些已經超越了認同

身體（body-consciousness）的人所處的狀態，是無法用語言形容的。這是超越了超越位的狀態。

努力去達到那個吧。

唵

1988年1月14日

參問真我，努力達到圓滿地了悟真我。對這樣努力的人而言，整個宇宙就像是一頭小牛踩下的腳印而已。

1988年1月18日

有業習時，就有頭腦。當業習在頭腦中停止了，就是了悟真我。了悟真我的人，從未**出生過**。

1988年1月19日

為什麼你不去參問：「我是誰？世界是怎麼生起的？所有這些怎麼停止？」為什麼你去不探究束縛和解脫的本質，達到覺悟的狀態？為什麼你在浪費你的生命？求諸於侍聖者之側、為他服務、向他提問，你會有所了悟。

1988年1月21日

唯有一存在。

所有觀念停息了。當觀念停息時，頭腦這個幻相（falsity）也停息了。我不是，也沒有誰是。你和他人都不存在。沒有心，也沒有感覺。唯有一是。在三界中沒有什麼曾經出生或死亡。沒有合一，也沒有差別，沒有困惑，也沒有妄想。沒有東西恆在，沒有東西豐盛。一切都是你自己的真我。

1988年1月22日

只有當心徹底安靜,當一個人徹底地放下所有的欲望,當感覺去除了染著和遮蔽,才能真正理解導師的話。身體內的染汙褪去。上師的話語直接進入了一個人存在的最深核心。

1988年1月25日

<u>什麼是頭腦?</u>

稠密的心理作用或心理局限,即所謂的頭腦,它能導致輪迴。這些在一個解脫的智者身上,都是沒有的。

1991年2月4日

不要浪費時間尋找了。忘了你要尋找的東西吧。

1991年3月23日

因為我曾渴望和神合一,我帶著自己的自我去尋求神。當自我消失後,我甚至連神的概念都沒有了。要說什麼呢?我成為了我本來的我。

1991年4月7日

宇宙是你自己心所創造的。當你幫助其他生靈時,你幫助了你自己。然而它全是空的。從未有人說出過這個秘密。

1991年4月7日

我屬於愛人,愛人屬於我。
我們的關係很奇怪。

我是耳環,愛人是製作耳環的金子。
這一點毋庸置疑,也沒有欺騙。
只要跳出名相,遇見愛人輕而易舉。
遇見神就像水遇到水。
如此相會之後要分開,是很難的。

上師和弟子

在為這本傳記收集材料的過程中,我時不時以更寬泛的方式向帕帕吉提問,問他怎麼當上師,對於開悟的看法,還問到了師徒關係的本質。在我看來,帕帕吉生命和教學中最根本的地方就是在和弟子單獨會面中轉化弟子。在1994至1996年間,我向他提了一系列問題,希望得以一窺上師是如何讓弟子覺悟的。

讓帕帕吉談這類話題實屬不易,部分是因為他自己完全不知道是怎樣讓那些求助者開悟的,他也承認這點。有時,有人在他面前有了某種深層體驗,他會對那人說:「我做了什麼?告訴我,我做了什麼?務必告訴我,讓我知道我是怎麼做到的。」起初我覺得他是在開玩笑,但後來我逐漸明白,他對自己在接觸他的人身上產生的影響依然時不時感到茫然。有種力量透過他在運作,產生了歎為觀止的效果,但他自己卻時常茫然不覺。在他身邊,心平息下來,甚至完全停止。大部分情況下,整個過程似乎是在自動運行,他沒有有意地干涉。然而,帕帕吉能夠從訪客的眼中見到效果,即使他並不知道那到底是怎麼產生的。

本章開篇是一組問答,有關上師的行事具有非人格、非自主的性質。梵文sankalpa意為「意志」或「意圖」,我藉由詢問

這個詞來探索本章的主題。開悟者理當沒有任何意圖，也就是說他們絕不會帶著要完成某個特定結果而有所作為。衍生出的談話也頗為有趣，令人耳目一新，得以一睹上師如何行事，如何與弟子相處。

大衛：我想請您談談「意圖」。拉瑪那尊者常說上師有如太陽，沒有意圖，平等照耀一切。準備好覺悟的人就能得到，沒準備好的人就得不到。根據這個解釋，上師並不選擇誰能獲得加持，他只是無分別地照耀，足夠成熟的人就從中受益。這個解釋非常簡單，令人滿意，但是似乎只說出了一半的真理。拉瑪那尊者也說過，他會有意向某些人投射加持。有本書中記錄：「加持〔從他〕流向了有情與無情」，尊者讓他改成「加持被導向到……」您也說過，過去許多情況下，您是有意讓某些人直接體驗真我。如果上師真的沒有任何意圖，那麼這些看起來像是在挑選誰來接受加持的情況，又要怎麼解釋呢？

帕帕吉：上師不會挑選某個人來接受加持，也不會拒絕誰。準備好的人，會自動被內在的真我之光吸引。光並不揀擇，被吸引的人，會自動朝光走去。就像飛蛾和火。飛蛾天性就是要被火焰吸引，而不是因為自己有所意圖。飛蛾和火都沒有任何意圖。火的天性是燃燒，飛蛾的天性是飛向火光。兩者都按照內在的天性行動。蠟燭靜止不動，燃燒發光。它沒有召喚飛蛾，可是飛蛾會撲火。飛蛾把身體獻給燭火、著火，然後化作蠟燭的一部分。

大衛：幾個月前，您寫信給拉哲・普拉布的妹妹拉塔（Lata），信中說您不再有絲毫自己的意志，尊者已經徹徹底底占據了您，您對自己的生活不再有所掌控。您話裡的意思似乎說「被尊者占據」是最近的事，而在那之前，您對自己的生活是有所掌控的。這是否表示，數年前您還有更多的個人意志呢？

另一方面，幾年前您曾說過：「讓我多年保持安靜的力量，現在讓我開口。」這似乎表示您從不曾怎麼掌握自己的生活，這個力量似乎為您做了一切決定。是這個意思嗎？

帕帕吉：我已經沒有絲毫個人意志了。「我的意志」已經完全匯入了「祢的意志」[a]。我不認為自己在什麼時候有過絲毫的個人意志。也許別人眼中並非如此，但我從沒覺得我有過絲毫自身的意志。人們看到我吃飯、走路、睡覺，認為是我在做這些動作。人們認同自己的身體、行為，所以看到我時會自然認為我也和身體以及身體所做所說的認同。我可從沒這麼覺得。

想像一下，我在板球比賽中當擊球手，打中球得了六分。有人投來直球，我打出界。球拍是握在手上，但手本身沒有絲毫自己的意志，它只是皮膚包裹著骨頭而已。手本身沒有任何驅動力。那麼，讓手握球拍用力擊球的力量是來自何處呢？類似地，你在揮棒前可能會先想：「我要擊中球，得六分。」但這個想法又來自何處？「我要擊中這個球」的念頭來自何處？「我」決定了要去擊球，這個「我」又從哪裡來？

必然有一個源頭，所有這些念頭都從這個源頭而起。念頭只是個人對所處環境的一種反應，而念頭必然是從某個地方出現的。如果看著自己的念頭，跟著反溯到源頭，那麼自我——也就是認為具有自己意願的那個東西，就拜倒在真實的力量面前，正是這個力量才真正做了一切。當「我」回到源頭並且消失，「我的意志」也融入「祢的意志」，並最終消失，就像河流匯入大海。河水匯入海洋，絕不會再以河水的形態復返，水流不可逆轉地與海洋融為一體。到了那裡，是沒有回頭路的。同理，當「我的意願」消失在「祢的意志」的大海中，就絕不會再返轉。唯一還在的，只有「祢的意志」。

---

a Thy will。Thy是your的古英語形式，此處用來表示神聖感，所指的是一種更高力量的意志。

大衛：我很好奇想知道，為什麼您說是尊者現在正在掌管您的生活。為什麼您要稱這個非人格的力量為「尊者」，而不稱之為「真我」或別的什麼非人格化的詞語？您是以什麼方法感覺到是尊者占據了您？

帕帕吉：我並不會區分尊者和這個非人格的力量，這不是兩個不同的事物。兩者是同一個。真正來說，只有一個究竟力量，在它之中，並且由於它，萬事萬物生生滅滅。

看起來就好像是這個究竟力量，藉由在它之內顯現的一切有情，藉由它的力量在運作，但這不過是幻相。我們看到清晨太陽升起，就說「我見到了日出」。在我們看來，似乎太陽升起了，而事實上太陽從沒移動。同樣，看起來似乎是至高之力透過世間所有的身體和事物在運作，但並非如此。至高之力毫無作為。事實上，它什麼都沒做。

幾年前，帕帕吉開示過這個話題，談到尊者，或者說非人格的力量是如何徹徹底底地占據他，他不再感到自己有一個獨立的身分。這篇對話最初記錄在《躍入永恆》一書中：

幾個月前〔1992年三月〕在一次勒克瑙的薩特桑上，有人遞給我一張紙條，最後的致辭是：「我謹向您，特別是向拉瑪那尊者曾經的弟子，致上崇高的敬意和感恩。」

我沒法放過話裡的細節。「你為什麼要說『曾經』？」我大聲說道：「請糾正你的時態！請糾正你的時態！我是他的弟子！他是我的上師。你怎能把他歸到過去時態？對於上師，沒有過去也沒有未來。甚至沒有現在，因為他超越了時間。」

1947年當我和他的色身別離的時候，他告訴我：「無論你在哪裡，我都和你同在。」這是他的承諾，也是我的體驗。再也沒有叫做彭嘉的那個人了。他曾在的地方只有一片空。在那片空之

中，閃耀著「我」，這個「我」就是實相，這個「我」就是上師，這個「我」承諾無論在哪裡都和我同在。每當我說話的時候，並非是一個叫做彭嘉的人在說話，而是「我」，也就是尊者在說話，那就是在一切眾生心中的真我之「我」。

我試著向遞紙條的人解釋這些。解釋我是誰，我是什麼。

我從不認為這是我——彭嘉——在說話。是他，是尊者，是上師在說話。如果我認為這個叫做彭嘉的人在向你們說話，我就沒有資格坐在這裡，因為無論從我嘴裡說出什麼都是錯的。是我自己的上師在說話；是你們自己的上師在說話。是你自己的真心正在說；是你自己的真我正在和你說話。這裡沒有誰能聲稱是中間人，沒有人能聲稱他曾有一位名叫「拉瑪那尊者」的上師。只有空。在空之中，「我」，也就是我的上師正在——而不是「曾經」——說話。

「我坐在這裡向你們介紹我的上師和他的教法。他是老師，我不是。他是你們的真我。他是全世界的老師。在你們認識他之前，他就是老師了。他就在那裡，等著你們，在你們真心之中微笑。現在你們被他吸引，而不是被我。我，彭嘉，完全不在其中。」

彭嘉已經永遠離開了，但上師還在，並且永遠都會在。他位於我的真心之中，是我不朽的真我。作為真正的「我」而朗然明照，唯有他在。

大衛： 對於「意圖」我還有個問題。您在1993年取消了美國之行，之後有個奧地利醫生吃午飯時問：「您出於什麼理由要取消行程？」您看著他，彷彿這是您聽到過的最愚蠢的問題，然後說「理由？理由？我不需要理由」。然後您就繼續吃起了午飯。我覺得這個回答極妙地透露了真相。您自己所做的一切，是否真的完全說不出什麼理由？您是否徹底沒有意圖，因此絕不會期盼為特定結果而有所作為？

帕帕吉：是的，我記得這個人和這次對話。他是個名叫彼得的醫生，問我為什麼取消去美國的計畫。我告訴他沒有理由。我不需要任何理由，做或不做都不需要理由，所有這些行為都是自行發生的。當你融入「你的意願」，就不會再做任何決定，或有任何理由或動機。我剛剛說的那個獨一至高之力占據著你的生命，讓你在正確時間做正確的行為，說正確的話。

為進一步闡明這一主題，我給了帕帕吉一份拉瑪那尊者談智者無任何意圖的開示，請他對尊者的回答做出點評。我給他看的段落如下：

那羅延納・艾耶：智者的意願是否抵擋不了弟子的命運？

尊者：智者是否還有絲毫個人意願？即身解脫者沒有絲毫意願。不可能有的。

那羅延納・艾耶：那麼我們這些向您祈請加持、救度的人，我們的命運是什麼呢？坐在您面前，來見您，我們是否並不會從中獲益，並不會因此得到救度？我這樣的人來見您又有什麼用呢？

尊者：在智者身邊，一個人的惡業會大大消滅。智者沒有意願，他的臨在〔sannidhi〕就是最強大的力量。他不需要意願，他在場就是最強大的力量，就能帶來奇蹟，可以拯救靈魂，令心平靜，甚至讓成熟的靈魂解脫。你們的祈禱得不到智者回應，而是被他的臨在吸收。如果這是你們所求的話，那麼單純他存在就拯救了你們，抵擋住業力，甚至賜予福祉。但他是全然無心做這一切的。智者確實拯救了弟子，但不是出於意願，他不存在意願。一切都是因為他的臨在就完成了。

大衛：拉瑪那尊者說上師從不會回應弟子的請求而做什麼事，因為他沒有意願，沒能力在心中帶著某個特定的目標而行動。但是安住在這種無求的境界中，就出現了sannidhi，「臨在」，自動照顧所有弟子的需要和請求。我猜您會同意這點。

帕帕吉：證悟者，智者什麼都不做。他只是靜靜地坐著，像座山。他不會做什麼來回應你的請求，但是，如果你心中帶著某個渴望靠近他，就會自動得到回應。如果你往牆壁投球，球會反彈回來。彈離牆壁的速度和角度取決於你投擲時的速度和角度。牆壁不需要決定是否回應投過來的球。當你心中帶著渴望走近智者，合適的答案會自動出現。你甚至不需要開口。如果你的心走進了智者的臨在，你就會把自己的渴望投在他的證悟之牆上，而牆會回饋你的渴望或需要。但是如果你進入智者的臨在，不帶有一絲念頭或渴望，那麼反射回來的將是無念無求的境界。在他的臨在中，你能安住在此境界中。這就是sannidhi，智者臨在的作用。你無須要求，走近他就好。

帕帕吉對此過程有四句總結，寫得極為典雅，記錄在1981年9月3日的日記裡：

其實我對人毫無作為。
每個靈魂各得所願。
既然我是覺知的源頭，
我允許其渴望得以滿足。

```
SEPTEMBER        3            1981
                 THURSDAY
Bikarmi 19 Bhadon   2038  Saka 12 Bhadon    1903
Samvat   5 Bhadon Su 2038 Hijri  3 Zilkadh  1401
```

In fact I do nothing to any one
every Soul receives what it desires
Since I am the Source of conciousness
I allow its desires to be fulfilled.

In fact, I do nothing to anyone.
Every soul receives what it desires.
Since I am the source of consciousness,
I allow its desires to be fulfilled.

被彈回到弟子身上的不僅僅是渴望。上師的作用如同鏡子，反映了前來見他的弟子當下的心情和態度。下面是摘自帕帕吉在1970年代寫給B·D·德塞先生的信：

> 你完全正確地讀出了你離開時我的心情。我的心情是你念頭的鏡子，就像你看著鏡子時，鏡子反映出你的臉一樣，否則鏡子裡沒有臉。當然，有時候我的孩子玩得興起，忘了母親在呼喚，在等著他們來喝她的母乳。他們拒絕，說正忙著和朋友們遊戲，玩泥巴。這種情況下，母親會嚴厲大喊，因為她想趕快哺乳。

大衛：前面說到是臨在賜予了解脫，而不是上師本身，這怎麼理解？當上師現身用一句話或加持的一瞥把人喚醒，到底是誰、是什麼在起作用呢？

帕帕吉：我曾說過：「無論何時你來到聖者身邊，你心中無論有

什麼渴望都會得到滿足。」如果你渴望解脫，而如果你在上師的臨在中有這份渴望，那麼渴望就必然會得到滿足。但這只有當你是在一位徹底無求者的臨在中，才會奏效。如果你在一位自身沒有一點欲望的人的臨在中，沒有什麼是實現不了的。

1940年代在拉瑪那道場的時候，我常常幾個小時都注視著拉瑪那的眼睛。他睜著雙眼凝視，但沒有聚焦在什麼上。儘管他的雙眼睜開著，卻沒有看著什麼。這雙眼睛是徹底沒有念頭和欲望的。透過一個人的雙眼，能看到他的頭腦，但在這雙眼睛中，什麼都看不到。我專注地盯著他眼睛看過很久，但一次都不曾看到有念頭或渴望閃過。我從未在哪一張臉上見過如此徹底無求的眼睛。我一生見過很多偉大的聖者，但是沒有一個像拉瑪那那樣讓我印象深刻。

如果你要解脫，去尋找這樣一位絕對無求，不動如山般坐著的人。坐在他的身邊，看看會發生什麼吧。

你是要知道當一個人在上師的臨在中開悟，到底是誰、或者是什麼東西在施加影響，對吧？沒有人在施加什麼影響。能這樣開悟，只是因為上師安住在絕對無求中。

大衛：這個過程似乎也不是完全自動的。我曾聽您說過：弟子必須進入上師的臨在，說出自己想要的。您有時候說：「你必須告訴上師你想要什麼。如果你不問，他怎麼給你呢？」是否必須要直接請求加持或解脫，還是只要不出聲、安靜地坐在上師身邊就足夠了？

帕帕吉：最好還是告訴上師你要什麼。許多人來這裡對我說：「我是為了解脫來這裡，不求別的。」去見上師，明白地說出你要什麼。如果你去見醫生，一言不發坐在他面前，他要怎麼治療你呢？如果你只是坐在他邊上，沉默不語，他怎麼幫你？如果你坐著什麼都不說，他只會叫下一個病人進來。你也許進來的時候頭痛欲

裂，但如果你不告訴他，又怎麼能期待得到對症的藥呢？當你走近上師身邊，要非常明確告訴他：「我要解脫。我不要別的。這就是我來這裡見你的唯一理由。」我已經告訴過你，在上師身邊渴望都會滿足，所以說出你的渴望，然後等著看會發生什麼。

大衛：有很多人來過跟您說了這番話，但是他們並沒有開悟。這個方法並不是一直有效果。事實上根本很難見到有效果。

帕帕吉：沒有效果是因為大部分來見上師的人，心裡充滿了別的欲望。他們會說：「我要解脫，別的都不重要。」他們甚至也這樣相信，但是這個渴望不會實現，因為他們心裡還有許多別的渴望在和這個糾纏、打架。

人們來到這裡，自認為想要解脫，但過了一會，他們的頭腦就把他們帶到別的事物上：工作、朋友、戀愛、旅行。過了一陣子，他們甚至忘了一開始自己為什麼來這裡。隱藏著的欲望冒出頭來，占據了上風。那些欲望是可以輕易被滿足的，但究竟的欲望只有在上師的臨在中，只有在沒有別的欲望競爭時才能實現。

人們說「我要解脫」，這話通常是指他們想要從欲望造成的麻煩中解脫，雖然想解脫，但他們卻不願意放棄這些欲望。來見上師的時候，你必須帶著對解脫的堅定意願，你也必須已經下定決心，自己對於滿足任何世間欲望已不再抱有絲毫興趣。

帶著這個熾熱的渴望：「我要解脫。這是我唯一想要的。別的東西我都沒有興趣。三千五百萬年來，我一直沉溺在自娛之中，享受著各式各樣的欲望，所有的娛樂我已經嘗盡。可是現在，我什麼都不想要。我只想要解脫，唯有解脫。」

如果你放棄了對世間的所有渴望，以對解脫的渴望取而代之，要的只有解脫，那麼當你來到上師身邊，你得到的就是解脫。你不需要等待，上師也不會讓你做什麼。當你只求覺醒、別無他求的時候，你進入上師的臨在的那一刻，解脫就會發生。

許多人在第一次薩特桑中就搞定了。我記得有個人從華盛頓來，說自己是鑽石商人。第一天早晨的薩特桑上，他站起身來，向大門走去。我本以為他去找洗手間，隨後注意到他隨身帶著大包。

「你不是剛來嗎？」我問：「要安排住處嗎？」

「不，」他說：「我要走了。我來到這裡的目的已經達成了，無須再停留了。這裡很擠，我空出位子，可以讓別人有機會坐在您的臨在中。」

當時我通常在家裡舉行薩特桑。客廳擠滿了人，許多人不得不站在花園裡，努力靠近門窗聽我講話。這大約是四年前的事，許多人還記得他。

還有一位，是英國的詹姆斯醫生。我在薩特桑中說過好幾次他的故事。四十年前，他到敕瑪嘎羅（Chikmagulur）見我。和我聊了十分鐘後，他得到了所尋求的體驗，然後就走了。我再也沒有見過他。我什麼都沒做，只是回答他提出有關覺悟者行為的問題。具有對解脫的渴望，這就足夠了。

大衛： 詹姆斯醫生和鑽石商人都沒說要解脫，所以並不總是需要開口的。

帕帕吉： 是的。某些情況下默默地、安靜地坐在上師身邊就夠了。足夠了。

大衛： 幾周前在薩特桑中，您說上師把他的恩典或他的「最終教授」給予他所喜悅的人，而不是別人。您舉了個例子，有個乞丐找柯林頓總統要一百萬美金。不僅僅是一百萬，總統有權力給出一億美元，只要對方是對的人，但來敲門要錢的人如果並不值得，他是不會給的。所以，開口請求並不足夠，必須是值得的人。我的問題就是，「什麼才讓上師喜悅？他必須要在弟子身上見到什

麼，才會讓他高興地送出他的億萬鉅款？」

帕帕吉： 想要解脫的人，想要解脫勝過一切，想要解脫以至拋棄一切的人，這樣的人會得到青睞。其他人可以在上師身邊一坐好幾年，但即使他們反覆開口請求，也不會得到同樣的效果。

1940年代我在拉瑪那道場，一直有很多人進進出出。有些人會在拉瑪那身邊坐一會兒，然後出門在水井邊上開始獻供儀式（puja）。有人甚至在大廳裡就開始修獻供，而拉瑪那正在那裡舉行薩特桑。即使是拉瑪那的親近弟子也會做這些。如果你想要逃開去修獻供，而不是靜靜坐在上師的臨在中，這表示你還有未能滿足的欲望。而還有這些欲望時，你就不會得到上師加持的所有利益。

在齋堂裡，婆羅門和非婆羅門之間有一道牆。婆羅門不會和非婆羅門一起吃飯，也不想自己吃飯被非婆羅門看到。拉瑪那並不理睬這些規定，他會坐在吃飯的婆羅門和非婆羅門都看得到的地方。這些人來見拉瑪那，希望得到區別對待，希望被當做特別的人群。所以即使拉瑪那在場，他們也堅持區分種姓。人們為了得到加持，為了解脫去見上師，但是他們的舊有習性和願望很快捲土重來，最終迷失在自己的生活方式中。

但並不是每個人都這樣。有位弟子名叫穆魯葛納（Muruganar），我非常喜歡他。在那裡的所有人中，他似乎是唯一能夠始終把心放在拉瑪那上的人。別的人在外部事物和人際關係中迷失了自己，但穆魯葛納一直靜靜地坐在拉瑪那的臨在中。如果他開口，他唯一的話題就是拉瑪那。他毫無疲倦地告訴別人拉瑪那有多麼偉大，還寫了數千首詩，讚頌他的老師。

我喜歡他的態度和投入，所以他低血壓病倒時，我常常去看他。我給他帶去各種草藥，親自照料他，當時沒有別人給他照顧。

1970年代早期，他的生命接近終點，他病得很嚴重，必須住進道場的診所。我那時正好去蒂魯瓦納瑪萊，所以就去見他。我

站在房門口,但是負責診所的饒(Rao)醫生不准我進房間和病人說話。穆魯葛納見到我,想要讓我進來,然而醫生不允許。他病得太重,沒法說話,但我從窗口看過去,他深情地回看我。

穆魯葛納沒有迷失在滿足欲望的儀式上。他來了,全神貫注於拉瑪那,然後保持如此。

如果你和證悟者在一起,無須做什麼儀式或練習。你不必供奉神祇,請他們賜福。在空閒時,你無須去教堂或寺院。靜靜地坐在上師身邊,就可以得到你所需要的一切了。

這讓我想起有位法啟爾去拜訪阿克巴大帝(Akbar the Great),這是幾百年前的印度皇帝。皇帝很仁慈,向需要錢的民眾慷慨布施。一天,有位法啟爾去見皇帝,想得到布施。他發現阿克巴正在做每日祈禱(namaz)。皇帝跪著向神祈求,以得到幫助來處理各種事務。法啟爾沒有等皇帝祈禱結束就離開了皇宮。

當天晚些時候,有人稟報皇帝他在祈禱時有位法啟爾過來見他,但沒有說明來意就走了。阿克巴派人去找他,對錯過了他而道歉,並問他是否自己可以為他效勞。

法啟爾回答:「我是作為乞丐過來要錢的,但我到了之後見到您也跪倒在地,向神乞討。我心想,『此人也是個乞丐,那我又為何向他乞討呢?我想要什麼東西,向他所祈求的那個人要就好了,所以我直接向神乞討就行了。』」

如果你想要解脫,如果你想要上師的加持,直接去找他。不要依賴任何媒介。供奉神祇不會幫助你。他們自己也遲早要去找一位上師,以求覺悟。他們自己沒有的東西,又怎麼能給你呢?你找上師的時候,你不會看到他雙膝跪倒,向神祈禱。他已經擁有了所需要的一切,而且他可以傳遞給合適的人。

這讓我們回到開始的問題:「上師必須要在弟子身上見到什麼,才會願意送出全部寶藏?」

弟子必須要值得。如果你不值得,你無法要求解脫,無法期盼能得到解脫。如果你值得,你甚至都不需要開口。如果上師看

到你是個值得的人,那麼他會自動把一切都給你。上師無法交給不值得的人,而不值得的人也無法因為開口要了就會得到。你必須用你的虔愛和無求贏得智者的心。一旦你贏得了他的心,他的整個王國、全部財富都會自動成為你的。

大衛: 在引述的這段話裡,尊者說:「坐於上師的臨在能消滅惡業的影響。」許多大師也說過同樣的話。例如,有個人可能本來命定要在車禍中受重傷,但如果事故發生時,他正和自己的上師在一起,他可能最終只落得一點輕傷,有個小傷口或是擦破皮。您接受這種傳統說法嗎?

帕帕吉: 上師可以完全轉變業力,而不僅僅是減輕效果。智者(jnani),指的是這個世上或他方世界中最高的權威。神都無法違逆或撤銷他的命令。有個蘇菲派的故事可以來說明這點。

摩西每年都會登上西奈山見上帝。路上他經過住在山腳的農夫家。農夫熱情招待路人,所以摩西每次經過時,都會住在他家。有次農夫問起摩西在此處是有什麼事。

摩西回答:「每年我都來這裡,登上西奈山頂和上帝交談。」

農夫說:「我們過得挺好,有錢,有數百畝農田,成千的牛羊。我們唯一缺的就是孩子。不知道我們命中是不是有子,但上帝肯定知道。我知道一切都是命中註定,所以上帝必然知道我們的未來。你下次見到上帝的時候,問問他我們是否能蒙福生下孩子。如果他回答了的話,請你在回來的路上告訴我們吧。」

摩西到了西奈山頂,和上帝進行例行年度談話,他提到了農夫的請求。

上帝說:「這種事情全部都記在我的帳簿上。我們有個專屬部門負責保存這些記錄。我拿給你看,你在裡面查查那個人的名字。」

記錄未來命運的賬簿出現了,摩西翻到記錄那位農戶的一頁。

孩子姓名一欄是空白的。

摩西如是回報，上帝說：「這樣的話，他們不會有孩子。記錄空白表示沒有孩子。」

摩西向上帝道了謝，下山後將自己在命運簿上見到的資訊告訴了農夫夫婦。

農夫接受了自己的命運。「如果是這樣的話，」他說：「我們也沒什麼好做的。謝謝你為我們找出了真相。」

幾天後，一位證悟的聖者也在去往西奈山的路上經過農夫家。農夫一如往常加以熱情招待。

聖者問到他的孩子，農夫回答說：「我們沒有孩子，命中註定不會有。幾周前有個人經過這裡，他看過上帝的命運簿，發現我們不會有孩子。我們也就放棄希望了。」

農夫夫婦的招待讓聖者非常高興，所以臨走時，他祝福了兩人。第二年，摩西照例前來，驚訝地發現農夫的太太抱著個小嬰兒。

「這是誰的孩子？」他問：「是有人住在你們家嗎？」

「不，」農夫妻子回答：「是我的，幾周前剛生的。」

「這怎麼可能？」摩西非常驚訝道：「我親眼見過上帝的命運簿，他甚至親口對我說你們不會有孩子的。」

「我也不知道是怎麼回事，」婦人回答：「不過上次你走後沒幾天，家裡來了一位聖人。我們沒和他說想要什麼，但他很高興得到我們的招待，在離開之前祝福了我們。」

摩西心想：「肯定是上帝那裡管帳本的部門有人粗心大意了。我下次見到他的時候要告訴他，犯這種錯誤可不好。」

幾天後，他和上帝在西奈山頂開始年度對話，摩西說起記錯帳的事。

「我親眼見過帳本，」摩西說：「孩子一欄是空白的。但這個婦女卻在幾周前生下孩子。您的帳本保管部門裡一定有人出錯了。」

「把帳本拿過來。」上帝對侍者說：「我來看看怎麼回事。」

帳本拿了上來，翻到了對應的那頁。上帝和摩西一起查看時，發現在孩子一欄上添加了一個像字母「U」的符號。

「啊，這就說得通了。」上帝說：「這個U是證悟者舌頭的圖案。一定有智者祝福過這個婦女，說她會有孩子。智者的語言至高無上，無論說什麼都會實現，哪怕沒有記在命運簿上。智者的舌頭不受我控制，它能撒銷我命運簿上寫的每一件事情。」

就是這樣。在證悟者的臨在中，你的渴望得以滿足，即使你隻字未提。智者可以改寫你的命運。也許你本來註定有某種命運，但智者一句話就能改變。光是坐在他的臨在中，也能改變你的命運。

在我繼續向帕帕吉提問前，會先記錄一些這段時間他給其他弟子的回答，涵蓋了大眾對於上師的基本問題，比如：為什麼我需要一位上師？我要怎麼找？我怎麼知道他是真正的上師？他的角色是什麼？過世的老師可以成為我的上師嗎？

有些問題來自荷蘭新聞自由撰稿人薩納坦（Sanatan），一些來自桑德拉（Sandra）和斯拉妲（Sraddha），這兩位女士分別來自紐西蘭和澳洲，在1994年共同採訪了帕帕吉。

薩納坦： 您曾說過覺悟真我需要有師父。

帕帕吉： 你不認為自己需要師父嗎？無論你要完成什麼，總需要老師，而那個老師必須有色身形象。

假設你想成為鞋匠。如果不和鞋匠住在一起，向他學習，你怎麼能做出鞋子來呢？所以，即使是做鞋這樣的小事，也需要有老師。你拿塊布，就能給我做襯衫嗎？除非你已經在裁縫身邊生活學習過並侍奉過他了。

在印度我們有個傳統。如果你想當裁縫的學徒，就必須先送

老師一頂包頭巾帽、便帽或禮帽，以示敬意，然後你要住在他那裡，服侍他。日日夜夜都要服侍他。在古代，沒有香菸的時候，我們抽水菸。你們聽說過水菸嗎？英文叫hubble-bubble pipes。學徒必須要端好菸袋，這樣師父想抽的時候都能抽上新鮮的。這類低下的事情，學徒必須要做上十二年。如果不這麼服侍，自己就永遠不會成為裁縫師父。

所以，每一類技能都需要老師。如果你沒學過怎麼理髮，那麼連自己的頭髮都不會剪。不信試試看！試試去給參加薩特桑的人剪頭髮，看看會怎麼樣。沒人會相信你有資格。如果有人相信你，讓你試試，你很快就會因為把事情搞砸而惹上麻煩的。

薩納坦：為求了悟真我，上師必須在某個身體裡嗎？

帕帕吉：假設你要和一個女孩結婚，你能接受新娘沒有身體嗎？如果你有身體，那你的太太也必須有身體。沒有身體的妻子有什麼用？要結婚，必須有兩個身體。

薩納坦：但是我不想和我的上師睡覺！〔大笑〕

帕帕吉：〔也在笑〕你的問題是「我是否需要一位證悟的老師來幫助我」？我的回答是：「沒有的話，你是不行的。」你另一個問題是「他必須要在身體裡嗎」？回答是：「是的，如果你有身體，你的上師也必須在身體裡。」

上師永遠都在，沒有身體。他永遠無形地存在著。但是因為你不了解這點，你不能從中受益。如果你有身體，或認為自己是身體，那麼你就需要具有身體的老師。明白嗎？

薩納坦：上師如果不再在身體裡了，難道不是一樣有那種力量嗎？

帕帕吉：你可以不用身體就聆聽他的教導嗎？如果你有這種能力，那麼你不需要在身體裡的上師。上師永遠在你的心中。正是他，他的力量，你在說話。你會聽他嗎？

薩納坦：是的，我會。

帕帕吉：你聽從那個在你內心教導、無形的老師嗎？嗯？如果你做到了，就不會有這個問題了。

桑德拉和斯拉妲：什麼是師徒關係？它是怎麼運作的？

帕帕吉：古魯（Guru，意思是上師）一詞的字面意思就是「驅散黑暗者」。什麼是師徒關係呢？讓你知道你本身就是光，黑暗從來不存在的那個就是上師。由於他的加持，去除了誤認為有個「沒開悟的狀態」需要克服的謬見。

桑德拉和斯拉妲：當一個人非常昏沉，充滿疑惑和恐懼，被頭腦控制的時候，要怎麼才能認出真正的上師？

帕帕吉：真正的上師無法透過語言和行為來辨別。不管他說什麼，都不能證實或推翻他的證量或他作為上師的資格。如果在某個人身邊，你的心自動變得平靜安寧，這也許可以作為一個指標，說明此人是具格的修行老師，但這也不能當做證據。除此之外，也沒有什麼可靠的跡象。

桑德拉和斯拉妲：您與我的不同之處是什麼？如果您說我們之間沒有不同，為什麼您在上面的椅子上坐著，我在下面的地板上坐著？如果我坐在您的椅子上，沒人會聽我，也沒人會相信我。

帕帕吉：我早上進來之前，椅子是空的。你那時應該坐上來。如果你來得夠早，這裡完全沒人。沒人會反對，也沒人會阻止你。如果你沒有抓住機會，那是你的問題，不是我的。

桑德拉和斯拉姐：我不是這個意思。就算我坐上去了，也沒有人會聽我的。您有權威，可以吸引注意力。這至少是我和您之間的一個不同。

帕帕吉：如果你坐在這裡，人們也會聽你的。你明天試試看！有什麼妨礙你嗎？只不過是一些覺得自己沒準備好、自己不夠格的念頭而已。這些都不過是你自己揣著的錯誤見地罷了。

　　一切不同都是想像出來的。如果你想像有差別，你就屬於地板。如果你沒有疑惑，沒有想像出來的差別，你就可以坐在椅子上。

桑德拉和斯拉姐：實際上所有修行老師都是男性，為什麼？是不是女性證悟要更難？

帕帕吉：只有一位上師，既不是男的也不是女的，在你內在照耀，就是你自己的真我。如果你認為自己是女人，這個念頭會阻礙你認識到真我。

桑德拉和斯拉姐：也許是這樣，但所有過去偉大的老師都有男性的身體。黑天、佛陀、耶穌等等。為什麼是這樣？

帕帕吉：我已經告訴過你們，對老師而言並沒有男性或女性。如果你看著各種身體，見到差別，這些差別都是你的頭腦創造出來的。沒有頭腦的時候，就沒有差別。你睡著的時候還覺得是男是女嗎？在那個狀態還見到別的男性女性嗎？

上師在你之內，是你自己的真我。就像我已經說過的，這個真我不是男性，也不是女性。

桑德拉和斯拉妲：您說真正的老師是在內的，就是閃耀的真我。所以我們是否還需要外在的上師？我們是否必須來印度找上師，還是說我們可以不需要一位還在世的上師就能了悟真我？我們是否能往內走，找到真我，從而找到上師呢？

帕帕吉：如果沒有活著的上師的加持，是無法了悟真我的。如果你認為自己有身體，那麼只有具有身體的上師能幫你。

你問是否需要來印度找老師。靠走遍世界尋找，你並不能找到上師。你能找到，是因為有強烈渴望要解脫。如果有渴望，那麼上師會找到你。我的情況就是如此。我走遍了全印度，尋找能讓我見到神的上師，但是我沒有遇見有人能讓我滿意。最後我的上師來到我家，告訴我可以去找他。我想要見神的強烈渴望把他帶到了我家門口。

上師也不一定非要在印度找。如果你是值得的，準備好了，你可以在任何地方找到他。

如果你在尋找一位上師，並且你找到了某個人，你認為他也許就是你要找的，你必須在接受他之前測試他。如何測試？在他身邊坐一會兒。如果你發現在他身邊，你的心總是會變得平靜，那麼這也許是你要找的人。如果他能讓你的心平靜，那麼和他在一起，聽從他、臣服他，把你的生命交給他，向他表露你想要解脫勝過世上一切。

儘管帕帕吉一直說，對於想要尋求解脫的人而言，活著的人類上師是必不可少的，但他並沒有打算任命誰在他死後繼續教授。幾年前，在一次薩特桑中，他說：「有傳承的地方，就會有染汙。」為了說明這一觀點，他還舉了幾個例子。他表示

真正的上師是真我任命的，而不是別的。

幾年前，在一次勒克瑙的薩特桑上，他說自己屬於一個包括了拉瑪那尊者和喬荼波陀的傳承。這三位沒有一位是由人類老師認證的上師；但三位全都證得了無生，從自己的直接體驗說道：「一切從未發生，一切從未存在。」三位都得到真我的認證，成為傳達究竟體驗的管道。

帕帕吉從未宣稱自己是拉瑪那尊者的繼承者。他只是說真我選中他來傳達拉瑪那尊者的教法。

以色列記者阿薩法（Asaffa）在1995年十二月問及於此：

阿薩法：奧修死後，很多人從浦那來到這裡，因為他們覺得需要一位活著的老師。那麼當您捨身的時候，這些人要怎麼辦呢？他們應該繼續去尋找另一位老師嗎？您現在還活著，可以給他們什麼建議嗎？

帕帕吉：人們來這裡不是為了見我的身體。這個身體只是一件衣服。如果我把衣服掛在牆上，誰會過來拜見它？我死的時候不要來拜訪我，就是說，完全不要來拜訪我的身體。不要把我只當做一副身體。

很久以前，拉瑪那尊者離開了身體，但是成千上萬的人依然去參訪他的道場。現在去的人比他在世時候還多。為什麼？因為他的教法還在，在周圍的氣場中振動著，他踏足過的地方都成為聖地。許多外國人很難理解這一點，但在印度，我們對此很尊崇。那裡成為聖地是因為他的智慧。他在哪裡停留過，哪裡就被充滿電。不需要他的身體在場，人們就能感受到那種振動。如果你在那裡是平靜的，你一定會感受到些什麼的。

阿薩法：您會指認一個繼承者，在您死後繼續您導師角色嗎？

帕帕吉：我不會。我的上一個回答已經告訴你原因了。每個活著的人都會死。但我所談論的那個，會留下。那個沒有人知道的東西會留下，它會把人們從全球各地吸引過來。這現在正在發生，未來會繼續發生。因為我所談論的那個，哪裡也不會去。

在開始的那些問答中，帕帕吉說得很清楚，有一種力量在安排所有來見他的人，而他，作為個體，完全不在場景中。1983年2月15日，他在日記中寫道：「隨著智慧開啟，他的工作終結了，他再也找不到有什麼事要做或說，儘管在一般人的眼中，他還在做事。」

他和弟子打交道時，都是真我的力量讓他用最應機的方式說話、行動。他不需要決定做什麼或說什麼，也不是因為他感到某種做法對弟子會產生最佳效果而這樣去做。他的行為都是真我的純然自發、沒有動機的展現，完全不是來自之前和其他弟子相處的經驗。也就是說，並不是累積經驗而學會做上師的。

在下一組問題中，我故意採取反方的立場，好讓帕帕吉表達對這個話題的觀點。我從他自己的上師拉瑪那尊者的生平中選了幾個故事。表面看來，這些故事似乎表示上師確實從失敗中學習怎麼當上師。然而，帕帕吉堅定有力地維護他的上師是完美無瑕的，毫不讓步，而我發現這正美妙地展現了他自己對上師的虔愛（Guru-bhakti）。

大衛：根據我讀到的拉瑪那尊者的故事，以及對您教學生涯的一點瞭解，我覺得一個人似乎要試錯，才能勝任上師一職。也就是說，他可能已經證悟了，也可能具有令其他人覺醒的能力，但是如何有效使用這種力量需要實踐和經驗。您同意這個說法嗎？

帕帕吉：不，我不同意。當上師，無須練習，上師生來就會教授，比如說阿迪商羯羅阿闍黎。他在七歲時已經學完了所有的吠陀和

論典，這是普通人終其一生都無法達成的。另一個例子是黑天。六歲時他被送到學校，接受上師的教導，但他的上師很快發現自己想要教的一切，黑天都已經明白了。也就是說，宇宙的創造者已經安排好了，把一切需要的知識都直接植入了黑天的大腦。據說，智慧女神、財富女神和力量女神給了他一切所需。他不需要學習怎麼當老師，或者練習教學技巧。所有必需的知識和技巧已然全部在他心中，從一開始就都在了。如果你命中註定要當上師，真我會自動賦予你一切所需的智慧和力量。它不會送你去學校來學習這些，而是直接就給你。

就我自己來說，我這一生一直就有教人的能力。即使還很小的時候，我就可以在費薩拉巴德〔萊亞普爾〕的鎮中心廣場上教導民眾。我穿著橙黃袍子，乞討食物，然後上街去教人。不做這些的時候，我就在禪修。不是那種大部分人聽到「打坐」這個詞聯想到的那種禪修，不是那種盤著腿坐著，集中在某個特定的脈輪上的禪修。而是有一種能量流過我，我清清楚楚地與它成為一體。那就是至高之力。

所以，我不同意說需要學習或練習什麼才能成為一名上師。對其他職業而言，才談得上練習。比如想要成為政治領袖，就要跟著某個政治領袖，從他身上學習所有這行業的招數。但是做上師是不需要這樣學藝的。

大衛： 我知道您會這樣說。既然您覺得上師不需要學習什麼技能，我就告訴您一些拉瑪那尊者身邊發生的一些事，看起來和您說的正相反。也許您可以點評點評。

在他開悟後不久，也就是拉瑪那尊者十六歲時，有次他閉著眼睛，靜靜坐在家中。一個學校同學問他在做什麼，他回答：「禪修。」朋友問：「您能教我怎麼做嗎？」而拉瑪那尊者回答：「可以。你坐下，閉上眼睛，然後我教你。」

男孩閉上眼睛，而拉瑪那尊者就把一支鉛筆鈍的那頭放在朋

友的額頭上，輕輕壓了幾秒鐘。那個小男孩突然被一種恐懼慌亂的感覺吞沒。他跳起來大喊：「您想要殺了我！我感覺自己快死了！以後絕不允許您再這麼對我！」

　　拉瑪那尊者試著讓他體驗真我，但因為男孩不成熟，反而只感到害怕和恐慌。很明顯，拉瑪那尊者在十六歲時，就有了一種天生的能力能讓人覺醒，但缺乏實踐經驗，他不知道應傳遞多少力量才是安全的。這或許是一種解釋吧。您的看法呢？

帕帕吉：你說這是一個不成熟的例子，我同意。但不成熟的是想要有體驗的男孩，而不是尊者。尊者在年少時就有覺悟他人的力量，這證明這個力量是本具的而不是學來的，但是他未能有效地把力量使用出來，是因為那個男孩心裡有太多的疑惑和恐懼。

　　而尊者在那個男孩同樣年紀時，當真我給了那個直接體驗，他不曾有絲毫疑惑或恐懼。真我向他顯露，他對這個顯露有絕對的信心。他不懷疑，不恐懼，也不試圖逃離。他臣服，全然接受。這表明了他靈性上的成熟。而對於同一個體驗，他的同學卻驚恐地逃離，這表明他沒有準備好，還不成熟。

　　儘管尊者在十六歲就表現出具有令人覺醒的力量，卻並沒有承擔起自性上師的角色。這要等到之後，他到了慧焰山才開始。後來，慧焰山，他的自性上師，給與了他資格，給了他加持，讓他成為一名自性上師。

大衛：我要告訴您的下一個故事很有名。發生在十九年之後，在1915年。

　　拉瑪那尊者的侍者帕拉尼斯瓦米臨終時，尊者試著讓他在死前，或者在死的那刻能開悟。尊者一手放在侍者額頭，一手放在心輪，保持這樣直到他覺得個體自我已經徹底消亡了。接著，他覺得帕拉尼斯瓦米已經證得真我，就拿開了手。幾秒鐘後，「我－念」重新出現，從眼睛離開身體，而根據拉瑪那尊者所說，轉世

到了某個天界。

這件事中，看起來似乎也是誤判了需要傳遞多少力量。但是，尊者從這次經歷中學習到了。六年後，在他母親過世時，他試著使用同樣的方法，雙手放好保持了更久。之後，他評論道：「我覺得她已經解脫了，但是想到帕拉尼斯瓦米的事，我把手繼續在那裡放了幾分鐘。」

這個故事，以及尊者自己的評論，難道不正表明尊者也是透過試錯而學會有效使用這個技巧嗎？難道不是因為他沒有經驗，才讓他在帕拉尼斯瓦米那裡犯錯，而不正是由於這個失敗，他才有了經驗，幾年後能讓他母親證悟嗎？

帕帕吉：我也不認為這件事裡有什麼誤判或失誤。帕拉尼斯瓦米在臨終沒有開悟，這不是拉瑪那尊者的錯。我反而會說，帕拉尼斯瓦米的個體自我（jivatman）不接受來自拉瑪那尊者的介入，因為他還沒有準備好開悟。

要想能解脫，需要至高真我的加持。而如果個體自我並不具有這樣的價值，至高真我不會賜予加持。帕拉尼斯瓦米因為忠誠侍奉一位自性上師，所以獲得足夠的福德去天界，但是他沒有獲得至高真我的究竟解脫加持。這就是為什麼拉瑪那尊者在他身上沒有成功。在表面上，也許看起來就像是有什麼錯誤，但是至高真我從不會犯錯。如果確實值得，那麼解脫會自動發生的。如果不值得，無論上師怎麼介入，都不會發生。

靈魂不斷轉世，來享用或忍受各種業報。當積累了足夠的福德，靈魂會為自己選擇神聖的父母。加持會引領這個靈魂遇見完美的自性上師，由他來賜予解脫。

這就是拉瑪那尊者的情況。他生於一戶好人家。他的父母，孫德倫（Sundaram）和阿扎葛瑪（Azhagammal）都是很聖潔的人。他在家參加薩特桑，和神聖的同伴一起聆聽經文。完成早期準備後，加持帶著他來到慧焰山——是他自性上師的外顯形象，這是

祜主濕婆的一個形象，賜予周圍的一切眾生以解脫。

拉瑪那尊者是那種很罕見的存在，可以給予加持，把徹底的解脫傳給別人。他的母親和拉克什米母牛收到了份究竟加持的禮物，別的眾生也是如此，有些故事為人所知，有些不為人知。

大衛：您說事情當中不存在什麼錯誤，我接受您在這一點上的解釋。但是從帕拉尼斯瓦米和母親的故事看起來，似乎拉瑪那尊者確實是學習了如何有效運用這個特殊技巧。他自己也承認是從帕拉尼斯瓦米那次經歷中學到了，所以手才放了更長時間。

帕帕吉：是的。對帕拉尼斯瓦米，他的手移開了，覺得工作已經完成了。當他母親出現同樣的情況時，他記得上次發生的事情，並把手放了更長時間。這次他成功了。

大衛：1990年您和羅恩·斯塔克（Ron Stark）以及亨利·巴爾（Henry Baer）在德里對話時，您對他們說：「這是我的體驗。說話時，我從不參考記憶或經驗過的東西。每個人天生都能這麼說話。」如果從字面上理解無誤的話，這就像是在說上師無法從過去的經驗學到什麼，因為在其行為中，他從不考慮或參考過往的經驗。您對此有什麼評論？

帕帕吉：這些話是在不同場合說的。我和他們說話的時候，他們一直要我重複已經說過的話，因為他們想要錄下來，讓美國的朋友聽。在某次他們又這麼要求時，我說，我的話並不是從記憶或過去的經驗裡來的。

在這樣的場合中，我不會從記憶中抽取話語，也不會在說完後儲藏起來。所以，如果有人問我剛才說了什麼，我一般說不出來，因為說過的話不會存在記憶裡。我交談時，說出來的話都是對當時情況的回應，是對坐在我面前的人的心理狀態的回應。這

些話從真我中自發產生，不經過頭腦或記憶，之後也不儲存在那裡。就像我對羅恩先生和亨利先生說的：「每個人天生都會這麼說話，但是沒人這麼做。」每個人都活在過去，每次他們說話的時候，帶出來的都是過去經歷的畫面和想法，他們把這些儲藏在記憶裡，好在未來使用。如果你不得不加以思索才開口，說出的話都是來自過去的，因為無論在你的頭腦和記憶中儲存的是什麼，都屬於過去，而不是當下。

大衛： 我要問您一個私人問題：您是否能回想起自己生活中，在師徒的相遇中，因無知或缺乏經驗而犯過錯誤的情況？或者有過因為有了經驗，從而表現得更有效率的情況嗎？

帕帕吉： 說到師徒相處，我確實經歷過一些沒奏效的情況。但是每一次，我都相當確定，是接受者不夠格接受這樣的教法。但是你不能稱之為錯誤。這只是接受者不夠格。

大衛： 要說是因為帕拉尼斯瓦米不夠格，才妨礙了他在臨終一刻獲得最終證悟，這點我能理解。他的個體自我還沒有準備好證悟，這麼解釋很合理的。但是為什麼拉瑪那尊者覺得斯瓦米證悟了，而其實還沒證悟呢？在這樣一個關鍵時刻，上師怎麼會不知道自己最親近的弟子是否證悟了？這件事不是恰恰說明有時候上師會犯錯嗎？

帕帕吉： 真我從不會犯錯。真我怎麼犯錯？它能對什麼、或對誰犯錯呢？如果不與真我有別、不與真我分離，那是什麼去犯的錯？真我不會去區分誰證悟、誰沒證悟。如果連這樣的區分都沒有，怎麼還會有錯誤呢？

　　說拉瑪那尊者不知道他最親近的弟子是否證悟，我不接受。這麼說很荒唐。真我不需要提醒自己一個人是愚蠢還是聰明。當

真我徹底占據了某人，當有人徹底融入了真我，真我透過此人自然地運作，不存在個體了。真我完全不可能會犯錯。只有當個體牽涉其中時才可能會有錯誤。只有真我的時候，不可能有錯誤。

從真我而起的事物都各安其位。我們所見到的整個輪迴都是真我的展現。每個被看見的、嗅到的或嘗到的東西都非常美妙。真我中沒有任何錯誤。每件事都是它應該的樣子，都完全是圓滿的、本具的美妙展現。

當你作為個體而活時，會判斷什麼好、什麼不好、什麼對、什麼錯。你覺得有些事情是錯的，因為沒有按照你期盼或想要的方式發生。但當你安住真我，你就會很確信，一切事物都按其應該的方式展現著。

大衛：還有一則拉瑪那尊者的故事，我想要請您評論一下。在1931年，有人帶尊者去看一座當地的水壩，湖水高漲，已經從一端溢出，摧毀了附近大量的田地。回道場的路上，尊者指著水壩的閘門，說：「上師的加持就像這片巨湖。如果按照額定數量供水，就能灌溉田地，利益一切眾生。」

接著，他指著洪水繼續說道：「但是如果不加控制地流出，只會導致毀滅。上師的加持若是全力而出，會殺掉沒有準備好的人。這人的身體會死亡，但業習不會。這個人就不得不再次轉世。所以，上師要對加持有所控制，只給出能被吸收和運用的量。」

帕帕吉：是的，我完全同意。上師可以傳遞給弟子巨大的力量和加持，足夠殺死身體，但是不能殺死頭腦中潛伏的業習。當身體死亡，這些餘留的業習會展現為一副新的形體。取得哪種形體，出生在什麼世界，都由死時還留存的業習決定。

上師能完成的是有限度的。這些限度不在真我之中，因為真我是無限的。若是頭腦抗拒，那麼真我的力量就沒法起作用。如果土地貧瘠，無論下多少雨，地裡都不會長出莊稼。雨水不能讓

不毛之地長出莊稼。

大衛：您自己也試驗過這種力量，也發現其局限。我和您最早的談話中，有次您說道：「我曾經強迫別人去體驗真我，但現在不會這麼做了。」

我說：「為什麼不？如果您見到有人就在開悟的邊緣了，難道您不想推他們一把？」

您回答：「以前是的，現在不這麼想了。我發現儘管我可以讓人們有些體驗，卻無法讓他們安住。當我不推了，頭腦就再次回來。所以現在我不再這麼做了。我意識到如果頭腦沒有從業習中解脫出來，早晚會再捲土重來。」

帕帕吉：是的，是這樣的。我以前會強迫一些人有體驗，但現在不再這麼做了。我可以讓人在短時間裡有直接體驗，但讓這種體驗保留下來則是我力不能及的。被上師賦予這種體驗的人必須要自己守護，直到生命盡頭。

如果一個人尚未擺脫業習，卻被推著有了直接體驗，這種體驗是不會長久的。最終，他的頭腦會捲土重來。

大衛：您和拉瑪那尊者都嘗試過不同的傳心手法。我剛剛提到的對話，就是您說自己以前強迫人有體驗，這是您自己嘗試的例子。我的問題是，為什麼真我需要採用不同的手法，來讓人覺醒？如果個體自我在開悟後就徹底消亡了，為什麼真我沒有接手，不帶任何明顯的錯誤、失敗的經驗地完美運作呢？

帕帕吉：真我沒有什麼讓人覺醒的技巧，也沒有什麼嘗試。從真我的立場，沒有誰是醒來的，沒有誰依然沉睡。我已經說過「真我從不會犯任何錯。因為不存在什麼對象讓它來犯錯。」《歌者奧義書》中說：

「真我向自己顯露自己。不從研習而得，不從聽聞而得，不從瑜伽而得，不從禪定而得，不從布施而得，不從子孫而得。我向被選中者展露自己。」

如果此人「值得」，並且「聖潔」，真我會顯露自己。如果不是，就不會。嘗試和錯誤都是屬於頭腦的，而非真我。

「值得」和「聖潔」是帕帕吉用來解釋誰能開悟、誰不能的關鍵詞。然而，從許多人對早期出版的帕帕吉教法書籍的反應來看，這兩個詞被廣泛誤解了。所以下文中將對其確切含義作出一個解釋。

帕帕吉最常重複的一句話是「真理嘉獎聖潔之人」。他用這句話表示真理只對那些已經具備純淨和聖潔的人顯露自身。如果有人請他解釋什麼是純淨和聖潔，他通常會回答：人完全沒有念頭的時候，會變得純淨聖潔。有意想要變得「值得」或「聖潔」的嘗試都註定會失敗，因為這會引發頭腦的活動。下面的對話摘自《躍入永恆》一書，很好地概括了他的觀點：

大衛：帕帕吉，您常說：「真理嘉獎聖潔之人。」您也說過，一個聖潔的人是一個頭腦沒有汙點、純潔無瑕的人。但與此同時，您卻從未要求誰努力去淨化自己的頭腦。如果我們不做些什麼讓自己的頭腦變得純淨無染，我們又怎麼能得到真理的嘉獎呢？

帕帕吉：你是無法讓頭腦變得純淨的，因為頭腦本身就是塵垢，而你無法用塵垢來清潔塵垢。想像一下，你有一面布滿灰塵的鏡子，你想清潔，但你卻拿了更多的灰塵，灑在原來那層灰塵的上面。這就是所謂的清潔頭腦——垢上加垢。你用冥想或瑜伽來清淨頭腦，這些嘗試都會失敗，因為它們只會在已經存在的染汙上繼續增加染汙。所以我說的是，「保持安靜」。如果你保持安靜，你就是在去除鏡子本身，這樣自然就不會沾染什麼塵垢了。這就

1993年,帕帕吉在勒克瑙的植物園中接受採訪。本頁引用的回答出自於那一場訪談。

是我所說的「聖潔」的涵義。真理嘉獎聖潔——而你去除頭腦這面鏡子,能變得聖潔。

如果你面前有一面鏡子,你的臉就會映在鏡子裡。這個鏡像就是一個瑕疵,是不潔的。當還有瑕疵的時候,你就不是聖潔的。如何去除鏡像呢?很簡單,你把鏡子扔掉就好了。那時候鏡像會怎樣呢?它就返回到了你臉上。如果你丟掉頭腦一秒鐘,哪怕只有一秒鐘,聖潔就會展露出來了,你就會自然地與聖潔融為一體。

所以我說:「真理嘉獎聖潔之人。」你在周圍看到的所有外境都是你的頭腦之鏡中的反射。所有的對境都是塵垢。丟掉鏡子,就沒有頭腦,沒有對境,也沒有塵垢了。

帕帕吉有時很確定地說,他還沒有發現有什麼人是全然值得的。許多人很難接受這點,因為有太多人在他身邊有了奇妙

的開悟體驗，但帕帕吉一直堅持這個看法。下面的對話也是來自《躍入永恆》一書：

大衛：很多人都聽您說過，「我還沒有對誰說出最後的教導。」這些最後的教導是什麼，您為什麼不把它們傳出去？

帕帕吉：沒有人夠格能領受。因為根據我的經驗，每個人都是傲慢和自大的⋯⋯

　　我不認為有人配得上這些教導。你必須是聖潔的，才有這個資格⋯⋯

　　雖然我對每個人都說了真理，但真理會拒絕那些配不上它的人。只有聖潔的人才能接受這個教導。這樣的人才是夠格的⋯⋯

　　如果人不夠格，真理就會進入他們的腦袋，成為智力上的知識⋯⋯

大衛：帕帕吉，很多人來到薩特桑，他們有了開悟的經驗。有些人在幾周或幾個月後回來說：「我失去了它。」究竟發生了什麼？

帕帕吉：還是一樣的，就是不夠格。

大衛：大多數時候，您責備這些人失去了它。你對他們說：「這是你的錯。」

帕帕吉：是的，是的。他們失去了它，因為他們沒有好好照顧它。我告訴這些人，「如果我給你一顆大鑽石，你可以靠它過一輩子。你可以把它賣掉，得到數百萬美元。如果，你沒有認識到它的價值，反而把它送人，那是誰的錯？如果你把它送給一個漁婦，她完全不知道它的價值，只是拿它當秤上的砝碼，那又是誰的錯呢？」

覺悟就是鑽石。不應該把它傳給不配得到它的人。因為他們會濫用它，而他們確實濫用了它。對所有來找我的人，我不會區別對待。我告訴他們的是同樣的真理。有些人得到了真理，但卻毫不珍惜，隨手丟掉了……

並不是所有的人都會丟掉它。當中有些非常美好的人。他們寫信給我說：「我保存著它。我還在悉心守護這份珍貴的禮物。我不僅保存著它，我還把它分給別人。即使在分出去之後，我擁有的還是一樣多。它並沒有因此而減少。您給我的禮物真是太美妙了！」不是所有的人都會失去它。雖然我希望每個人都能從中受益，但我也知道，不是每個人都能得到它。即便如此，這裡的成效也是非常明顯的……我非常滿意。

在評價夠不夠格的時候，帕帕吉的標準似乎極高。在下面的對話中，帕帕吉確定了他還沒有發現有誰能嚴格達到他的標準，他贊許過一位拉合爾的上師，這人經過一段異乎尋常漫長的旅程，把他的「秘密教法」交給真正值得的人。

大衛：您是否和尊者或拉瑪那道場裡的人提到過您對真我的了悟？如果說過的話，得到了什麼回應呢？

帕帕吉：不，我從來沒有和誰說過這個上師在默然中向我揭示的秘密。它依然是秘密。我不想向會誤解的人吐露。

從前有位智者，大概有一百歲了。由於年事已高，他想在死前把這個秘密傳給另一個人。智者使用瑜伽神通來尋找，終於發現了最佳人選。那是個窮人，靠賣西瓜維生，養活妻兒。他在拉合爾，在通往繁華市集的一條小路上賣瓜。智者決定去測試一下，看看此人是否真的適合。於是他假裝成普通的顧客，詢問西瓜的價格，他說除非瓜又紅又甜，完全熟透，否則一分錢都不付。他堅持在付錢之前，一定要先切開瓜看看。

小販答應了，切開了一個瓜，但是智者拒絕付錢，因為瓜瓤是白的。一個接一個，小販把所有的瓜都切開了，但智者用了各種理由，一個都不買，所有瓜都看不上，這毀掉了小販的全部庫存，他則一分錢也不付就走了。小販卻沒有沮喪，他只是把切開的瓜都餵給了在市場上閒逛的牛吃，一分錢沒賺就回家了。

智者跟著他，把手搭在他肩上，說：「我餓了。你能請我吃飯嗎？」

小販說：「歡迎。請來我家吧。」

到家時，小販的太太發現食物不夠分給客人、她丈夫、她孩子和她自己，於是就把所有煮熟的飯都給了她丈夫和客人。

智者對小販說：「我知道你很窮。我可以解決你所有的問題。我可以給你一塊魔法石，碰到金屬就能變成黃金。你可以用黃金買房子，給你太太買珠寶。我來教你怎麼用。把你的秤和秤砣拿來，我用這塊石頭來碰一下。」

小販拒絕了，說：「我不要這塊石頭。我能靠賣瓜賺錢。」

這讓智者非常高興，於是他把那個秘密告訴他，讓他永處平靜之中。

帕帕吉偶爾提到的「最終教導」到底是什麼？他說自己從沒有說過，未來也永遠不會說，因為最終教導本質上是非語言的。他並不是有意加以隱瞞。幾年前，有人在薩特桑中請他傳授最終的教導，他回答說：「我沒法傳授，我也沒法隱藏。如果對的人來了，最終的教導會自動顯露出來。」

以下是在1995年二月他對此的解釋：

對這個，我是絕口不提的。我從沒說過。在證悟後，就能明白它了，但它無法用語言表達。言語道斷，是因為它完全超越了理智的範疇。我稱它為神聖的秘密。我保守著這個秘密，我想說出來，但卻做不到。我也沒有在哪一本書中讀到過，在經文和

聖人們的著作中也似乎沒有提到過。雖然黑天在《薄伽梵歌》裡似乎間接地提到過，他對阿周那說：「秘密的智慧永遠不應傳授給不適合的人、沒有虔愛的人以及不樂意聽聞的人，絕對不應該傳給那些在**我**身上發現過失的人。」

我知道的這個太稀有、太神聖、也太秘密。我願意交流，但是我沒法用語言表達。我不是有意要隱藏。我必須要傳給誰。也許會在某個時間發生。它太精微，只有至高之智才能抓住。我能說，但是沒有人會懂。它無法靠目光、**觸**碰或其他傳統的加持方法來傳授。它是超越這一切的。

許多弟子曾在帕帕吉身邊得到了體驗，下文中的一組問答對這些體驗做了審視。雖然對那些在薩特桑中向他談到體驗的弟子，帕帕吉頻頻表示祝賀，但在下面的對話中，他很清楚地表明這些人只是滿足於狂喜或大樂的體驗，而不關注超越這些體驗的層次。

大衛：您曾經讓很多人有過體驗。為什麼明明知道效果並不長久，您卻還這麼做呢？

帕帕吉：是為了趕走叮在我身上的螞蟥，他們不讓我休息，不放我走。這是一個很好的方法，能禮貌地趕走所有的螞蟥。我知道這麼做，是在給那些無知、天真的人發棒棒糖，但這也正是他們想要的。我想給他們100美元，可他們不要，覺得只是一張紙。所以我還是給他們棒棒糖吧。

大衛：許多被您發了棒棒糖的人，離開勒克瑙時覺得自己開悟了。那麼，他們接受棒棒糖並且離開這件事本身，是否就表示他們不值得獲得100美元？

帕帕吉： 如果不是聖潔的人，就不是值得獲得真正教授的人。許多人覺得自己已經達到了徹底圓滿解脫的最終境界。他們只是愚弄自己而已，他們也愚弄了很多其他人，但騙不了我。

在這種狀態中的人就像是一枚假的錢幣。看起來像是那麼一回事，無知的人們能拿來流通，用來買東西。口袋裡揣著假幣的人可以吹噓自己擁有真錢，但那不是真的。假錢沒有價值。當人們最終發現是假錢的時候，使用它、聲稱它是真錢的人就要接受法律制裁。在靈性的世界中，因果法則會抓住並處置所有這些販賣假開悟體驗的人。

那些我能看出是假錢的人，我從不會傳給他們真理。這些人也許看起來像金子，也會閃光一陣子，但他們沒有真正的價值。

有許多人能演一場好戲，愚弄大家相信他們證悟了。他們可以背誦奧義書，可以說自己證悟了，可以演得非常好。

有個人叫毛尼・室利尼瓦薩・饒（Mauni Srinivasa Rao），是拉瑪那道場辦公室的工作人員。他曾經負責起草以拉瑪那尊者名義從辦公室寄出的信。他之前是馬德拉斯高等法院的辯護律師，文筆很好。後來，他的自我浮現了，在拉瑪那道場大門正前方開了一間道場。還有個女人，名叫費羅澤夫人（Feroze Talyarkhan），也開了間道場，自稱為「薄伽梵・普利婭（Bhagavan Priya）」。在拉瑪那道場附近有許多人不滿意當尊者的弟子，他們想要自己當上師。在帕拉廓圖（Palakottu，毗鄰拉瑪那道場的一處區域），有位斯瓦米名叫喬梵得・巴特（Govind Bhat），在他的茅棚前豎了塊大大的牌子：「我是全世界唯一證悟的靈魂。」而兩百碼之外就坐著拉瑪那尊者！另一個斯瓦米的道場在拉瑪那道場和鎮上的慧焰山自在天神廟（Arunachaleswara）之間。我拜訪他時，他用泰米爾語對我說：「我的道場才是這座山附近唯一真正的道場。那個叫拉瑪那道場的只是給外國人住的。」還有許多這樣自視極高的人。即使是納拉辛哈・斯瓦米（Narasimha Swami），也就是《了悟真我》（*Self-Realisation*）一書的作者，

他也離開道場來到馬德拉斯，開始稱自己為「真悟者」（the Maharshi）。

大衛： 您傳法生涯大部分時間中，都在努力把大家的頭腦推回到源頭。大概是去年〔提問時間是1994年十二月〕，您幾乎完全不這麼做了。從您在家中偶爾的開示來看，似乎下面的這段話總結了您現在的立場：

> 真理認出聖潔的人。真理本身檢測每個參加薩特桑的人。如果有人的頭腦全然純淨，真理會把頭腦拉進它自身，消耗殆盡。這和我沒有關係。我什麼都不需要做。我不用看著誰。我不用強迫誰看著念頭的來源。如果他們準備好了，就會自行發生。我需要做的，就是出現在薩特桑上，待一段時間。如果我就這麼出現，並且坐著，真理會自行運作的。

這是否正確表達了您現在的立場？

帕帕吉： 是的，我以前是把人的頭腦推回到源頭，但大概去年開始，我一直保持安靜，什麼都不做。因為我知道，真理自己會對聖潔的人顯露的。我不再強迫誰去看他們念頭的源頭。我只是來到薩特桑道場，靜靜坐著。訪客從全球各地來見我，我回答他們的問題。他們來是因為他們渴望要見一位活著的老師。他們錯過了過去那些偉大的導師，比如佛陀、拉瑪那尊者和尼薩迦達塔‧馬哈拉吉，所以他們來見我。

大衛： 即使您並不強迫人們有**體驗**，然而神奇的事情，甚至奇蹟依然發生在您周圍。可以說，這些事情是唯獨由於您的出現才發生的。但有些時候，發生這類事似乎是因為人們對您有巨大的信心。

帕帕吉：如果你對老師有全然的信心，什麼奇蹟都可能發生。偉大聖者的傳記中有非常多的故事能證明這點。

我問帕帕吉是否能講述他自己遇見的事情，特別是對他特別有信心的弟子的故事，他什麼都想不起來，於是我提醒他多年前在勒克瑙的一樁奇事。帕帕吉高興地講述起來：

帕帕吉：許多年前，我還在上班的時候，有一家人住在我納希家附近，我和他們關係不錯。那時我不經常住勒克瑙，但是每次我來這裡看親戚時，這家人幾乎每天都會來見我。

這戶人家有個男孩是工程師，在蘭奇（Ranchi）工作。有一天他搭火車來勒克瑙的途中，突然嘴巴和鼻子大出血，幾分鐘後就失去了知覺。火車到達勒克瑙時，他被緊急送往車站醫院，但醫生宣布他在途中已經死亡。他母親正在當地，就被叫來從醫院接走兒子的屍體。

母親帶著男孩的身體回家，平放在床上。她悲痛萬分，無法接受兒子已死，儘管所有的醫生都宣布了身體已經死亡。她沒有告訴任何親戚和鄰居兒子死了，只是把兒子放在床上，假裝他還活著。

有人來問為什麼男孩不起床時，她就回答：「他長途旅行後有點累。」

接下來，她坐了人力車到我家，告訴我兒子出差回來了，旅途後有點疲憊，所以現在沒法來見我，她邀請我去她家坐坐。所以我和她一起去了她家。我走進屋子的時候，看起來就是一個再普通不過的家庭聚會。沒有絲毫悲慟的跡象，只是一群親友坐在一起聊天。我坐下來聊了一會兒，發現男孩不在，就問那位媽媽孩子在哪兒。

「哦，」她說：「他就在隔壁房間休息。」

我有一陣子沒見他了，就過去打招呼。走到他床前，我掀開

蓋在他頭上的床單，喊他：「起床了！我過來看你啦！」

我也沒看出他有什麼不對勁。就像其他人一樣，我覺得他只是在床上睡著了。

男孩下了床，觸碰了我的腳後，和我說起他在蘭奇的工作。他告訴我這次回家是因為累積了二十天的假期，不久後他還會來見我。就連他都不知道自己在醫院已被宣告死亡。他記得的最後一件事情就是自己在火車上病倒了。母親喜出望外，但是沒人知道為什麼。我們當時知道的就是睡著的男孩下床來迎接我。即使在奇蹟復活後，男孩的母親也沒有說起之前發生了什麼。

第二天男孩來見我，帶來水果和糖作為禮物。他依然不知道前一天自己被宣告死亡的事。我是在此之後，從他母親一位來自阿密納巴德（Aminabad）的密友那裡才瞭解了實情，那朋友告訴我，是男孩的母親特意安排了讓我到她家，因為她覺得只有聖者的祝福才能幫助她兒子。

這讓我想到1950年代在《讀者文摘》上讀到的故事。當時我被礦產公司派駐到敕瑪嘎羅。那篇故事講的是俄國沙皇的獨子意外死亡，令眾人悲痛欲絕。皇后尤其痛苦，痛失獨子的她覺得自己也活不下去了，於是水米不進。沙皇相當擔憂，詢問大臣應該怎麼辦。

眾臣建議他應該宣召一個名為格里戈利（Gregory）的男子，人們都叫他「瘋僧」。

大臣們建議：「請他來宮殿。不要告訴他皇子已過世。他要什麼，就給他什麼，好讓他為陛下效勞。他嗜好美食、美酒和女人，但確實法力無邊。如果好好供養他，滿他所需，他也許真的能為陛下效勞。無論如何，到了晚上，陛下必須找時間帶他去皇子所在的房間。不要告訴他皇子的生死。只讓他見到皇子，然後拭目以待。」

沙皇別無選擇，只得宣召格里戈利入宮並盛宴款待。格里戈利大飽口福，喝了很多伏特加，醉得幾乎動彈不了。

醉醺醺的僧人開始打量皇后,「你真是個美人,」他不停嘟嘟囔囔,接著湊過來,和她低語:「我想要和你睡覺。帶我去你房間。」

沙皇和皇后事先就約定好,無論格里戈利要什麼都滿足,所以她答應了瘋僧的要求。兩人離開晚宴桌,皇后帶他來到寢室,皇子正躺在屋內床上。

格里戈利步履蹣跚走進屋子,立刻注意到桌上有張耶穌的相片。他走上前,叫住皇后:「我們上床前,必須先跪下,禮拜上帝。」

兩人在相片前跪倒,僧人注意到床上躺著個人。他嚇了一跳,問:「誰躺在床上?」

皇后回答:「那是我的兒子。他睡了。」

僧人很生氣,因為男孩在睡覺而不是和他們一起祈禱。他走到床邊,掀起皇子臉上的毯子,大喊:「嗨!你!起來,來向上帝禱告!在我們旁邊跪好,不要躺在床上打呼嚕!」

男孩立刻遵命。他走下床,和他們一起禱告。

皇后喜不自禁,眼中含淚奔向沙皇,她喊道:「兒子活過來了!活過來了!」

這個故事也是如此,男孩沒有意識到自己已經被宣告死亡,只覺得自己是睡著了而已。

聖者並沒有為達到目的而實際做了什麼,但奇蹟就這麼發生了。當話語出自超越頭腦,來自於精微之身,那麼一切皆有可能。當聖者對屍體說「起來」,沒有任何要把誰從死亡中喚醒的概念,那麼很可能這就會發生了。命令中有一種力量,無可違逆,即使違背物理規律也得遵從。

在為此書做研究的過程中,有幾次,我請帕帕吉解釋他身上一些看似是奇蹟的事,但他好像從沒有興趣來滿足我的好奇心。比方說,在他描述諸神對他顯現的情景時,我問,「這些

生靈是誰？他們不對您顯現的時候又在做什麼呢？他們是獨立存在於某種印度教天堂裡的嗎，還是您自己投射出來的？他們是怎麼成為天神的？他們是否也有前世，前世中靈性程度沒有那麼高？」諸如此類。

對這類問題，我從沒得到任何回答，儘管在某些其他場合，我聽他說到過天神並非證悟者。上一則故事中，他對於聖者號令的力量做了不問自說的解釋，這極其罕見。在沒有人發問的情況下，他自願地透露了訊息，來解釋上師力量如何起作用。

大衛：有時候您似乎相當公開並有意地介入弟子們的生活。好多人告訴我，您用非同尋常的手法治好了他們的疾病。

帕帕吉：以前有很多人為了治好身體疾病來見我，也有些是來尋求心理幫助。還有些人是因為親友家人過世而痛苦，或者是因為親密關係破裂。每個人都帶著自己的麻煩來找我。我就用一切可能的方法來幫忙。

大衛：傳統上人們相信，如果上師這樣介入弟子的生活，他就會背負弟子的業。然後上師會示疾，承受業報。拉瑪那尊者有時候暗示他的情況就是如此。您之前和我說過一個故事，尊者曾間接告訴一個女子，他最後幾年身體上的病痛都來自於他的弟子。〔見第二卷〈礦場經理〉一章〕

我還找到另一個故事，來自名叫克利希那穆爾提·伊葉（Krishnamurthy Iyer）未出版的手稿。在大概1920年之前，拉瑪那尊者每天都進入甚深三摩地。之後到1930年左右，則是大約每周兩到三次。尊者明確地告訴克利希那穆爾提·伊葉，這些三摩地清淨了一切他從弟子身上所背負的業，而如果他不這麼處理的話，身體上就必須得病來代替。這麼做似乎很有效。直到1930年代中期，他一直都很健康強壯。之後，情況急速惡化。到了臨終之時，

他看起來要比實際年齡老十五歲。您覺得他為什麼不再進入三摩地了呢？是否在最後幾年，他已經徹底不執著身體，所以完全不在乎身體是病了還是健康？

帕帕吉：我不認為拉瑪那尊者有出入三摩地。他一直都在sahaja，也就是本然三摩地中。這個本然三摩地不是能進進出出的，它一直都在，你無法失去它，或離開再進入另一個狀態。他穩定於此本然、純淨的狀態，這個狀態已經把他納入其中，並使他永遠地處於其中。他已經達到了在此生中要完成的一切。沒有別的狀態要追求，沒有別的終點要達到。他圓滿了這輩子轉世的目的。

當你來到這個最後的本然境界，身體是存活或者毀壞都沒關係。尊者失去了和身體的認同感，不在乎身體發生什麼。

如果要保持健康，就要好好照料身體。尊者從不為了身體健康而自尋煩惱，所以他的身體就會受苦。一個人要吃得好，並遵守健康的日常作息，才能保持身體健康。可是數年來，尊者只是靜靜坐著，從不費心去吃什麼好東西。很可能就是由於長時間盤腿坐著才引起了他的關節炎。

有次我去慧焰山自在天神廟的帕特拉林迦（Patala Lingam）神龕，這是尊者年輕時住過的地方。在我看來，那個地方不適合人類居住，短短幾天都不行。但尊者曾在那裡住了好幾周，在那個潮濕的環境中，完全沒有進食。有次，我走進這個地下神廟，想在那裡過夜，但很快就不得不出來，因為裡頭沒有新鮮空氣。那環境令人窒息，沒有足夠的氧氣。

所有這些物質上的匱乏和艱辛，導致尊者迅速衰老，因此他圓寂前才看起來那麼蒼老，我不認為這和他背負其他人的業有一點關係。

大衛：幾個月前，我問您是否問過尊者為什麼不讓弟子觸碰他，您回答說：「我不需要問。我知道答案。」

我問答案是什麼，您說：「他背負那些觸碰者的習氣和業。背負這些業讓他身患疾病，所以他要大家不要碰他。」

我接著問：「那麼您呢？大家一直都在碰您。」

您回答：「我也在背負那些觸碰者的習氣，但這些沒有讓我生病。所以我不介意多少人碰我。」

您那次的回答似乎表示，尊者確實背負了其他人的業，而這也確實讓他得病。

帕帕吉：尊者不允許人觸碰他的腳，這是因為他遵守著一條吠陀戒律——不應觸碰出家雲遊僧的腳。四位商羯羅阿闍黎也是出於同樣的理由，不許誰碰他們的腳。

一次有人告訴我，若接受別人觸碰自己的腳，就擔負起碰腳者的所有罪業。我發現這是真的。1954年恆河女神顯現在我面前，把她體內八百萬沐浴者的罪業擺在我腳上。一直以來，朝聖者們前往恆河，把自己的罪業交給了她。

很多年來我都不允許人們碰我的腳。我讀到一些經書說不應該這麼做，除非想要背負別人的罪業。可是後來，我最終明白沒有人能夠背負別人的罪業，沒有人能承擔別人的業報負擔。從五年前開始，我放棄了經書中的儀式和規矩。我不在乎，也不去遵守哪條聽到或讀到過的規矩。現在，如果有人過來，把一桶罪業倒在我的頭上，或者把一籃玫瑰花瓣灑在我身上，我都不在乎。規矩和戒律寫在經書上，是給那些認為自己有身體的人看的，而不是給已經超越輪迴海洋、超越名相的人的。

體悟到了這一點之後，要承受罪業苦報或者享受善行樂果的人又在哪裡呢？如果連這個人都沒有了，也就沒有人來享用或承受業果了。

生命有四個階段：梵行期、居士期、林間期和雲遊期。每個階段都有相應的規則和戒律，但是當超越了全部傳統階段，也就超越了所有屬於四期的規則和戒律，他被稱為阿瓦圖達

這張照片,還有本章接下來的兩張照片,都是帕帕吉在1990年代早期於勒克瑙舉辦薩特桑時拍下的。

(Avadhuta),是不再受制於行為準則和禁令的。尊者說他是超越全部四期者(ati-asrami),因為他也明白在這個最後的階段,沒有什麼能觸碰到你或影響你。

帕帕吉之前已經提到過上師話語的力量。在關於摩西的蘇菲派故事,以及兩則死而復生的真實故事中,上師的命令具有關鍵的力量。我向帕帕吉問了幾個問題,詢問他傳心手法中的這一面。

大衛:我想問您幾個有關您的話語中力量的問題。上師們對弟子說「你就是梵」,如果這些話語中有足夠的力量和權威,弟子就真的成為梵,並能直接體驗到。我相信您有這種力量和權威,有幾次您也肯定了確實如此。

我常常有這麼個想法。當您對大家說「保持安靜」,我不認為您是要人練習保持安靜。我覺得您是給人們的頭腦直接下命令。如果頭腦遵命,那麼定然會寂靜。這樣解釋對嗎?

帕帕吉:是的。這是傳統的方式。自性上師對弟子說,「你就是梵」,如果弟子頭腦純淨,那麼當他聽到這句權威之語,立刻就成為梵。然後他自己確定aham Brahmasmi即「我就是梵」。自性上

師有權威和力量，立刻讓弟子體驗到話中的真理。

在薩特桑中，當我對一個人說「保持安靜」，那個人會自動安靜。如果頭腦純淨，就會遵守「保持安靜」的命令，停止一切念頭。只要念頭停止活動，此人就到達了念頭的源頭，並留在那裡。我看到這事發生時，會說「不要努力」，因為在此時任何努力都會讓你遠離這個地方。頭腦總是想要做些什麼。當它回到源頭，體驗到一直都在的平靜和寂靜時，會有一種傾向去思考它、評估它。這是多麼美好的狀態啊！對此感到新奇的人想要做些努力來令其穩定、永久。然而這樣做，只會讓這個狀態消失，因為這實際上是用更多的念頭遮蓋了體驗。所以，當我見到有人試圖用任何方式抓住體驗，就會對他們說：「不管是什麼念頭，不要生起。不要在心中攪動一絲念頭。」那個不是頭腦的狀態，無法靠思維它來保有。那是無心的狀態，只會在你不處心積慮時才會留住。我發現這三句引導很有效。所以我一直在用。

人們在這裡有了無心的體驗之後，回到西方，回到家人朋友身邊，大家都想知道：「你在勒克瑙經歷了什麼？」這些人離開勒克瑙前，我對他們說：「如果有人問你這類問題，你可以保持安靜作為回答。如果當人問起你帶來了什麼，而此時你能安住在無心的狀態中，那麼所有人都會明白從勒克瑙帶回了什麼。」只有完全不處心積慮，才能保有、維持這份寧靜。只有一些人能做到，能保持這種在此處體驗到的平靜，大部分人都想靠念頭來抓住。

在1995年數個月中，帕帕吉都在薩特桑上朗讀吠陀經文：《瓦西斯塔瑜伽經》、《十五頌》（*Panchadasi*）、《不二論智慧明燈》、《八曲仙人之歌》和《黎布之歌》，都被全文讀誦出來。大多數情況下，他只管朗讀，不做講解，經文中許多有關修持的教授與他自己的「沒有方法，沒有修習」之道相悖。大部分經文在教授傳統不二論的聞、思和慮的修持。聞（sravana），是

從具格上師處聽聞真理；思（manana），是加以思惟，確信其真實；慮（nididhyasana），則是直接體驗話語中的真理。第二個階段——思，傳統上是研習吠陀經典，旨在讓自己確信頭腦、身體和世界都非真實。我曾聽帕帕吉說僅僅上師的話就足以保證解脫，而思索他的教授實際上阻礙了直接體驗。在前幾章有許多例子，弟子們聽到帕帕吉幾句話後突然覺知到自己的真實本性，前提是沒有思考或思慮。

大衛：您在過去幾個月中所朗讀的書幾乎都提到傳統的聞、思、慮之道。《黎布之歌》的作者再三強調聽聞——從上師處聽聞真理就足夠了，沒有必要去思考或說服自己去相信。您是否同意？

帕帕吉：是的，我同意，我來告訴你原因。當從真正上師的嘴中直接聽到真理之言，那句話會直接進入聽聞者的真心。來自上師的言語會在那裡消融，成為聽者的真心。

大衛：您經常說，真理不是我們應該試圖去理解的東西。若試圖去理解，這種努力反而阻礙了直接體驗真理。所以，思（manana）——思惟上師教言，並讓自己信受，這到底是幫助還是阻礙？

帕帕吉：理解不會幫助你，因為真理無法被理解。無論你理解什麼，那都屬於過去。如果你理解了什麼，那麼所理解的不會是真理，因為頭腦永遠觸不到真理。當頭腦想觸及真理時，就會迷失在嘗試之中。頭腦融入真理，成為真理。這是頭腦無法解釋或理解的，因為當這個發生時，頭腦也已經消失了。有頭腦的時候，真理就無法被了知。頭腦中沒有真理。頭腦必須要消失，真理才能顯露自身。

　　頭腦只能談論或思索自己過去曾經享用的東西。這些東西永

遠不會帶來真正的享受，真正的本然之樂。

大衛： 為什麼只有少數情況下僅聽聞真理就能奏效，但大部分情況並非如此？您從自己的上師那裡聽到真理，立刻奏效。但同樣的話，他每天都在重複，並沒有對在場的別人奏效。有些人在那裡坐了四十年，從來不曾有過您的體驗。

帕帕吉： 為什麼只有少數情況下僅聽聞真理就能奏效？簡單來說就是因為只有少數人真的對真理感興趣。有多少人會來拜訪上師，聽他說話？現在全世界有六十億人。這裡有一百人，也許一百二十個人坐著聽我說話。大多數人不想來這裡，他們想要享受感官愉悅。這些愉悅很容易得到，即使從中找不到絲毫恆常的快樂，可是每個人卻都在追逐。

看看這裡發生的事吧。有許多女孩最近找到了新丈夫，這表示她們的前夫沒有一直讓她們很滿意。男人也是如此。就在這個薩特桑上，男孩們嘗試了一個又一個女孩，女孩們嘗試一個又一個男孩。如果你想要真正的極喜，就必須要看向真正的自己，而不是看著別的人。如果找到了，你不會想要用任何的東西來交換，因為那會給你圓滿、恆常的滿足。

你說我從自己的老師那裡聽到真理之言，就立刻奏效了，而別人在那裡坐上幾十年卻沒有這個體驗。你想要知道為什麼會這樣。

尊者整天都是開放的。你可以從早上到午飯，從午飯到大約晚上十點都和他一起坐著。只要你想要，寂靜的臨在向所有人全天候開放。但是許多人不能忍受寂靜。他們有欲望要實現，沒法靜靜地坐著不去想那些。在清晨，當尊者是隨時可見時，許多人都跑去慧焰山自在天神廟，帶著椰子去做獻供，通常是為了要滿足某個特定願望的獻供儀式。舉辦這些儀式，祭司們會收取費用，他們以此為職業，可是尊者則完全免費提供出了他的寂靜。如果

你要滿足世俗的願望，上師的話語在你身上就不會奏效。如果你有這些欲望，跑去神廟做獻供也不會幫到你。這是我的經驗。

在一些大寺院裡，你需要支付1100盧比觀見神顏。我知道在沃林達文有個地方這樣收費。很久之前，我和那裡的一個祭司的兒子是朋友。我聽他說起在那些地方的事。那人是工程師，名叫阿難德‧阿爾瓦（Anand Alwar）。我在馬德拉斯工作期間，他是我的鄰居。他說信眾們會把所有的供養——水果、金錢等等，給他父親。而父親則在神龕前掛上簾子，這樣誰都不知道他在做什麼。他理應對神進行禮拜供養，讓簾子另一邊的信眾滿願。然而，他只是坐在那裡，抽著比迪菸[a]休息。大概五分鐘後，他會拉開簾子，發放加持品。眾人都很高興，覺得他精心為大家舉行了儀式。我不相信寺院和獻供能滿願。我知道這些地方的內幕。

你的問題是：為什麼上師的語言只在那麼少的情況下奏效？因為沒人能忍受上師的寂靜。頭腦或身體永遠在尋找藉口去逃離上師寂靜。在這裡也同樣如此，沒人能坐在寂靜中。所以我才讓一些女孩來唱歌跳舞。

從前有位國王，想找人來繼承王位。他召來首相說：「昭告眾人，明天我會打開通往我王座的大門，展示出我的寶座。每個想要得到王國的人都可以走進來，坐在寶座上。所有來的人都是我的客人，他們到的時候，做好安排，好好招待他們。」

國王的宮殿中有許多庭院。晚上眾大臣和官員為次日來到的客人做了全面安排。

他們想：「這些人是來見國王的，其中有人可能會成為國王。我們必須保證他們能乾乾淨淨，穿著得體，享用美食，高高興興地進入展示寶座的房間。」

於是次日清晨，第一批訪客到達時，看到外部庭院成了美麗的沐浴房。每個人都受邀沐浴，噴上美妙的香水。如果他們願意

---

a　Beedi，在印度流行的一種廉價捲菸。

的話,訪客還可以享受按摩。當客人到達後,會受邀從國王的衣櫃裡挑選新衣。國王的侍臣們擺出成百上千的套裝,都是國王為自己訂做,幾乎沒有穿過。許多客人從未見過這樣的排場,在衣服堆裡流連忘返,花了幾小時挑選決定該穿什麼衣服進入寶座的房間。下一進庭院的桌子上擺放著王國內一切珍饈佳餚。客人想吃多少就能吃多少。飯後,宮廷樂師們還為客人歌詠舞蹈。

所有人都忘記了自己為什麼要來宮殿。食物、衣服和娛樂是那麼吸引人,沒人想到要抽身去寶座房間。

國王一直在寶座間,等著有人進來,到了晚上八點,他叫來首相問:「人都去哪裡了?你沒宣布說我今天要讓出王位嗎?沒有人過來宣布自己想要嗎?」

「我宣布了,陛下。」首相說:「但是他們都被我們的招待分了心。沒有人願意放棄享受,過來見陛下。」

「好吧,」國王說:「既然沒人真心想要直接走進來,那就算了吧。把門關上。等他們享受完後,把他們送回家。原本若有人先過來的話,整個王國都會屬於他,他餘生都有這些享樂。」

薩特桑也是這樣。大家來這裡,以為自己追求解脫勝過一切。他們甚至告訴我,這就是他們想要的,但是他們不願意放棄自己其他的欲望。寶座的房門一直開著,但是沒人進來認領王國。每個人都忙於追逐自己散亂的念頭和欲望。

如果你渴望解脫,就必須渴望到摒棄一切的程度。在你想要獲得解脫的時候,無法繼續保留其他欲望。你必須徹底拋棄。當對解脫的渴望足夠強,就沒有什麼可以阻擋你走進**真心**,認領自己的王國。

想像一下,如果你衣服著了火,你快要被燒死了。你知道附近有條河,於是就往哪裡衝過去,想直接跳進河裡,在路上你遇到一個老朋友,邀請你去喝咖啡。你會停下來和他聊天嗎?你會接受他的邀請嗎?在路上,你又遇到一個漂亮女人,想要引誘你去她的小屋。你會被她吸引嗎?還是你會繼續朝河邊奔跑?當你

對解脫的渴望像火一樣燃燒，沒有什麼能讓你慢下來，讓你改道。

大衛：有時候您說因為自己相信上師，所以立刻就接受了他話中的真理。但是您第一次見他時並不是非常相信。您覺得他哄騙您來了南印度，而且因為他沒有顯露出任何虔愛黑天的跡象，您對他也不甚滿意。這樣缺乏信心的情況下，為何上師的話語還會對您有迅疾又持久的效果？

帕帕吉：這是個好問題。我第一次見他的時候並不相信他，因為他沒有顯露出任何虔愛黑天的跡象。之後在馬德拉斯，他在我面前顯現為某個形象，告訴我：「唯有黑天虔愛才是真實。」於是我又回去見他。這一次，我見到他因為看到一張黑天拉妲的畫像而哭泣。愛與虔愛之淚從他臉上滑落進我的心。那一刻我知道，我找到了一位真正的黑天虔愛者，只是他在我面前隱藏了他的虔愛。從那天起，我對他抱持絕對的信心。

大衛：您有時候會鼓勵大家培養「我是解脫的」或「我就是解脫」這樣的想法。有時候您甚至會讓人重複這句話，直到他們開始堅信這就是真理。這是傳統的「思」──思惟上師的話語，開始確信此為真實。而您也說過沒有任何努力、任何修行能帶來解脫，那麼重複這些句子，或類似「我即梵」這樣的話就能讓人解脫呢？

帕帕吉：我讓人們重複「我是解脫的」這樣的句子，因為每個人都在說「我在受苦」。結果他們就當真了，並且確實受苦。這只是一句話或一個念頭。然而由於一再重複，對於相信這句話的人，那就成了真實。你這麼想，你就成了這樣。如果你想著「我是受束縛的，我在受苦」，這就成了你的體驗。

所以我告訴他們：試著看向另一面。對自己說：「我不受束縛。我沒有在受苦。我是快樂的。我是解脫的。」充滿信心地說，

開始相信它,你會發現痛苦消失了。

有兩個男孩一起走著。其中一人把手伸進口袋裡後又拿出來,舉到嘴前咀嚼起來。

另一人看不到同伴在吃什麼,於是問道:「你在吃什麼?為什麼不分我點一起?」

「我在吃鷹嘴豆,」他說:「不過我不想分給你。」

另一個男孩一再懇求,最後他大笑說:「我開玩笑的啦,實際上什麼也沒吃。我只是把手放進口袋,假裝在吃鷹嘴豆,看看你會怎麼反應。看!我口袋裡什麼也沒有。」

另一個男孩翻看檢查,發現同伴說的是真的。在確信同伴確實拿不出什麼後,他說:「但為什麼你要假裝在吃鷹嘴豆?如果你確實要裝的話,為什麼不假裝吃更美味的東西,比如杏仁?」

同樣,我對大家說:「如果你要裝,為什麼要假裝在受苦呢?為什麼不假裝你是解脫的呢?又不用你多付出什麼。」說「我是解脫的」甚至不花你十盧比。但如果你開始這麼說,而不是說「我是受束縛的」,那會讓你的生活多麼不同啊!

「我是解脫的」是個想法,而「我受束縛」也是個想法。可是,如果前一個想法讓你更快樂,為什麼不相信呢?

你說:「這是傳統的『思』,思惟上師的話語,並開始確信此為真實。你還問我,既然你也說過沒有任何努力、任何修行能帶來解脫,那麼重複這些句子怎麼會有用呢?」簡單回答就是「沒用」。任何努力或修行都不能讓人解脫。我告訴大家的是:「不要浪費時間來努力以獲得證悟。你已經是解脫的了。」

對於根本真理而言,你努力或不努力不會有所不同。任何你用修行得到的,都是依賴頭腦或身體努力而達到的東西。你可以靠頭腦或身體的活動,達到了頭腦或身體的境界,但卻無法達到證悟。因為那不是身體或頭腦的狀態,無法被頭腦、身體或感官獲得或發現。

所以我就直截了當地告訴大家:「不要努力。不要修行。保

持安靜，就一秒。」你要做的就只有這個。你可以現在就試試。就一秒鐘保持絕對的安靜，告訴我，你找到了什麼？在那一刻是誰？我今天向每個人發起挑戰：就一秒鐘，你絕對地安靜。然後，如果在那一刻你見不到自己的本來面目，再來告訴我：「我做了，但是沒用。」

在那一秒，你必須拋棄一切屬於過去的東西。每一個你有過的念頭都屬於過去。也不要想未來。不要坐在這裡想著「如果我靜靜地坐著，就會找到我是誰」。這是一個有關未來的念頭。對任何結果的期盼都是念頭。不要想著自己坐在我面前，在努力找到自己是誰。這依然是一個念頭。你的覺受全都是念頭。如果你感知到身體或世界，這些都是覺受，一切覺受都是念頭。在真正安靜的那一秒中，你必須完全沒有任何覺受。無論你能見到、想到、嘗到、明白到或體驗到什麼，都不是真理，因為真理無法被身體或頭腦所記錄或體驗。

沒有人真的嘗到過真理。沒有人真的體驗過。品嘗和體驗全都是念頭，都屬於過去，而我在說的是絕對新鮮的，完全沒被一絲念頭或屬於過去的東西染垢。

在那個寂靜的時刻，想要品嘗真理的那個消失了。事實上，在那一刻，他成為了被品嘗的，而不是品嘗者。

1995年勒克瑙某次薩特桑上談到了成為被品嘗者的命運，那次談話很有趣。

訪客：昨天我讀到《躍入永恆》一書中您的生平。我讀到您想要嘗巧克力而不是成為巧克力。我現在就處在這種情況中。下一步是什麼？

帕帕吉：首先你嘗到巧克力。很甜，很好吃，很美味。然後你想：「為什麼不成為它呢？」如果你做到了，你就可以讓別人享受。巧

克力是給別人享受的，人們能享受到你。

訪客：我下一步要怎麼做？

帕帕吉：〔大笑〕巧克力沒有下一步，只是被別人舔，被人嘗。

儘管帕帕吉會愉快地承認有些人在上師身邊得到直接體驗，而有些人沒有，但他並不願認有直接體驗的人是根器更為成熟的。

大衛：您是否同意說成熟的求道者，聽聞一次真理就能達至解脫，而不成熟的需要一段時間來思惟法義和修行呢？通常您否認這類區別，但是您依然鼓勵那些沒有直接體驗真我的人去確信「我是解脫的」，直到這份確信成熟，成為直接了知。

帕帕吉：我不同意有些人根器成熟，有些不成熟。只有可以認真聽上師話的人，和沒法集中所有注意力聽上師的人。這是我認為的唯一區別。老師說話時，你應該全神貫注於他的話。

學校上課時，老師也會說話，但沒人真的在聽。有些學生在做白日夢，另一些在閒聊，有些想著放學後的足球賽。如果你不聽老師的話，他的話就不會利益到你。

在薩特桑，你必須用全部的注意力和全部的虔愛來聽我的話。如果你做到了，那麼話語就會奏效；如果沒有，那就沒效果。就這麼簡單。你聽了我的話，就必須保持心開放，而不是耳朵開放。話說出後，必須進入你的心，而不是你的頭腦。

我來告訴你一個故事，幾百年前有位聖者住在馬哈拉施特拉邦，來自浦那的人很可能聽說過這個地方。在馬哈巴勒濕瓦（Mahabaleshwar）附近有個鎮叫龐敕嘎尼（Panchgani），鎮上附近有個小村莊，聖者就住在那裡。許多人都去看他，聽他開示。

早上大約五點到七點，有大約五百人來參加他的薩特桑。他的弟子記錄老師說的話。來的人很多，但老師知道沒什麼人真的在聽他說什麼。他決定耍個花招，來告訴大家什麼是真正的專注。他把書頁散亂放在地板上，在次日早晨的薩特桑上聲稱晚上風吹進窗子，弄亂了紙。

「我想按照昨天的順序來整理這些紙，」他說：「這也是我昨天講課的先後順序，所以你們要回憶起來並不難。你們每天都過來，應該都記得哪些教法是最先講到的，接下來依次又是什麼。」

許多學者確實一直來聽課，但沒人記得準確順序。許多人甚至想不起來前一天說了什麼。還不到一天，說過的話就被吹走了。如果你聽到真正重要的東西，那會在你心中留下不可磨滅的印記。你一輩子都會記得。

最後，這位叫作羅摩達斯（Ramdas）的老師說道：「道場裡只剩一個人還沒被問到，就是負責打掃牛棚的卡利安（Kalyan）。叫他來，看看他是否知道正確的順序。」

有弟子說：「叫他也是浪費時間，他一節課都沒有來聽過。他不識字，每天都在挑牛糞。他怎麼可能記得這裡發生了什麼，他都不在場。」

羅摩達斯答：「只剩下他沒有問過了。帶他進來，看看他怎麼說。」

有人帶著卡利安進來，向他解釋了來龍去脈。然而讓眾人大為吃驚的是，卡利安說：「好的，我能幫上忙。我知道全部順序。我來口述整本書。我一邊說，你們可以找到對應的紙張，按照正確的順序放好。」

這不是誇口。他從最開始的一張講起，把整本書從頭到尾敘述完了。他說話的時候，學者們找著紙張，按照對應的順序排好。

眾人大為震驚，想要知道為什麼一個目不識丁，也沒有參加過一堂薩特桑的人可以從頭至尾敘述整本書。

卡利安告訴他們這個秘密：「我不能參加薩特桑，因為我的

職責在牛棚。但我把耳朵貼著他的心，這樣就能一直聽到他的話。我不需要在他身邊。無論何時，他嘴裡說出每一個字，由於他的加持，這個字都直接進入我的心，留在那裡。他所有的教授都記在了心上，因為我是用我的心在聽。」

這就是參加薩特桑的正確方法。這是聽上師話的正確方法。坐在老師近前是不夠的。你必須要用這種方法來聽，讓他的話進入你的心，成為你自己的實相，這才叫做「用心聆聽」。

大衛：幾個月前，一個男孩來薩特桑見您，說了在十歲時的空性體驗。體驗後來消失了。那天上午稍晚時您朗誦《十五頌》，讀到一句偈頌，意思是想要安住在實相中的人，應該聞、思、慮。您停下來，對男孩說：「你十歲的時候本來應該這麼做的。如果你當時那麼做了，體驗就不會離開你了。」

帕帕吉：你有這類體驗時，你不應該思索實相，那樣會重新啟動心念。如果你想要牢牢安住，應該去見一位已經安住在實相中的真正的老師。這樣的老師不會讓你去做什麼，或者嘗試新事物。他會對你說：「你不需要從別人那裡聽聞什麼。你不需要做更多的了。留在你在的地方，如你本然。」

這男孩當時不知道那個體驗是什麼，也沒有具格的老師來評估他。

我六歲的時候遇到過同樣的事情。我有了直接體驗，但是當時沒有人有能力告訴我：「這就是實相。你不需要別的什麼了。」

相反，大家都對我說：「你會有快樂平靜的境界是因為黑天。如果你禮拜他，他會出現在你面前，讓你快樂。」

我已經是快樂的了，但是不知情的人讓我去修行，他們覺得我需要新的體驗。沒有人可以確信無疑地對我說：「你不需要別的。如你本然而在。」所以我最終耗費數年尋找外在的神。

我的理解、我的體驗和我的確信從六歲起沒有變化。從六歲

到現在，我已經八十多歲了，沒有任何改變，但是這個真相、這個領悟一直到我遇見尊者才向我全然揭露。這就是真師的角色：讓你見到並告訴你，你已經是那個了，並且是以這樣具足權威的方式，你絕不會懷疑他的話。

過去幾個月，我讀了一些過去偉大導師們的書。他們一遍又一遍說：「你就是那個。你就是梵。唯有這個才是真相。」

所有的導師都在說這個，因為他們希望自己的弟子堅信這就是真相，確信這就是他們的本來面目。這是真師的職責：移除你認為自己不是梵的疑惑，並因此讓你見到真正的你。

本章前文中提到帕帕吉有過這樣的說法：「我可以讓人在短時間裡有直接體驗，但讓這種體驗保留下來則是我力不能及的。被上師賦予這種體驗的人必須要自己守護，直到生命盡頭。」

然而矛盾的是，任何試圖保持體驗的舉動卻導致體驗喪失。在《躍入永恆》一書中，他對羅摩·克洛威爾（Rama Crowell）指出這點：

羅摩·克洛威爾：很多人到您這裡來，接受這份教導，得到直接的體驗，瞥見實相。但這一瞥隨後就消失了，也許是因為他們不適合奉行那種教導。然後這些人就會感到很失望。

帕帕吉：是的，是的。他們在這裡體驗到了那一瞥，然後就走了，心滿意足地回到西方。但是後來又回來了，說他們在路上就失去了它。

曾有個來自溫哥華的女孩跟我說過，她就是這樣的。現在這裡還有個男孩，他也是這麼說的。我當時對那個女孩說：「你失去了它，因為你總是想保持它。你想保持它，所以你就失去了它。它不是你父親的產業，不是什麼你可以保留的東西。現在你來這

裡，就是為了再次體驗它。」

「你曾有過一瞥。不要試圖抓住它，不要試圖去維繫它。它已經來過了，現在就由它去吧。不要在意，放手吧。它不是你的財產，它不是能被占有的東西。一瞥，就是一瞥。」

羅摩‧克洛威爾：讓人們掌握能保持這種體驗的方法，會不會更有幫助呢？

帕帕吉：做到所謂的「掌握」，最好方法就是放棄想要「保持」的意圖。

帕帕吉相當堅決認為不可能以努力或修行達到、保持或重獲覺悟。那麼，那些曾因上師加持而一瞥真我，卻又努力用功的人，他們應怎麼做呢？我間接問帕帕吉這個問題，請他評論拉瑪那尊者給一個弟子的建議，那個弟子也陷入同樣的困境。這是昆朱‧斯瓦米敘述在1922年，他在尊者身邊的故事：

> 我單獨和尊者在一起很久，鎮上大多數居民都因鼠疫爆發離開了。我們在一起時，他常常看著我，這時我注意到他眼睛裡有著奇特的光亮和魅力。無論何時我看向他的眼睛，無論看多久，我都見到一片光輝燦爛。我說不出這是從哪裡來的，但它讓我忘了一切。這並不像是睡著了，因為我完全有覺知。奇妙的平靜和喜樂充滿著我……我彷彿是醉了。所有一切對我都完全沒區別，沒有要看什麼的好奇心，對什麼都沒有欲望。無論我做什麼，都是用種非常機械的方法在做。
>
> 只要我坐在尊者的身邊，就一直有這種平靜喜樂的體驗。因為尊者的偉大，我得以體驗心中的寧靜。

昆朱·斯瓦米回到家鄉克拉拉邦，認為他的體驗會恆常都在，但幾周後就消散了。他回到尊者身邊，說體驗消失了，問自己要怎麼做才能重獲體驗。尊者告訴他去讀《解脫醍醐》裡的偈頌，這是泰米爾不二論吠檀多作品。尊者為昆朱·斯瓦米選擇的段落指出，練習聞、思、修，是保有或穩定直接體驗的有效方法，如同之前所說那樣。我覺得帕帕吉不會同意這個方法，就給他看偈頌，並做評論。他研究了一番後，做了以下評論：

帕帕吉：弟子應敞開著心來見上師。如果這樣，一個字就足夠了。但如果弟子並非如此，你就必須要給出類似這樣的指導。學生必須要確信上師的話真實不虛。

〔然後帕帕吉朗讀偈頌，時不時做出評論。〕

　　83　聽聞〔上師的教言〕，弟子信受，拋棄五鞘，拋棄空白〔的
　　　　頭腦〕，了悟真我「我即梵」。超越這個，安住圓滿本然。

這是這位老師的建議：拋棄五鞘，對自己說「我不是身體，我不是頭腦，我不是感受，我不是智識」。如果你拋棄這些，一直都在的真理便會自行顯露。而正是這些鞘殼遮蔽了真理，所以你才會一直認為自己就是這些鞘殼，使得心念和注意力全都充滿了五鞘的活動。你的注意力不在真我上，卻一直指向這些心念或身體上的活動，深陷其中。如果你能瞬間全部放下，你就會發現什麼才是實相，然後了知並確信真正的你是誰。

84 上師即是加持的化現，在他的注視下，具格弟子沉入極樂之海，融為無別之整體，即純淨覺性，離於身、根等一切；頭腦變得圓滿，他成為了真實自性，於醒位而無所覺。

85 極樂中的弟子良久在於此境界中後，頭腦緩慢向外轉。於是他見到光耀的上師就在面前。弟子眼中充滿喜悅的淚水，滿懷敬愛拜倒在上師足前。他起身，雙手合十繞行上師，說：

86 「祜主，您是如我最真自性的實相，在我無數轉世中統領我！向您禮敬，為了教導我，您化現為外在形象！」

你必須對自己的老師有這樣的信心。如果有了，就會奏效。

〔續86〕「您讓我解脫，我不知道如何能回報這份恩情。頂禮！頂禮您的聖足！」

這人坐在上師面前，有了這個了不起的體驗，他知道自己得到的是多麼非凡的禮物。他想知道，要如何才能回報上師給予的加持。這是一個好態度。這裡，有些人坐在我面前，有了非常好的體驗，但突然沒有理由，起身就走。我欣賞體驗，也享受其中，即使這人突然起身離開。他們走開時，我看著他們的背影，不明白為什麼他們走得這麼迅速。當有人出現這些體驗時，我喜歡看著，並為之喜悅。我不喜歡他們就這麼起身走開，有時候甚至不

留一句話。

87 弟子說完後,上師擁抱他,拉近他慈愛地說:「安住真我,除去三種障礙,這是你能給我最好的回報。」

88 〔弟子說:〕「我的祜主!這覺悟超越『你』與『我』的二元分別,了知真我完整且遍在,如此的覺悟會有朝一日欺騙我嗎?」

上師回答:「『我即梵』的真相由經文或上師加持而悟得,但因障礙而無法穩定堅固。」

89 「無明、不穩定以及錯誤的知見是障礙,在不可計量的輪迴中累積已久的習性帶來煩惱,讓覺悟的果實溜走。因此,要以聞、思、修來根除三種障礙。」

這些建議是給那些還沒有確信他們就是梵的人,建議他們留在上師身邊,直到生命盡頭。這點沒什麼問題吧!否則這輩子還能做什麼呢?如果你遠離上師,你這輩子還能做什麼呢?你已經歷經了百千萬億次的轉世。在這些前世中,你已經做了身體所能做的一切,但依然沒有找到轉世的原因,也不知道如何終結。這對你是全新的。只有當你留在上師身邊,才能明白並實現。為什麼你不留下,得到解脫的真義呢?

儘管帕帕吉並不推崇任何修持,他時不時會承認,盡可能留在上師身邊,這是穩定安住於真我直接體驗的方法。在1992年,他給瑞士雜誌《覺知》(*Spuren*)的編輯寄去以下訊息,以回覆有些人在西方用他的名義教學,並自稱為「上師」。開頭兩句話帕帕吉用了大寫字母:

真理嘉獎聖潔之人。染污者則被真理摒棄。你在信中提到的人曾在我這裡住了兩到五周。人們需要長久在師父身邊

來穩固見地，讓自己足以能告知大眾其親身體驗。否則只是會陷於傲慢、自我和虛假中。

帕帕吉繼續開示《解脫醍醐》的偈頌：

人的壽命大約是八十到一百歲。有二十年或更多的時間忙於學業，這個時期你沒法前往喜馬拉雅的山洞禪修。然後你直接進入家庭生活。丈夫要整天工作來養活妻兒，如果不盡職，妻子就會一直抱怨。那麼妻子呢？她整天忙著照顧大大小小的孩子。印度有句俗語：「如果想要控制你的妻子，就得保證有一個孩子抓住她的手指，再來一個掛在她屁股上，第三個掛在肚子上。」

每個人都深陷輪迴，沒有時間保持安靜，來找出自己是誰。你們這裡大部分的人都逃離了這些。對解脫的渴望引領你們來見一位老師，讓你們每天參加薩特桑。不要浪費這個解脫的機會。不要跑開。留在老師身邊，直到你絕對確定「你是梵」。

90 有缺陷的覺悟不會終結束縛。因此，你要投入聞、思並禪修，根除無明、不確定及謬見。

91 無明遮蔽了「真我即梵」的真理，卻顯現出森羅萬象；疑是因缺乏對上師話語的確信而出現困惑；認為這個轉瞬即逝的世界是真實的，認為色身就是真我，這種幻覺是謬見。智者如此說。

92 聽聞真理，持續讓心提起「汝即彼」的教言。思惟法義，如理思索聽聞到的教言含義。禪修則是令心專注一處。

93 如果你每天都這樣做，一定會證得解脫。只要還有所知與能知的感受，就要繼續修持。之後則無須任何努力。安住純淨、永恆的覺性，無染如虛空，活著時就達到解脫。而在捨身之後，也永遠如「那個」而活著。

大衛：尊者給昆朱·斯瓦米看了這些偈頌後，說「在上師身邊練習聞思修」，這是穩固真我體驗以及消除無明、不確定及錯誤知見這些會遮蔽真我體驗的最有效的方法。請問您同意這個建議嗎？

帕帕吉：是的，我同意。他說的就是我在這裡說的。我同意他的建議。

大衛：那麼這類體驗可以用某種努力來穩定嗎？還是說努力只會令其消失？

帕帕吉：如果你專心聽聞老師，就會自行發生。但如果沒有發生，那麼你需要絕對的努力。不是50%或101%的努力。無論老師說什麼，你必須遵從。你不可以忘記每一句他說的話。

他會告訴你，「你是真我，你是梵，你就是實相」。你必須相信他。你必須不可動搖確信他的話真實不虛。在你有這樣的確信前，留下來。不要離開，直到你有了。

所謂的努力，就是這種對達成的強烈決心。不要放棄。如果這輩子沒有發生，那麼繼續到下一生，再下一生，再下一生。直到有一天，你必然如此。

給他看這些偈頌的幾個月前，我和他就上師話語的力量有另一次討論：

大衛：大約十五年前，我和尼薩迦達塔·馬哈拉吉有過討論，我試著讓他解釋他教導中一些顯而易見的矛盾。我純粹是為了看他反應才和他辯論，因為他喜歡大家持不同觀點。

到了某個時候，他停下開示，說：「你們不明白我說話的目的。我對你們說這些話，不是為了讓你們去思索，然後從話裡總結出明智的、自圓其說的哲學理論。我把話語放進你們的覺性中，

讓它們在那裡運作。時機成熟時，它們會成長，開花，結果。但如果你去思索，或試圖分析它們，就會削弱它們的效果。力量在於話語本身，而不是它們的意義中。如果你不去思維它們的含義，它們會自然產生作用的。」不知您是否同意這種說法？

帕帕吉：他是告訴你們，話語是放到你們的覺性之中，而且如果你們保持安靜，那些話會在時機成熟時開花結果。他還說，思索這些話語會削弱它們的力量。這些話，我全都同意。你唯一能做的就是保持安靜。完全不要有任何思索。讓上師有力的話語自行運作，不要用你的頭腦和念頭去障礙。

　　許多年前我見過尼薩迦達塔・馬哈拉吉。我那時住在孟買，當地有位婦女是普拉布的姻親，她是馬哈拉吉多年的弟子，一直建議我去拜訪馬哈拉吉。這個女人倒是不太在意我，她從不來看我，也不參加我的薩特桑。我問她為什麼從不來見我，她說：「我不能頂禮尼薩迦達塔・馬哈拉吉之外的任何上師。」

　　由於我沒有答應她的邀請，於是她就耍了花招讓我去。她瞞著我和普拉布訂好了見面的日子，對我說希望我在傍晚和他們一起沿著喬帕蒂海灘（Chowpatty）散步。我喜歡散步，所以接受了邀請。

　　半路上，他們停下車，說：「這裡是尼薩迦達塔・馬哈拉吉的住處。現在不是他薩特桑的時間，但是如果您願意，我們可以去拜見他。」

　　有個女人在門外等我們。她告訴我們馬哈拉吉正在洗澡。如果我們願意，可以進去等。她帶我上樓，讓我坐在早已安排好的位子上。那間屋子很小，超過二十人就擠不下了。

　　大約十分鐘後，馬哈拉吉走了進來，在我面前坐下，一開口就問我：「你見過神嗎？」

　　我回答：「我完全不需要見到神。如果我能見他，那麼他就不是神。不管我看到什麼，都是被見到的對境。神是觀者，不是

所觀對境。」

於是他問我：「你為什麼要來見我？」

尼薩迦達塔‧馬哈拉吉的一位譯者常常想要讓他去見其他著名的聖者和上師，但是馬哈拉吉總是拒絕，說：「我不需要見誰。人們如果有疑惑或問題，就會去見一個上師。我沒有疑惑也沒有問題，那又為什麼要去見呢？每個來這裡的人必須有什麼疑惑或問題，否則他就不會在這裡了。」

如果有人來見他，聲稱自己開悟了，他常常告訴這些人：「如果你真的開悟了，你不會來。你不需要。你來這裡就證明你依然有些問題要解決。」

馬哈拉吉似乎看出帕帕吉的境界，並且以他慣常的態度，詢問帕帕吉為什麼還要特意過來。他不知道帕帕吉是被人騙過來的。

帕帕吉繼續敘述道：

於是帶我過來的女人解釋，是她安排了見面，因為她希望我見馬哈拉吉，她還介紹我是拉瑪那尊者的弟子。

過了一會，馬哈拉吉的薩特桑開始了。他只說馬拉地語，然後有人把他的話再翻譯給外國訪客聽。薩特桑結束時他向大家宣布，接下來是用馬拉地語念誦《薄伽梵歌》，他說，不懂馬拉地語的人可以自行離開。我不想聽，所以我們都離開去海灘散步。

次日，有位在馬哈拉吉門口遇見我們的婦女來普拉布太太家，說：「馬哈拉吉很對彭嘉吉非常滿意。」

馬哈拉吉懂得上師話語的力量，因為他自己有切身的體驗。在薩特桑中我聽到他說：「我的老師告訴我『你就是那個』，而這就是我參尋的終點。」真正的老師就是這樣，他以無可抵禦的強大力量和權威告訴你什麼是真正的你，而你立刻就接受他話語中的真相，並將之作為自己的真相體驗到。

大衛： 馬哈拉吉對上師話語的力量還有另一番有趣的評論。他說：「過去偉大聖者寫下的東西依然還在，因為那些話語裡有力量。其他人在同一個時間說了同樣的東西，但他們的話沒有傳下來，因為其中沒有力量。」您對此有什麼要說的嗎？

帕帕吉： 在這點上我完全同意馬哈拉吉。偉大聖人的話流傳下來，因為他們的話語中蘊含力量和純淨。過去的偉大聖人的話永遠不會消失，因為其中含有力量，讓這些話語能活在後輩的心靈和頭腦中。

　　瓦西斯塔在《瓦西斯塔瑜伽經》中的話語，戍羯在《薄伽梵往世書》、商羯羅在《分辨寶鬘》裡的話語，佛陀在佛經中的話——所有這些都流傳下來，因為其中有力量，雖然經歷幾百年，甚至成千上萬年也無法消失。心靈不純淨的人也許說了同樣的東西，但他們的話不能傳下來，因為那不是來自於真我這個權威和力量的究竟源泉。那些人從書本讀到，或從別人那裡聽來了一些想法，試圖將之傳播出去。但他們的話留存不下來，因為那是來自頭腦，不是來自心。

大衛： 這個讓頭腦平靜的力量來自何處？開悟的人當中，有些人不擁有勝任老師一職所需的力量，而有些人則有。

帕帕吉： 令頭腦平靜的至高之力一直都在，但沒有被認出來。只有經歷了許多次轉世之後才瞭解它，認出它。燃燈佛是佛陀前世的老師，對佛陀說再過許多世，他會轉世在釋迦族，在那一生成為釋迦牟尼佛。於是就如此發生了。

　　1993年，在和帕帕吉短暫地討論證悟層次時，我問過他一個類似的問題。我先是向他問起傳統印度教中談到「知梵者」、「善知梵者」、「最善知梵者」以及超越這一層的「最善知梵者

中最善者」。

　　我知道拉瑪那尊者曾批評過這種說法，他說證悟沒有層次，所以我請問帕帕吉，他對這種分類以及類似的覺悟層次是怎麼看的。

帕帕吉：沒有知梵者。所以怎麼會有善知梵者和最善的知梵者？存在的只有梵。上師並不知道梵，他就是梵。上師說話時，只有梵在說話。梵獨存，所以梵說話時甚至意識不到自己在說話。梵說話，但並沒有能知者在聽、在記憶、在儲存或在理解梵所說的話。

大衛：如果證悟沒有層次，為什麼有的悟道者身邊有切實的力量和臨在，而另一些則沒有？為什麼只有其中一些能擔任上師的角色？這種吸引弟子，讓弟子覺悟的力量從哪裡來？這是在證悟前所進行的靈修的結果嗎？

帕帕吉：如果真我選中你做老師，就會給你所有完成這份工作需要的力量。那個力量就像強烈的香味，吸引對解脫有興趣的人。它吸引你時，也就摧毀了你。你也許是個開悟的人，但如果沒有註定要做老師，就不會有這種力量。這種力量和你開悟程度沒有任何關係，因為開悟沒有程度。它也並不是你過去所做所為的結果。如果你註定是老師，就會被自動賦予這個力量。

　　下面幾個問題，是在不同的場合問的，談到了上師力量的其他面向。

大衛：我想要問上師力量的另一個方面。有人曾多年觀察拉瑪那道場眾弟子的行為。一次他問尊者：「您身邊的人看起來變得越來越糟糕，而不是越來越好，這是怎麼回事？」

尊者回答：「如果你把一壺牛奶放在火上燒，那就有兩個可能。如果只在壺底有一點牛奶，那麼很快就會煮乾。但如果壺裡牛奶很滿，那麼會先煮開，然後溢出來。只有繼續煮下去，牛奶變少的時候，才能煮乾蒸發掉。」

這似乎暗示上師的力量會帶來兩種效果。有時候會讓頭腦平靜直至徹底消失。而對於依然有許多念頭和欲望的頭腦，這個力量起初會過度刺激頭腦，讓它更活躍。您是否也經歷過這種情況？您對這個過程怎麼說？

帕帕吉：如果在上師身邊的人看起來越來越糟，這並不是上師的力量對他們造成了不好的效果。這是因為弟子並沒有對上師真正的教法有興趣。這種人並不是來求了悟真理的，他們是為了別的原因來的。如果動機不純，那麼力量就不會帶來好的結果。這並不是上師的錯，而是由於弟子不清淨。

我曾經說過像納拉辛哈·斯瓦米這樣的人，他是《了悟真我》一書的作者。這人沒什麼興趣留在尊者身邊獲得證悟，他只想著離開去別的地方，自己當上師。他對尊者說自己沒有抓住教導的精要，想要離開道場去別的地方。所以他離開了。尊者甚至還祝福他，好讓他在新的地方能成功。他去了馬德拉斯，建立了自己的道場，開始稱自己是「真正的悟者」。

至於牛奶沸騰溢出的比喻，你提到尊者說：「那些只有少許念頭的人會很快吸收上師的教導，而那些帶著很多念頭的人，會發現自己的心變得更興奮，而不是平靜。」我經歷到的並非如此。來見我的人，他們的頭腦已經過度興奮。這和我沒有關係。他們來的時候，頭腦已經是這種狀態了。他們的頭腦變成那樣，是因為他們和許多所謂的上師在一起，讀了許多修行書籍，頭腦裡充滿了疑問、困惑以及過多的念頭。他們來這裡時，我告訴他們要靜靜地坐著，什麼都不做，不要有念頭。照做的人在這裡找到了平靜。他們不需要做什麼來獲得平靜。只要一停下所有在做、在

想的，平靜就會立刻自行出現。他們頭腦中的過度興奮並不是因為真正上師的力量，而是由於相信假上師的話。假的上師讓他們做各種事情，比如禪修、研究或瑜伽。

我的經驗是，所有來見我的人都是非常可愛的，是那些想讓他們的身心永遠忙碌的人誤導了他們。來這裡的時候，很顯然，他們需要愛、關懷以及心靈平靜。他們從我這裡得到幫助，從我的所有家庭成員那裡得到愛。他們中許多人非常高興，因為在這裡找到了真正的平靜，他們就決定永遠住下來。

大衛：我想請教幾個問題，關於用目光來傳心——有時候您用眼睛和人接觸，傳遞加持。在《躍入永恆》一書中，您說到您觀察尊者這麼做，而學會了這種眼到眼的傳心技術。這真的是某種可以學習的技巧，或者說這是開悟後的自然結果？

帕帕吉：尊者用注視對方來給教導。他以凝視傳遞平靜和解脫。奧義書中說上師向弟子傳法有三種方法：目光、碰觸和語言。尊者偏好用目光。

我怎麼學到的呢？我常常看進尊者的眼睛。有時候，好幾個小時，它們絲毫不動。他雙眼睜開，但他見不到任何外在的東西。我觀察他的眼睛，明白他怎麼使用，然後學他的樣子。

在我去見尊者之前，我已經掌握了幾種專注的瑜伽方法。有個叫作忒拉塔卡（trataka）的技巧，我在拉合爾發現的一本雜誌上讀到後學會的。你要先畫一個黃色的圓圈，和一盧比硬幣一樣大小，放在自己面前大概六英尺遠，和眼睛一樣高。放好了之後，你專注看它大概四十五分鐘。你還必須盡可能久久地盯著升起的太陽看，不能眨眼。經過一些練習後，我發現自己能一直這麼做持續兩個小時。這類練習可以培養出強有力的眼神，控制別人的心。但喚醒他人的力量，不是一種可以從書本或雜誌上學到的技巧。只有自性上師才有這種力量，並且就像我之前所說，他不需

要去學，他生來就會。

大衛：我提這個問題是因為您曾經對我說，您以前試著教過阿釋沙南達・斯瓦米（Swami Ashishananda）這麼做。儘管他沒有開悟，但是他在這方面做得不錯。

帕帕吉：這是很早之前的事了。有個來自卡拉奇（Karachi）的男孩名叫克里希那，他到拉瑪那道場，要求我教他怎麼睜著眼睛禪修。我教了他方法。幾年後，我們在其他地方又見面了，他開始凝視我的眼睛，試圖傳遞什麼。

我笑著對他說：「你不記得了嗎？幾年前是我教你怎麼做的。」

還有一次，他試圖凝視我，我就回看他。過了很長時間，我說：「我可以保持一周，你能堅持多久？」於是他停下了。他對幾乎每個遇見的人都嘗試這麼看。

阿南達・瑪依・嬤在1950年代早期來到拉瑪那道場，克里希那和她一起去了堪卡爾[a]。她給了他一個新名字，阿希什・梵行者（Ashish Brahmachari）。在阿南達・瑪依・嬤過世後，他得到了她道場前一塊地，但道場管理層不喜歡他教導年輕女孩禪修的方法。他回到拉瑪那道場，但那裡的管理層不喜歡他向新來的訪客擺出上師的架子。過了一段時間後，他就離開了。從那時候起，我再也沒有聽說過他的消息。

大衛：您經常說自己很擅長相面。您看到了什麼一般人沒看到的東西？我知道您能讀別人的心念，看到他的純淨、他的習性等等。這些是否都在眼睛裡，還是寫在臉上？有次我聽您說，您能看到眼睛中有好幾層。某一層能看到心念活動，另一層看到過去生等

---

[a] 堪卡爾（Kankhal）：印度地名，位於北阿坎德邦哈立德瓦爾縣。

等。似乎對您而言，別人的眼睛就好像電視螢幕，在不同的頻道播放他們全部的想法、渴望，以及過去生的故事。有一次您還說到，您自己的某個眼睛中有個地方是您非常喜歡的，因為可以用那部分的眼睛見到神的形象。很明顯，眼睛包含的資訊要比醫學課本上多得多，眼睛的很多運作方式是科學連做夢都沒想到過的。我知道您很少談論這些，但對這個話題，您有什麼想說的嗎？

帕帕吉：是的，對那些來見我的人，我能讀懂他們的臉。臉是心的鏡子。看臉我就能知道他們的心有多純淨，因為臉是心的反映。而且確實，眼睛中有多重層次，這可以在別人的眼裡看到，也可以在自己的眼裡看到。人們用來看到外部世界的，只是各種層次中的一層。還有其他層，各有其特性和功能。比如說，人們可以看著眉心的某個地方，在頭部裡面。為什麼我不教授或談論這些？因為經過長時間練習，人可以成功專注於這個特定的地方，可以成就神通，但成就神通的人常常忘記此生的目的，是要得到解脫。

大衛：您能否解釋一下，當您專注看著另一個人的眼睛時，您在做什麼，或者發生了什麼？

帕帕吉：當我看進一個人的眼睛裡，我的眼神進入他們的真心。當目光進入他們的真心後，他們的頭腦就停止了，他們會感到平靜。

大衛：我在1993年採訪您的時候，您做了番美妙的評論，講述薩特桑中到底發生了什麼。您說，人們來到您面前，「在我的心中，我給他們一個位置。在我的真心之中。然後我們一起傾談」。您和人們的見面時候發生了什麼，您能再多說一些細節嗎？

帕帕吉：人們坐在我面前時，我把他們的頭腦拉回到真心之中。

我在我的真心之中給了他們一個位置，在那裡我對他們說話。這不是普通的談話。這發生在一個不同的層次。當我把人們放進這個地方，和他們說話，他們的心念變得平靜。他們會體會到一種深刻的平靜，並開始眷戀這個地方。當這些人離開勒克瑙，無論去到哪裡，他們都帶著這份平靜。

許多人在帕帕吉身邊有了明心見性的開悟體驗，通常在之後的幾周或幾個月內，這種體驗會消散。在下面一組問答中，我想讓帕帕吉談一談兩種情況的不同：一種是許多人在他身邊產生的對實相的一瞥；一種是恆久、本然且不退轉的證悟狀態，他和他的上師稱之為薩哈迦（sahaja），即「本然狀態」。

在《躍入永恆》一書的自傳部分，帕帕吉曾這麼說道：

> 很多人都曾有短暫瞥見真我的體驗。有時候這是自行發生的，常見的是在一位證悟的上師身邊發生。短暫的瞥見之後，這種體驗就結束了，因為念頭和隱藏的渴望並沒有被根除。真我只會接受、消耗並且完全摧毀那些徹底遠離業習的心。

大衛：三天前，我收到一封信的影印本，是您在1991年寫給一對夫妻的。您祝賀他們有覺醒的體驗。在信中您說：「你們獲得了悟。現在你們必須要在這艘了悟之筏上，超越，超越到未展現的究竟之境，即超越第四之薩哈迦境界（turiyatita sahaja stithi），這個可以粗略翻譯成『任運本然的境界』。」

帕帕吉：超越第四之薩哈迦境界事實上無法被翻譯成其他語言。這是梵語。在英文中沒有對應的用詞。醒、夢、睡是我們都知道、都體驗著的三個境界。turiya意思是「第四」，是醒、夢、睡三個狀態的基底，並支持著三者。超越它的就是turiyatita，意思是「超

越第四」。但它沒有名字，因為它無法被命名。我們可以稱之為超越境，或大略翻譯成「任運本然境界」。很少有人證到了這個境界。卡比爾、拉維達斯（Ravidas）和蘇克德瓦（Sukdev）到了，除此之外很少有人直接證到了這個境界。卡比爾是織布工，拉維達斯是鞋匠，迦納卡是國王。他們在生活中有不同角色，但他們的境界相同。

這個境界有什麼標誌？在本然境界中，沒有任何計畫。沒有一絲「我得做這個」或「我不要做那個」的感覺。發生的都已經結束，然後遺忘，不儲存在記憶中。

大衛：我想要問您一些有關兩個境界的問題：明心見性，和超越的境界，就是您稱為薩哈迦境界，兩者有什麼不同？

帕帕吉：明心見性和「明」一詞有關聯，也就是「暗」的反義詞。看起來就如同光明驅散了黑暗。如果一個人覺得他在精神上昏昧，就努力尋找光明來驅散黑暗。他禪修，唱誦神的名號，苦行直到最後這個明心見性境界揭露向他顯露。在此之前他身處黑暗，現在努力找到了驅散黑暗的光明。

在他達到明心見性的狀態之前，他在無明的狀態。這表示「明」在某個時候出現，而在此之前並不在。如果之前並不在，只是後來才出現的，那這個就是在時間之內，而一切存在於時間之內的都不是永恆的。之後某個時間，它會消失。這個透過努力而贏得的境界遲早會消失。這並不是本然或說薩哈迦境界。本然狀態一直都在，不需要任何努力來顯露。這就是區別所在。一個是在某個時候努力達到的，也就不是恆常的。另一個一直都在，本然而在，無須努力。

每個人都在這個本然境界中，無論他是否覺察到。永遠都在。只是由於傲慢，才讓人覺察不到。每個人都覺得「我做了這個」、「我必須做那個」。「這是我的；那是他的」。對不屬於自己的東

西宣示主權，這是傲慢；對自己沒有做過的事情要負責，這是傲慢。活在本然境界的人不會這樣生活，這樣表現。他知道一切都自然進行。他不認為有什麼是屬於自己的，即使是他的念頭也不屬於自己。

當我說話、閱讀的時候，眼睛幫我看，舌頭幫我說，嘴裡冒出話來，但舌頭本身沒有在說話。這些話到底從哪裡來？沒人想過這個問題。死人的眼睛有時會睜著，但屍體卻不能閱讀，也不能說話。所以是誰或者是什麼負責把光送到眼中來看、傳送聲音來說話？回到本源，看看一切從何而來。如果你知道那個源頭，你就知道什麼是本然境界。一切都是自我。當有「我在看」或「我在感覺」、「我在表現」的感受時，頭腦就在，自我就在，而本然的境界被蓋覆了。所有的一切，包括這整個世界，都從那個源頭而起。當你認識了那個源頭，因為自己就是那個源頭，也只有這時，你才能說你在本然境界中。

大衛：您建議這對夫妻從明心見性的狀態，去到本然境界。怎麼會有從前者到後者的進步？這是自動發生的嗎？對所有人都會發生嗎？是大部分情況，還是少數情況？如果只是在某些情況下發生，那是什麼阻礙了其他人來到這個最終境界？如果這不是努力或練習能達到的，是否參加薩特桑就可以做到了呢？

帕帕吉：這不是努力或練習，也不是僅僅參加薩特桑就可以達到的。許多人參加薩特桑，有些人參加了好幾年。但是這些人中有誰能站起來，誠實地宣布「我在本然境界中」呢？

本然境界從來不是由努力或練習得來的。它無法被達到，因為它一直都在。它不來，也不去。如果你只是保持安靜，讓一切自行發生，你就會明白，它就是那個一直都在的。你從沒有離開過它或與它分開。

無論做了什麼,都是至高之力所做,是它推動了一切。沒有至高之力,我甚至沒法舉起手。當你開始認為「是我在舉手」,麻煩就出現了。根本不要帶入這樣的自負的想法。讓至高之力來負責你的一切行動,並清楚了知,唯有這至高之力做出了這些行為。千萬不要有「除非我決定讓它發生,否則什麼都不會發生」這種的想法。你和至高之力之間的關係必須是這樣的——她[a]一直都在。向她禮拜吧,因為她是至高無上的。沒有她,清晨太陽不會東升,夜晚明月不會高懸。若沒有這個力量,一切都無法運作,可是卻沒人意識到她。

大衛:您有時候說明心見性的狀態是鑽石,必須要守衛、保護,不要丟開。聽起來明心見性的鑽石會被丟掉,但本然境界永遠不會遺失或被拋棄。是這樣嗎?如果頭腦和個體自我在覺悟的境界中停止運作了,那麼又是誰在那裡守衛開悟或將之丟棄呢?

帕帕吉:你既不能保有,也不能拋棄本然境界。因為它不屬於你。它不是你的,無從談起遺失或安置。沒有什麼屬於你。沒什麼是你的,你也就沒有什麼可遺失或丟棄的。

　　如果有什麼出現了,你能保有它,但不要有絲毫它屬於你的想法。它離開的時候,也不要哭泣。美麗的事物來了又走,但如果沒有「擁有」或「執著」的想法,它來也好,去也好,都與你無關。在本然境界中,沒有擁有,也沒有拋棄。因為沒有這些概念,就完全沒有獲得或失去的感受。是自我在計較獲得了什麼又失去了什麼。

　　沒有得到或失去的念頭,沒有擁有的念頭,沒有時間的概念。當所有這些都消失後,留下的就是本然境界。

---

[a] 原文為she。力量,梵文為shakti,在印度多種靈修流派中,往往被人格化為女性形象的神。

大衛：下面的偈頌摘錄自《超越三位之祕》[b]。您對此有什麼開示嗎？

> 心中充斥了多生累積厚重習氣的人，僅僅瞥見智並不足以讓他推翻根深蒂固的無明。這樣的人必須在之後幾生中修三摩地，方能達至有效的最終證悟。

帕帕吉：忙碌的心充斥著念頭。儘管有時候，他也許體驗一個念頭結束和下一個念頭生起之間短暫的間隙。最初經歷這種瞥見時，他會受吸引。這會讓他快樂。但這一瞥轉瞬即逝，習氣會很快找到另一種方法，來抓住他的注意力和興趣。

眾多習氣無法同時展現，只能一個接一個連續出現。你可以想著薩特桑，或者你可以想著倫敦，或者你可以在兩個想法間來回擺動，但你不能同時想著兩個地方。在第二個念頭接上第一個念頭之前，有一個微小的間隙或者空白。只要去找，不要隨著念

---

b 《超越三位之祕》(*Tripura Rahasya*)，是在印度流傳甚廣的著作，記載了代表濕婆、毗濕奴、梵天三神合一的遠古上師達陀利耶（Dattatreya）與持斧羅摩（Parasurama）的對話。拉瑪那尊者認為此書為最偉大的不二論作品之一。

頭之流，就能感受到或覺察到這個空白。當空白出現的時候，覺知著它，這給你一種快樂的感受，因為它的本質就是快樂。一切快樂最終都可以追溯到這種念頭間隙中體驗到的感受。

它就是這樣作用的。舉例來說，你是個年輕男子，愛上了某個女孩。你的心在受苦，因為你還沒有滿足自己的渴望。接著，你會有另一個渴望，想要娶她，和她在一間公寓裡生活。你還沒有房子，於是你從銀行或者朋友那裡借錢，買下想要的房子。然後，出乎意料，女孩同意嫁給你，和你一起搬進了公寓。這一切發生的時候，你突然處在一種快樂的狀態中。這個快樂是從哪裡來的？為什麼是在這個時候而不是之前體驗到呢？沒有人仔細審視過這個問題，得出正確的答案。

在此之前，你的心中充滿了各種渴望：渴望一套房子，渴望和女孩在一起。你的腦袋整天塞滿了這些念頭。但當你得到了房子和女孩，突然滿足了，渴望就消失了。渴望都是念頭，渴望的消失就讓你平靜快樂。實際上，你會快樂，是因為沒有念頭和渴望，而不是因為擁有了女孩和房子才快樂。磚頭和水泥裡有什麼能突然讓你快樂呢？完全沒有。會感到快樂，是因為你突然從概念、渴望和念頭中解脫出來了。如果你知道這個秘密，就可以一直都快樂，無論在什麼情況下。

現在，我們坐在這個大廳，這裡有四面牆和一塊天花板圍出一片空間。我們享受的是空間的空，而不是享受牆壁和天花板裡的水泥。我們並不住在牆壁和天花板裡，我們住在內部的空中。

如果你懂得這個，就不會再需要東西來快樂了。

有人也許醒著時一直備受折磨，但睡著時快樂而滿足，因為讓他受苦的對境，以及他自己的念頭都不復存在了。這是非常簡單的等式：沒有念頭＋沒有欲望＝快樂。

如果你爸爸剛剛離世，在你醒著的時候，你悲傷痛哭，但為什麼睡著時沒有為此悲傷呢？因為那時沒有關於他的念頭，沒有依戀他的想法。如果說有一個能恆久快樂的秘密，那就是在醒著

的時候學會睡著。不是在薩特桑中聽我講話聽到昏昏欲睡的睡著，這是不同的睡，在這種沉睡中一切活動都繼續進行。

如果有人在薩特桑中睡著也沒關係。我在拉瑪那道場和尊者在一起的時候，同樣的事情也常發生。我有個朋友叫克里希那（Krishna），有一天早上九點在大廳裡睡著了。因為前一晚我們從班加羅爾通宵開車過來，再之前幾天我們一直在他的棉花作坊勞作。他開始打呼，周圍的人都笑起來。尊者都笑了，說：「這是什麼新型的三摩地嗎？」

好的。我說到哪裡了？〔再次朗讀偈頌〕「這樣的人必須在之後幾生中修三摩地，方能達至有效最終證悟。

所有經書都這麼說：如果一個人這輩子沒有完成他的任務，下一世必須要轉世在一個更好的環境，去完成任務或滿足願望。我不再相信這點了。我不接受。生、死和轉世都是頭腦所造的概念。束縛和解脫都只是你創造出來，讓自己忙碌不息的概念。拋棄生、死、轉世、束縛和解脫是真實的想法吧。它們不是真實的。它們不過都是些想法。沒有一天神、魔鬼，沒有一天國。沒有人存在；沒有任何存在。這是真相。頭腦可以去想各式各樣的東西，那為什麼不去想想這個基本的真相呢？一切從未存在過。這是究竟的唯一真理。無論你在經書中讀到了什麼別的，那都是出自於不同的角度，是從相對的角度在假設諸如生、死、束縛等等的想法是真實的。我會告訴你赤裸的真相：沒有生，沒有死，沒有創造者，沒有被創造的。這是我現在的確信，我的體驗。

大衛：那麼您自己的情況又怎麼說呢？在上一世中，您多次進入三摩地，但是您沒有達到解脫，因為您還有太強大的習氣。您依然有未盡的渴望，所以您必須再度出生。這正是《超越三位之祕》偈頌中所描述的。

帕帕吉：是的，會發生這些是因為我把這種說法聽進去了。我信

了聖人、我聽了長輩、我讀了書。這些消息來源都告訴我，如果我不證悟，我就會再度出生。因為我相信這些說法，這種信念就展現出來。在那個我用自己的信念和想法創造的夢中世界裡，我再度出生。所以現在我不聽誰的話，不相信別人告訴我的什麼。因為我知道，真相就是：一切從未發生。我無須去聽或相信這類故事了。

大衛：似乎經由上師的加持，開悟的境界會隨時對某人發生，但是最終的本然三摩地只對那些不再有絲毫未滿足的渴望的人出現。您是否同意？

帕帕吉：嗯，「最終的本然三摩地只對那些不再有一絲未滿足的渴望的人出現」。我是否同意？〔長時間沉默〕

〔大笑〕我百分之一百同意。無論什麼時候還有渴望，你就是受束縛的。那個渴望會展現在你面前，或者你自己就會展現為那個渴望。

有人去海灘，見到漂亮小姐，渴望得到她。當天晚上他做了夢，夢見和她一起游泳，渴望就是這麼展現出來的。

在醒位，也是如此。只要有渴望，渴望就會顯現出來，也就沒有解脫。

你見到身邊的每件事、每個人都是你的欲望的展現。當你不再有絲毫欲望，你就一無所見了。現在試試，你自己體會一下。停止頭腦和它的渴望，看看是否還看見什麼。有渴望，眼睛就開始運作，開始見到什麼，那就成了渴望的對象。觀看者和被看的對境，都是由一個又一個欲望所維繫。沒有渴望，就沒有觀者，也一無所見。

如果沒有絲毫欲望，你就不能看，你就不能聽，你就不能聞，你就不能嘗。試試看，哪怕一瞬間。讓你的頭腦徹底不見，就一秒，看看一切你認為是真實的那些渴望的對象會怎麼樣。這一秒

會帶給你幸福和愛。這是本然之樂,圓滿、幸福、開悟、智慧——隨便用哪個名詞都可以,隨你高興。

事實上,這個愛,這個本然之樂,完全沒有名字、只是心的空性。那裡什麼都沒有。我們從空性生起,早晚會回到那個空性。而在這中間,我們動念,產生欲望,也因為欲望的後果而受苦。但是不要想著「我來自空性,早晚我會回到空性,變得快樂」,因為那不會解決現在折磨你的問題。相反地,要堅信「我現在就在空性中。空性是我的本性」。這一信念本身,就足以帶給你至樂、愛和解脫。

由於這是關於上師的最後一章,而上師也已經八十多歲了,那麼放一些帕帕吉對於未來安排的回覆,也是恰如其分。在早先的交流中,他提到自己不準備指認繼承者,而他已經給予的教授會在他捨棄身體後自行作用。但是他死亡的時候,會發生什麼呢?

帕帕吉自己直接了知他從未出生也永不會死。對他而言,完全沒有未來,因為他已經明白時間本身虛幻不實。當被人稱作帕帕吉的這副身體最終停止運作的時候,沒有什麼會影響到他。他會依然如他現在一樣,無形無相。他不會再有轉世,也不會再居於任何身形之中。在一次薩特桑上,我向他問起這方面的問題,特別是其他老師堅稱會在死後再來,我問他怎麼看。

大衛:我的理解是,證悟真我就終結了一切未來轉世的可能。這是所有主要印度教經典的教導,也是長久以來歷代傳承的證悟上師,包括您本人的教導。拉瑪那尊者一再說,一旦河流入海,就不會再有河流的形象。他說:「同樣,頭腦一旦徹底融入真我,就無法再重現,再依附到一個身形之上。」我覺得這也是您的看法吧。

儘管這是傳統教授,現代許多著名的老師有不同說法。比如

賽西亞‧塞巴巴說他還有一生要經歷，而在他下一世，也就是他最後一世，他會被稱為普萊巴巴（Prem Baba）。

帕帕吉： 我知道有許多老師的觀點和我自己及我上師、和奧義書中的導師們的看法大為不同。但是傳統教導是非常清晰的，也得到歷代偉大上師的驗證和闡明：如果還有未盡的渴望，就會轉世來滿足渴望。如果有轉世，就沒有證悟。因此，如果哪位老師說他要轉世再來，就說明他有未盡的渴望，他就沒有證悟。這個規則沒有例外。

「普萊」表示「愛」。如果賽西亞‧塞巴巴有未盡的渴望要給與或接受愛，他會以某個形象再來，以享受到這種體驗。轉世就是這樣發生的。

然後我一個接一個讓他看以下的聲明：

一、慕克阿南達‧斯瓦米（Swami Muktananda）說他死後會和尼提阿南達‧斯瓦米（Nityananda Swami）去悉達淨土（Siddha Loka）。

二、嬤‧阿姆瑞阿南達‧瑪依（Ma Amritananda Mayi）說她在上一世已完全證悟，但是有意決定要為利益弟子而再度轉世。

三、奧羅賓多（Aurobindo）道場的聖母說她會在本地治里（Pondicherry）的街區中再度顯現為一個十七歲的少女。

四、室利‧尤地斯瓦爾（Sri Yukteshwar）是尤迦南達‧斯瓦米（Swami Yogananda）的上師，死後再度顯現說他已經去了一個星光世界，在那裡當老師。

對於每一條，帕帕吉的回答都是一樣的：如果，在你死後，

你還在這個世界或別的世界獲取一個身形，那麼你沒有證悟。證悟，或者以任何形象再度顯現，這兩者無法共存。

大衛：所以您會說不可能一轉世就在證悟的境界？比如說阿南達·瑪依·嫲就宣稱她生來就在證悟境界，她這輩子從沒修行過。

帕帕吉：如果你還要獲取身形，就是有欲望要滿足。而還沒滿足時，你就沒有證悟。證悟者死後不會再有一絲一毫的渴望要以另一個形象延續。當你經歷了一切可能的轉世，從豬糞中的蛆蟲到人類，你什麼可能的體驗都有了，你不會再想要體驗更多的了。

大衛：上面的例子還沒有涵蓋一種可能。我曾聽說如果弟子對他的上師有強烈的愛，並且如果他極度渴望和他的上師重聚，那麼這份愛和渴望會迫使上師轉世，這樣弟子就能和他在一起了。這可能嗎？弟子愛的力量會迫使證悟的上師再來？

帕帕吉：我不同意。這完全不可能。

　　真正的上師是那個讓弟子見到光的人。他給予明光、智慧和平靜，即使弟子並沒有向他要過這些。其他的所謂上師要麼是魔術販子，要麼是靈修商人。龐大的道場在他們身邊拔地而起，這正是一直盤繞在他們心中、無法抑制的種種欲望的展現。這樣的人又怎麼能利益他人呢？

　　弟子虔愛的力量會迫使上師在此生的此時此地就加持他。如果真的有愛在，就完全不需要推遲到來生，加持會立刻發生。

大衛：我不認為您會再度轉世。當這個我們稱作「帕帕吉」的形象離開後，我覺得您會永遠都是你現在就是的：在一切眾生心中的無形真我。

帕帕吉：會離開的就不永恆。每個會出生的形象都會離開，但其背後的本質沒有形象，永遠不會離開。如果你依附於某個形象，這就犯了大錯。即使執著於上師的形象也是錯。並不是人的形象給了你光，那是在你內心深處的別的東西。那才是你的上師。這位上師居於一切生靈的心中，不僅是人類，還包括鳥獸、樹木和花草。當你見到自己的真正本質，當你有了那種直接體驗，你會見到一切動物和植物都是你的真我。他們會開始對你說話。這就是在一切生靈心中的無形無相的真我。

帕帕吉的兒子蘇仁德拉將金屬罐中帕帕吉的骨灰灑入恆河中。攝於哈德瓦的訶利台階。

　　1997年9月6日，就在本書即將付梓前，帕帕吉在勒克瑙的加護病房過世，按那裡醫生的說法是「嚴重呼吸衰竭」。他於次日火化。幾天後，他的兒子蘇仁德拉和同行的弟子把骨灰灑進恆河。

　　儘管帕帕吉的健康已經惡化了一段時間，他依然繼續進行定期的公開薩特桑直到8月25日，即黑天誕辰日。他的家中也一直歡迎川流不息的求道者，直到9月2日因為嚴重的病毒性感冒、支氣管炎和哮喘發作而不得不住院。

　　有關帕帕吉最後歲月的完整細節會出現在下一卷中。

譯後記

《帕帕吉傳》共有三卷，這是最後一卷，記錄了帕帕吉這位非凡的靈性導師在1975年至九十年代間的行誼以及和弟子們的故事。1993年後，由於健康原因，帕帕吉無法出行，一直居住勒克瑙，主要接待絡繹不絕前來拜訪的西方求道者，與之前四處行腳的方式大大不同。此卷中描述的故事大多集中在1993年之前。書中最後簡短記錄了帕帕吉於1997年9月6日過世，並附有一行結語：「有關帕帕吉最後歲月的完整細節會出現在下一卷中。」由此可見，編者大衛·高德曼原本計劃編寫第四卷，但該計劃並未實現。《帕帕吉傳》自1997年首次出版以來，始終為三卷本。

與前二卷不同的是，本卷中的〈日記〉、〈上師與弟子〉兩章，編者大衛·高德曼以嚴謹的態度刨根問底，替無數修行人、求道者向帕帕吉這位覺悟者提出讓人困惑已久的問題，這些問題本身，往往都難以用語言表達清楚。帕帕吉對這些問題坦誠回應，毫無保留地分享了他最真實的看法和體驗，包括公開了自己的日記。這樣的披露，若非帕帕吉有對高德曼的深厚信任，恐難以完成。這兩章中談論的主題多為艱深話題，譯者盡量添加了注釋，幫助華語讀者更好理解其背景。希望這兩章的內容

能為讀者打開一扇窗口，激發他們進一步探索靈性至深處的奧祕。

這三卷傳記不僅展現了帕帕吉作為導師的各種層面，還堪稱一部近現代印度及西方靈修的百科全書，收錄了歷史、政治、文化、宗教、靈修等包羅萬象的第一手資料。傳記的中譯工作開始於2014年初，初稿由智原和顧象合作於2015年底完成。因為卷帙浩繁，加之帕帕吉其人還不為華語讀者所熟悉，數年之中尋求出版社出版無門。因緣最終成熟於2020年，出版了拉瑪那尊者諸多華語譯作的紅桌文化出版社主編劉粹倫女士遞出了橄欖枝，使得這一部巨著的中譯終於有了歸屬，廣大華語讀者能夠直接藉此領略一代聖者的風采和恩典加持。

願所有讀到此書的讀者及聽到相關故事的聽眾，都能感受到解脫之火的熾烈和超然於一切的平靜。